Daisaku Ikeda

Das Buch vom Glück

Daisaku Ikeda

Das Buch vom Glück

Das buddhistische Verständnis von Leben und Tod

Aus dem Englischen von Ursula Bischoff

HERDER

FREIBURG · BASEL · WIEN

Weitere Informationen zum Buddhismus Nichiren Daishonins
und zur Soka Gakkai International erhalten Sie über:
www.sgi-d.org

Oder direkt bei: SGI-D e. V., Nordendstraße 38,
64546 Mörfelden-Walldorf, Tel. 06105 40910

MIX
Papier aus verantwortungsvollen Quellen
FSC® C083411

Titel der Originalausgabe:
Unlocking the mysteries of birth & death
ISBN 978-0-9723267-0-4

www.herder.de

Umschlaggestaltung: Christian Langohr, Freiburg
Umschlagmotiv: © hyena1515 – Fotolia-com

Satz: Uhl + Massopust, Aalen
Herstellung: CPI books GmbH, Leck

Printed in Germany
ISBN 978-3-451-33369-9

Inhalt

Vorwort

Jeder Mensch sehnt sich nach Glück, doch das Glück ist schwer fassbar, scheint sich immer wieder unserem Zugriff zu entziehen.

Viele Philosophen haben sich mit der Frage nach dem Glück beschäftigt. Ihre Schlussfolgerungen waren meiner Ansicht nach allesamt unvollständig. Auch die zahlreichen Selbsthilfe-Bücher, die »Wege zum Glück« aufzeigen, fruchten offenbar wenig, denn wir Menschen sehen uns noch weitgehend den gleichen Problemen gegenüber wie unsere Vorfahren. Die Armen streben nach Wohlstand, die Kranken wünschen sich baldige Genesung, die von häuslichem Unfrieden Geplagten sehnen sich nach Harmonie und so weiter. Selbst wenn wir das Glück haben, über Wohlstand, Gesundheit und ein harmonisches Familienleben zu verfügen, werden wir unweigerlich mit Schwierigkeiten in anderen Bereichen konfrontiert. Und sollte es uns tatsächlich gelingen, die Voraussetzungen für ein rundum erfülltes Leben zu schaffen, ist die Frage, wie lange wir diesen Idealzustand bewahren können. Nicht für immer, wie es scheint. Niemand ist in der Lage, Krankheiten und den langsamen Verfall des Körpers zu verhindern, die den Alterungsprozess begleiten, und niemandem gelingt es, dem Tod zu entrinnen.

Die Probleme an sich sind gleichwohl nicht die eigentliche Ursache von Kummer und Leid. Nach buddhistischer Auffassung liegt die wahre Ursache darin, dass es uns an der inneren Kraft und Weisheit mangelt, sie zu lösen. Dabei trägt jeder Mensch eine unerschöpfliche Quelle der Kraft und Weisheit in sich, ein angeborenes Potenzial, das wir nur entwickeln müssen. Der Buddhismus richtet sein Augenmerk bei der Frage nach dem Glück nicht so sehr darauf, Kummer und Leid, die unabdingbar zum Leben gehören, auszulöschen, sondern weist vielmehr auf die Möglichkeit hin, die in uns verborgenen Potenziale voll zu entfalten. Kraft und Weisheit leiten sich aus buddhistischer Sicht von der Lebenskraft her. Wenn wir diese so gut wie möglich stärken, sind wir nicht nur optimal gerüstet, die Widrigkeiten des Lebens zu meistern, sondern diese auch in Herausforderungen zu verwandeln, die unser Glück und unsere innere Stärke mehren.

Wenn dies unser Ziel sein soll, müssen wir uns zuerst bewusst machen, dass das Leben schlussendlich immer leidvoll ist. Der Buddhismus beschreibt vier universale Ursachen des Leidens: Geburt, Altern, Krankheit und Tod. Wir wissen, dass der Alterungsprozess unweigerlich seinen Lauf nimmt, auch wenn wir unsere Jugend am liebsten für immer bewahren möchten. Trotz aller Bemühungen um den Erhalt einer guten Gesundheit sind wir nicht vor Krankheit gefeit. Und noch grundlegender: Selbst wenn uns noch so sehr vor dem Gedanken an den Tod graut, kann jeder Augenblick der letzte sein (obwohl es natürlich nicht in unserer Macht liegt, zu wissen, wann er naht).

Wir können konkrete Ursachen für die Leiden der Krankheit, des Alterns und des Todes erkennen – biologische, physiologische und psychologische. Doch letzten

Endes ist das Leben selbst, die Geburt in diese Welt, die Ursache allen Leids, dem wir ausgesetzt sind.

In Sanskrit wird dieses Leid *dukha* genannt, ein mit Problemen befrachteter Zustand, in dem Menschen und Situationen nicht mit unseren Wünschen oder Vorstellungen übereinstimmen. Dieser Zustand leitet sich aus der Vergänglichkeit aller Phänomene ab. Jugend und Gesundheit währen nicht ewig und das gilt auch für das Leben selbst. Das ist aus der Sicht des Buddhismus die letztendliche Ursache des menschlichen Leidens.

Shakyamuni, der historische Gautama Buddha, entsagte einem Leben in Luxus, als er bei den so genannten Vier Begegnungen das Leid kennen lernte, eine Begebenheit, die in vielen buddhistischen Schriften geschildert wird. Um den jungen Shakyamuni, Prinz Siddhartha genannt, vor dem Leid der Welt zu schützen, sorgte sein Vater König Shuddodana dafür, dass er ein abgekapseltes, behütetes Leben hinter den hohen Mauern des Palastes führte. Als er sich eines Tages durch das Osttor davonstahl, traf er auf einen gebrechlichen Greis, der an einem Krückstock die Straße entlanghumpelte. Bei dessen Anblick wurde ihm in seinem tiefsten Innern bewusst, dass das Leben unausweichlich mit dem Leid des Alterns einhergeht. Bei einer anderen Gelegenheit, als er den Palast durch das Südtor verließ, erblickte er einen Kranken und erkannte, dass auch Krankheit ein Teil des Lebens ist. Als er ein drittes Mal, diesmal durch das Westtor, hinausschritt, wurde er auf einen Toten aufmerksam; diese »Begegnung« führte zu der Erkenntnis, dass alles, was lebt, am Ende sterben muss. Und als er eines Tages durch das Nordtor in die Welt hinaustrat, erspähte er einen frommen Asketen, dessen heitere Würde in dem Prinzen den Entschluss reifen ließ, sich einem religiösen Leben zu verschreiben.

Nachdem er sich viele Jahre mit verschiedenen religiösen Übungen befasst hatte, unter anderem auch mit Askese und Meditation, erlangte Shakyamuni die Erleuchtung und somit die Befreiung vom Leid der Geburt, des Alterns, der Krankheit und des Todes. Entschlossen, seinen Mitmenschen gleichermaßen den Weg zur Erleuchtung zu weisen, begann er zu predigen und wurde bald als »Buddha« verehrt, ein Begriff aus dem Sanskrit; er bedeutet der »Erleuchtete« und gemeint ist damit ein Mensch, der in seiner unendlichen Weisheit die ultimative Wahrheit des Lebens und des Universums zu begreifen vermag.

Es wird allgemein angenommen, dass Shakyamuni unmittelbar nach seiner Erleuchtung mit der Verbreitung seiner Lehren von den Vier Edlen Wahrheiten und dem Achtgliedrigen Pfad begann. Die Vier Edlen Wahrheiten sind:

- Die Wahrheit des Leids
- Die Wahrheit vom Ursprung des Leids
- Die Wahrheit von der Aufhebung des Leids
- Die Wahrheit vom Weg zur Aufhebung des Leids

Die Wahrheit des Leids bedeutet, dass alles, was in dieser Welt existiert, mit den vier zuvor genannten, dem Leben innewohnenden Arten des Leids konfrontiert wird. Die Wahrheit vom Ursprung des Leids beinhaltet die Erkenntnis, dass Leid durch die selbstsüchtigen Begierden nach den kurzlebigen Vergnügungen der Welt verursacht wird. Die Wahrheit von der Aufhebung des Leids stützt sich auf die Feststellung, dass mit der Beseitigung dieser selbstsüchtigen Begierden auch das Leid ein Ende hat. Und Die Wahrheit vom Weg zur Aufhebung des Leids weist auf einen Weg hin, der das Leid auszulöschen vermag. Dieser

Weg wird traditionsgemäß als der Achtfache oder Achtgliedrige Pfad bezeichnet. Er enthält folgende Elemente:

- Rechte Ansichten, basierend auf den Vier Edlen Wahrheiten und dem richtigen Verständnis des Buddhismus
- Rechte Gesinnung oder Kontrolle über die eigenen Gedanken
- Rechte Rede
- Rechtes Handeln
- Rechte Lebensführung, basierend auf der Läuterung der eigenen Gedanken, Worte und Taten
- Rechte Anstrengung bei der Suche nach dem wahren Gesetz
- Rechte Achtsamkeit, verbunden mit dem stetigen Ringen um die rechten Ansichten
- Rechte Sammlung oder Innenschau

Die Vier Edlen Wahrheiten und der Achtgliedrige Pfad zielten vornehmlich auf diejenigen Anhänger Shakyamunis ab, die wie er dem weltlichen Leben entsagt hatten und sich ganz der Ausübung des Buddhismus widmeten. Sie spiegeln die Grundhaltung und den Ansatz wider, die das Fundament von Shakyamunis frühen Lehren bilden. Diese konzentrierten sich überwiegend auf eine negative Lebens- und Weltsicht, um zunächst das Bewusstsein der Menschen für die harsche Realität zu wecken und sie für die spirituelle Erfahrung des Nirwana zu öffnen, die sich einer konkreten Beschreibung entzog. Buchstäblich befolgt, würden diese Lehren, die den Verzicht auf alle Wünsche und Bedürfnisse ermutigten, in letzter Konsequenz den Wunsch zu leben verleugnen. Die grundlegende Lösung für das Problem des menschlichen Leidens in dieser Welt wäre die Beseitigung der irdischen Wünsche und Bedürfnisse – das heißt, der

Begehrlichkeiten, Impulse und Leidenschaften aller Art, die der Tiefe des menschlichen Daseins entspringen. Die Befolgung dieser Lehren befähige den Menschen, so heißt es, die Fesseln zu durchtrennen, die ihn an den ewigen Kreislauf von Geburt und Tod binden, und einen Zustand zu erlangen, in dem die Wiedergeburt in dieser Welt nicht länger erforderlich sei: das heißt, er kann den Zustand des Nirwana erlangen.

Diese Lehren mögen für Mönche und Nonnen anwendbar und nützlich gewesen sein, doch für Laien waren sie extrem schwer zu befolgen. Shakyamuni war jedoch fest entschlossen, jedem Menschen auf dieser Welt auf den Weg zum Glück zu führen. Aus diesem Grund reiste er unermüdlich in der Region des Mittleren Ganges hin und her, seine Philosophie verbreitend. Doch seine Laienanhänger fanden es, selbst wenn das Nirwana ein erstrebenswertes Ziel darstellte, nicht nur unpraktisch, sondern schier unmöglich, sich von allen irdischen Wünschen und Bedürfnissen zu befreien. Sie standen schließlich mit beiden Füßen im Leben, mussten ihre Familien versorgen, einem Broterwerb nachgehen und andere alltägliche Aufgaben und Pflichten erfüllen. Das Nirwana mag ein Idealzustand gewesen sein, doch es war kein erreichbares Ziel. Dennoch gelang es Shakyamuni mit seiner unendlichen Weisheit und seinem tiefen Mitgefühl immer wieder, die gewöhnlichen Sterblichen, die unter einer Fülle unlösbarer Probleme litten, mit seiner Lehre anzusprechen. Andernfalls wäre es dem Buddhismus niemals gelungen, über den Status einer intellektuellen Beschäftigung hinauszugelangen. Shakyamuni beriet die Menschen, machte ihnen Hoffnung und Mut mit der Aussicht, dass jeder in der Lage war, das Leid zu überwinden und eine bessere Zukunft zu schaffen. Er verhieß beispielsweise denen, die seine Lehre befolgten, eine Wiedergeburt im Reinen Land, fern von dieser Welt, frei von allen irdischen Begierden, Leiden oder Ängsten.

So wie er die Mönche und Nonnen anspornte, seine zahlreichen Vorschriften zu beachten und dem Achtgliedrigen Pfad zu folgen, um das Nirwana zu erlangen, lehrte Shakyamuni seine Laienanhänger, den Glauben zu praktizieren, um im Reinen Land wiedergeboren zu werden. Doch weder die Auslöschung aller irdischen Wünsche und Bedürfnisse noch die Wiedergeburt im Reinen Land sind realistische Zielsetzungen. Es ist unmöglich, das Feuer der Begierde zu löschen und aus dem Kreislauf von Geburt und Tod auszubrechen, da Wünsche und Bedürfnisse dem Leben innewohnen, das Leben ewig währt und Geburt und Tod, die sich gegenseitig bedingen, zwei unausweichliche Aspekte des Daseins darstellen. Auch ist es unmöglich, ein Reines Land zu erreichen, das faktisch nicht existiert. Sowohl das Nirwana als auch das Reine Land waren Metaphern, die Shakyamuni benutzte, um sich seinen Anhängern verständlich zu machen.

Aus einer anderen Warte betrachtet, zielten die Lehren über das Nirwana auf die persönliche Befreiung durch das Erkennen der letztendlichen Wahrheit ab und die Lehre vom Reinen Land auf die Befreiung des Volkes generell. Diese Lehren sind kennzeichnend für die beiden Hauptströmungen des Buddhismus: Hinayana (das kleine Fahrzeug) und Mahayana (das große Fahrzeug). Sie wurden später in das Lotos-Sutra integriert, über das wir noch ausführlich sprechen werden. Das Lotos-Sutra stellt klar, dass zwei Aspekte der buddhistischen Ausübung unverzichtbar sind, wenn wir Erleuchtung erlangen wollen. Erstens sollten wir danach streben, uns selbst zu vervollkommnen – in dem Sinne, dass wir die letztendliche Wahrheit erkennen und das uns innewohnende Potenzial entfalten, und zweitens gilt es, anderen Menschen auf dem Weg zu dieser Vollkommenheit Hilfe und Anleitung zu geben.

Das Lotos-Sutra enthüllt darüber hinaus die wahre Bedeutung von Begriffen wie Nirwana und Reines Land. Es zeigt auf, dass wir das Rad des Lebens nicht anhalten müssen, um in das Nirwana einzutreten. Das Nirwana ist vielmehr ein Zustand der Erleuchtung, in dem wir Frieden mit dem Kreislauf von Geburt und Tod schließen, in den wir eingebunden sind, so dass er nicht länger eine Quelle des Leidens darstellt. Gleichermaßen müssen wir nicht krampfhaft allen Wünschen und Bedürfnissen entsagen, um das Nirwana zu erreichen, da wir irdische Wünsche in Ursachen des Glücks und darüber hinaus in eine Weisheit umwandeln können, die von Erleuchtung getragen wird. Dazu kommt, dass das Reine Land nicht unbedingt jenseits der Todesschwelle liegt. Wir können es schon im Hier und Jetzt genießen, wenn wir an das Lotos-Sutra glauben, das uns zeigt, wie wir unsere von Kummer und Leid erfüllte Welt in ein Reines Land voller Freude und Hoffnung verwandeln.

Einige grundlegende Konzepte

In welcher Hinsicht enthält der Buddhismus die Lösung für die fundamentalen Probleme von Leben und Tod? Durch eingehende Betrachtung der vier grundlegenden Leiden – Geburt, Altern, Krankheit und Tod – lenkt dieses Buch die Aufmerksamkeit auf den Kurs der Wahrheit und der Weisheit, der unerlässlich ist, um unser Lebensschiff wohlbehalten durch das raue Meer des irdischen Leids zu steuern.

Nie zuvor in der Geschichte konnte die Wissenschaft derart rapide Fortschritte erzielen wie heute. Infolgedessen ist die Menschheit dem blinden Glauben an die Macht der Wissenschaft und Technologie verfallen und betrachtet die zum Leben gehörigen Probleme nur noch selten aus der Warte der Philosophie und Religion. Wenn man den Zustand anschaut, in dem sich unsere Welt derzeit befindet, hat man das Gefühl, dass wir uns nicht genug Mühe geben, diese fundamentalen Probleme in den Griff zu bekommen.

Aus der Perspektive der letztendlichen Wahrheit sind irdische Wünsche und die Probleme, die mit dem Leben und dem Tod einhergehen, keine Hindernisse, die unbedingt aus dem Weg geräumt werden müssen. Sie lassen sich in erleuchtete Weisheit umwandeln und das Leid von Geburt und Tod ist ein Mittel, um das Nirwana zu erlangen. Das Lotos-Sutra geht noch einen Schritt weiter und erklärt, dass irdische Wünsche und Bedürfnisse Erleuchtung und die Leiden von Geburt und Tod Nirwana sind. Mit anderen Worten: Es kann keine Erleuchtung ohne die Realität irdischer Wünsche und kein Nirwana ohne den damit verbundenen Kreislauf von Geburt und Tod geben. Diese einander entgegengesetzten Faktorenpaare sind Bestandteil des Lebens aller Menschen.

T'ien-t'ai, der berühmte chinesische Lehrer aus dem 6. Jh., verdeutlichte dieses Prinzip anhand einer Analogie. Wenn man eine bittere Dattelpflaume in einer Lösung aus Limetten oder Buchweizenspreu einweicht oder dem Sonnenlicht aussetzt, wird sie süß. Der süße und der bittere Geschmack sind in ein und derselben Dattelpflaume enthalten. Sie wurde nicht mit Zucker versetzt, sondern man hat ihr die Bitterstoffe entzogen, so dass sie ihre natürliche Süße entfalten konnte. Der Katalysator für die Umwandlung war die Lösung oder das Sonnenlicht. T'ien-t'ai verglich die irdischen Begierden mit der bitteren Dattelpflaume, die Erleuchtung mit der süßen und den Prozess, der das verborgene Potenzial zum Vorschein brachte, mit der buddhistischen Praxis.

Um den Nutzen dieser wichtigen Konzepte im Alltag voll auszuschöpfen, müssen wir einige grundlegende buddhistische Lehren verstehen, die alle Dimensionen des facettenreichen Lebens beleuchten. Deshalb werden wir zwei wichtigen Konzepten auf den Grund gehen, die Höhepunkte des Mahayana-Buddhismus darstellen: »Ein einziger Lebensmoment enthält dreitausend Bereiche« und die »neun Bewusstseinsebenen«. Statt Wünsche und Leben in dieser Welt zu negieren, nehmen sie die Wirklichkeit so an, wie sie ist, und zeigen auf, wie wir sie umwandeln können, so dass sie uns auf den Weg der Erkenntnis führen. Das Grundkonzept, dass irdische Wünsche und Begierden Erleuchtung sind, lehrt uns, dass wir sie nicht auslöschen oder als sündig brandmarken, sondern als Trittstein für einen höheren, edleren Seinszustand betrachten sollten.

Die Zehn Welten

Um die buddhistische Lebensphilosphie richtig zu verstehen, ist das Konzept der Zehn Welten unabdingbar. Die ersten sechs Welten leiten sich von den Sechs Pfaden her, einem alten indischen Paradigma, das sich auf die Reinkarnation bezieht. Diese Sechs Welten oder Pfade sind Hölle, Hunger (hungrige Geister, Gier), Animalität (Tiere, Instinkte), Ärger (*asuras*), Menschlichkeit (Menschen) und Himmel (himmlische Wesen). Es hieß, dass die neue Existenz, in die unerleuchtete Menschen eintraten, von ihren [guten oder schlechten] Taten in früheren Leben abhängig war. Sie wurden in eine dieser sechs Welten hineingeboren, in denen sich der Kreislauf von Geburt und Tod endlos und unentrinnbar wiederholte. Selbst wenn die Reinkarnation auf der höchsten Ebene, im Himmel, erfolgte, war das Glück von kurzer Dauer und der Mensch fiel wieder in einen niedrigeren Daseinszustand zurück.

Die Reinkarnation in diesen Sechs Welten oder Pfaden könnte man mit einer Wanderung durch die einzelnen Etagen eines sechsstöckigen Gebäudes vergleichen, das von der Außenwelt abgeschottet ist. Die Ebene, die dem Himmel entspricht, befindet sich ganz oben, die Hölle im Keller und dazwischen liegen die Etagen, welche die übrigen Welten repräsentieren. Jede Ebene ist mit allen anderen verbunden. Die Menschen sind in diesem Gebäude eingesperrt und bewegen sich fortwährend auf und ab. Obwohl sie eine Zeit lang Trost und Frieden in den oberen Stockwerken – Himmel und Menschlichkeit – finden können, ist es ihnen nicht vergönnt, dort unbegrenzt zu verweilen.

Den Menschen im alten Indien graute vor dem Gedanken an diesen endlosen Zyklus, der auf eine unbeständige, sich immerzu verändernde Welt hindeutete. Sie sehnten sich danach, sich vom Einfluss des Karmas zu befreien, das sie an die irdische Welt kettete. Mit den Vier Edlen Wahrheiten und dem Achtgliedrigen Pfad bot ihnen Shakyamuni die Möglichkeit, diesem Kreislauf zu entrinnen. Oder zumindest hatte es den Anschein. Denn der Fluchtweg aus dem Reinkarnationszyklus der Sechs Pfade war in Wirklichkeit eine Tür, die zur buddhistischen Wahrheit führte.

Unsere Welt ist eine Manifestation dieser Sechs Pfade. Der Versuch, ihr zu entfliehen, ist müßig und kann nicht zur Erleuchtung führen. Doch diese Erkenntnis ging über das Auffassungsvermögen der Menschen hinaus und so lehrte Shakyamuni zunächst, dass der Mensch dem Kreislauf von Geburt und Tod nur durch Auslöschen der Begierden und des Lebens selbst entfliehen könne.

Der Buddhismus entwickelte das Konzept der Sechs Pfade weiter und erklärte, dass diese nicht nur als äußere Welten existieren, sondern auch einen inneren Zustand repräsentieren. Zum Beispiel stellt die Animalität zum einen die Tiere oder ihre Welt und zum anderen einen Zustand dar, in dem wir Menschen ausschließlich von triebhaften Wünschen und Bedürfnissen gesteuert werden. Nichiren, ein japanischer buddhistischer Meister aus dem 13. Jh., fasste das Konzept der Sechs Pfade folgendermaßen zusammen:

> »Wenn wir von Zeit zu Zeit das Gesicht eines Menschen betrachten, sehen wir ihn manchmal voller Freude, manchmal wütend und manchmal ruhig. Hin und wieder erscheint Habgier im Gesicht des Menschen, ab und zu Dummheit und dann wieder Schlechtigkeit. Wut ist die Welt der Hölle, Habgier die des Hungers, Dummheit die der Animalität, Schlechtigkeit die des Ärgers, Freude ist die des Entzückens und Ruhe die der Humanität.«[1]

Solange wir zwischen den Sechs Pfaden hin- und herwechseln, ist unser Leben weitgehend ein Spielball der äußeren Umstände in unserer Umgebung, die sich stetig verändern. Wenn wir im Zuge dieses Wechsels jedoch die Weisheit und Klarheit des Geistes erlangen, die uns befähigen, die wahre Beschaffenheit unseres Lebens zu begreifen, können wir die Buddhaschaft manifestieren – das höchste Juwel in der Tiefe unseres Seins. Um dieses Ziel zu verwirklichen, müssen wir uns nach besten Kräften bemühen, Zugang zu einem Lebenszustand zu gewinnen, der auf einer höheren

Ebene angesiedelt ist und über die niederen Sechs Welten hinausgeht. Der Buddhismus macht drei weitere Welten zwischen den sechs niederen und dem Zustand der Buddhaschaft aus: die Welt des Lernens (Stimmen hören), die Welt der Erkenntnis (Begreifen des Kausalgesetzes) und die Welt der Bodhisattvas.

Der Zustand des Lernens bietet uns die Möglichkeit, uns durch Wissenserwerb der Unbeständigkeit aller Dinge bewusst zu werden. In der Welt der Erkenntnis nehmen wir diesen Wandel durch die eigene Beobachtung natürlicher Phänomene wahr, zum Beispiel das Welken und Schrumpfen von Blumen oder Laub. Im Zustand des Bodhisattva verschreiben wir uns infolge unseres tiefen Mitgefühls der Aufgabe, anderen zu helfen, handeln uneigennützig. Im Hinblick auf diese drei Welten schrieb Nichiren:

> »Die Tatsache, dass alle Dinge dieser Welt vergänglich sind, ist uns vollkommen klar. Ist dies nicht so, weil die Welten der zwei Fahrzeuge in der Welt der Ruhe gegenwärtig sind? Sogar ein herzloser Schuft liebt seine Frau und seine Kinder. Auch er hat einen Teil der Bodhisattva-Welt in sich.«[2]

Die Zehnte Welt

Die drei Höheren und sechs Niederen Lebenszustände ergeben insgesamt neun verschiedene Zustände, angefangen von der Hölle bis hin zur Bodhisattva-Ebene. Sie werden auch die Neun Welten genannt und repräsentieren die unterschiedlichen Lebenszustände gewöhnlicher Sterblicher. Über diese neun hinaus, die allen Menschen innewohnen, existiert noch ein weiterer Lebenszustand, der höchste, der die vier edlen Tugenden eines Erleuchteten verkörpert: Ewigkeit, Glück, wahres Selbst und Reinheit. Dieser Zustand, die Buddhaschaft, existiert im Leben jedes Menschen als Potenzial, das nur durch die Ausübung des Buddhismus zur vollen Entfaltung gelangen kann. Wenn wir dieses unbegrenzte Potenzial manifestieren, werden die neun Lebenszustände der gewöhnlichen Sterblichen nicht ausgelöscht, wie man früher annahm, sondern unterliegen dem Einfluss der Buddhaschaft. Auf diese Weise tragen alle neun Zustände gleichzeitig und auf begründete Weise dazu bei, Glück für uns selbst und andere zu schaffen.

Buddhaschaft ist, mit anderen Worten, der Zustand des absoluten, unzerstörbaren Glücks. »Normales« Glück ist im Gegensatz dazu relativ. Wohlstand statt Armut, Gesundheit statt Krankheit und Frieden statt Konflikte sind Beispiele für relatives Glück – ein Glück, das von den Voraussetzungen und jeweiligen Umständen abhängt.

Doch sobald sich diese Umstände ändern, zerbricht unser Glück. Wenn der Verlust groß ist, fallen wir in ein tiefes Loch, lernen die Verzweiflung kennen. Und deshalb können wir unser Glück keineswegs als gesichert betrachten, auch wenn wir noch so großen Wohlstand, finanzielle Sicherheit, eine harmonische Familie und eine gute Stellung besitzen. Dazu kommt, dass wir es »nur« im Vergleich zu anderen gut getroffen haben, was an sich Ursache für Neid oder Eifersucht sein kann und nicht selten zum Unglücklichsein führt. Diese Endlichkeit und Unsicherheit der äußeren Umstände ist Bestandteil des irdischen Glücks und ein charakteristisches Merkmal des Lebens in dieser Welt.

Das absolute Glück der Buddhaschaft wird hingegen nicht von einer Veränderung der äußeren Umstände oder Schwierigkeiten beeinträchtigt. Obwohl es keine Freiheit von Leid und Problemen verspricht, geht damit der Besitz einer pulsierenden, widerstandsfähigen Lebenskraft und eine Fülle der Weisheit einher, die uns befähigen, alle Widrigkeiten zu überwinden, denen wir begegnen. Wenn wir uns diesen Zustand zu Eigen machen, können wir unser Leben mit unerschütterlichem Selbstvertrauen in die eigenen Hände nehmen. Zu den weiteren Merkmalen der Buddhaschaft gehören unendliches Mitgefühl und grenzenlose Weisheit. Darüber hinaus sind alle Elemente, die uns ermöglichen, ein wahrhaft menschenwürdiges Leben zu führen, im Zustand der Buddhaschaft enthalten.

Diesen allerhöchsten Lebenszustand in uns zu erkennen und zu verkörpern bezeichnet man als »die Buddhaschaft erlangen«, das ultimative Ziel der Ausübung des Buddhismus. Doch die ausschließliche Konzentration auf die eigene Erleuchtung lässt sich weder mit der Theorie noch mit der Praxis des Buddhismus vereinbaren. Der Mahayana-Buddhismus betont die Bedeutung der Lehre, der Ermutigung anderer Menschen, den Weg der Erleuchtung zu gehen, und der buddhistischen Ausübung in der Gemeinschaft: das heißt, Buddhismus für sich selbst und gemeinsam mit anderen auszuüben. Diese beiden Aspekte sind genauso unerlässlich wie die beiden Schwingen bei einem Vogel. Das Engagement für eine Verbesserung unserer Gesellschaft und Umgebung leitet sich folglich ganz natürlich aus unserem inneren Bemühen ab, die Buddhaschaft zu erlangen. Aus buddhistischer Sicht sind Leben und Umgebung grundlegend eins oder untrennbar miteinander verbunden. Während Buddhisten ihre eigene Erleuchtung anstreben, sind sie gleichzeitig bemüht, zum Frieden und Wohlstand ihrer Gesellschaft, ihres Landes und der ganzen Welt beizutragen. Weltweit dauerhaften Frieden und Wohlstand zu schaffen, ist der grundlegende Sinn und Zweck der Verbreitung des Buddhismus in der Gesellschaft.

Die Manifestation der uns innewohnenden Buddhanatur stellt somit eine grundlegende Lösung dar, nicht nur für die vier universalen Leiden – Geburt, Altern, Krankheit und Tod –, sondern auch für alle andern Arten des Leids.

Nichirens religiöser Ansatz

Nichiren verbreitete seine Lehre, die heute mehrere Millionen Gläubige in annähernd zweihundert Nationen hat, während des 13. Jh. in Japan. Trotz der zahlreichen Anhänger wissen viele Menschen wenig oder gar nichts über Nichirens religiösen Ansatz.

Seine Lehren wurden früher immer wieder falsch ausgelegt oder für eigene Zwecke ausgebeutet, wie im Fall der japanischen Militärbehörden, die sie als ultranationalistisch und superpatriotisch brandmarkten. Heute werden die Nichiren-Lehren von einigen Menschen als elitär und sektiererisch bezeichnet. Nichts könnte weiter von der Wahrheit entfernt sein.

Nichiren lebte in einer Periode gesellschaftlicher Turbulenzen. Naturkatastrophen, Epidemien, Hungersnöte und die drohende Invasion durch ausländische Mächte versetzten die japanische Bevölkerung in Angst und Schrecken. Er erklärte immer wieder mit Nachdruck, das Land sei deshalb von Sorgen geplagt, weil die Bedeutung des Lotos-Sutra von den zeitgenössischen buddhistischen Schulen weder anerkannt noch gelehrt werde. Dieser Ruf nach Reformen wurde in zahlreichen Abhandlungen und Briefen erläutert. Nichiren rief mit seiner vehementen Kritik an der Regierung und anderen buddhistischen Schulen so viel Feindseligkeit hervor, dass er zwei Mal in die Verbannung geschickt wurde.

Jede Religion pflegt die absolute Richtigkeit ihrer Lehren zu bestätigen. Aus eben diesem Grund kann sie die Menschen auch leicht in die Irre führen. Angesichts dieser Erkenntnis bemühte sich Nichiren, alle Aspekte der Religion, die Menschen daran hinderten, den Weg der Erleuchtung zu beschreiten, zu beseitigen, ohne die Anhänger bestimmter buddhistischer Richtungen anzugreifen oder einzig auf eine Erweiterung seiner eigenen Schule bedacht zu sein.

Nichirens Missbilligung dieser Aspekte wird in den so genannten Vier Grundregeln zusammengefasst. Diese beschreiben vier unausgewogene religiöse Archetypen und stellen eine begründete Kritik an einer Glaubensrichtung dar, die aus Quellen der Selbstgerechtigkeit und religiösen Bevormundung gespeist wird. Religion gerät, so Nichiren, durch eine dogmatische Betonung folgender Konzepte aus dem Gleichgewicht:

- Die Erlösung allein durch die äußere Macht eines absoluten Wesens suchen
- Die Erleuchtung allein durch die unmittelbare Wahrnehmung der eigenen Gedanken suchen und sich mit der eigenen Selbsterleuchtung zufrieden geben
- Sich durch okkulte Mittel in diesem Leben Vorteile verschaffen
- Sich Vorschriften oder Regeln blind unterwerfen

Eine perfekt ausgewogene Lehre verfällt in keines dieser Extreme. Sie hebt vielmehr die Verschmelzung von innerer und äußerer Macht hervor; sie dient als Mittel, um sowohl das Leben des Einzelnen als auch seine Umgebung von Grund auf zu verändern. Eine ausgereifte Religion ist nach Nichirens Auffassung vollkommen im Gleichgewicht und bezieht auf harmonische Weise die charakteristischen Merkmale ein, ohne Vorurteile oder Verfälschungen.

Die Bedeutung der Vier Grundregeln beschränkt sich nicht einfach auf die Ablehnung der buddhistischen Schulen in Japan, sondern betont die Möglichkeit jedes einzelnen Menschen, die positiven Kräfte seines Lebens voll zu entwickeln. Die Lehre Nichirens reicht über die engen Grenzen einer einzelnen Schule hinaus. Sie ist eine Religion für die gesamte Menschheit.

Die letztendliche Wahrheit des Lebens

Nichiren schrieb:

> »Die vier Gesichter [des Schatzturmes] stellen die vier Leiden von Geburt, Altern, Krankheit und Tod dar. Diese vier Aspekte des Lebens verleihen dem Turm des einzelnen Lebens Würde. Durch Chanten von Nam-myoho-renge-kyo im Zuge von Geburt, Altern, Krankheit und Tod wird der Duft der Vier Tugenden [Ewigkeit, Glück, wahres Selbst und Reinheit] zum Vorschein gebracht [in unserem Leben].«[3]

Der Schatzturm, ein Bild aus dem Lotos-Sutra, ist ein riesiger Turm, den sieben Edelsteine verschiedener Art schmücken. Er repräsentiert die Würde des menschlichen Lebens und ist ein Sinnbild für das Leben all derer, denen es gelingt, die ihnen innewohnende Buddhaschaft zu manifestieren. Durch Chanten oder Rezitieren von Nam-myoho-renge-kyo können wir die Vier Leiden in die Vier Tugenden verwandeln, die sich in der Tiefe unseres Seins verbergen. [Unter *Chanten* versteht man ein Verschmelzen von Gebet und Meditation.]

Nam-myoho-renge-kyo deutet auf das letztendliche Gesetz des Lebens und des Universums hin und stellt somit die grundsätzliche Ursache für die Erleuchtung aller Wesen dar. *Nam* ist ein Ausdruck der Hingabe und *Myoho-renge-kyo*, der Titel des Lotos-Sutra, eine Bezeichnung für die letztendliche Wirklichkeit. Nichiren interpretierte das Lotos-Sutra in seiner Gesamtheit als Erläuterung von Nam-myoho-renge-kyo.

Dieses einzigartige Sutra widerlegt die Vorstellung, Shakyamuni habe erstmals während des 6. Jh. v. Chr. in Indien als Siddharta Erleuchtung erlangt. Es zeigt vielmehr, dass er seit Urzeiten der Buddha war, der aus tiefer Einsicht und Weisheit den Weg zur Erleuchtung fand und lehrte. Diese Lehre weist darauf hin, dass die Buddhaschaft seit Ewigkeiten im Leben aller Menschen existiert. Mit anderen Worten: Buddhaschaft setzt nicht voraus, dass wir uns in Lichtgestalten verwandeln, sondern dass wir danach streben, die uns innewohnende Buddhanatur zu verwirklichen.

Der ultimative Zweck des Buddhismus besteht darin, alle Menschen zu befähigen, Klarheit über die wahre Beschaffenheit des Lebens zu gewinnen. Diese Wahrheit, auf die viele Sutren Bezug nehmen, lässt sich nicht vollständig in Worte kleiden. Shakyamuni selbst erkannte sie nicht durch Worte, sondern auf dem Weg der Erleuchtung, nachdem er sich vielen religiösen Praktiken gewidmet und schließlich unter dem Bodhi-Baum meditiert hatte. Doch noch vor seiner Erleuchtung waren sowohl die letztendliche Wahrheit als auch die Weisheit, sie zu erkennen, in seinem Leben präsent. Shakyamuni brachte dieses Potenzial lediglich zur Entfaltung und befreite sich somit von den Fesseln der Begierde und der Täuschungen. Bei der Verbreitung seiner Lehre stellte er jedoch fest, dass sich diese Wahrheit nicht allein durch Worte vermitteln ließ. Um seinen Schülern zu einem besseren Verständnis zu verhelfen, schrieb er ihnen verschiedene religiöse Übungen vor. Auch heute können wir nur dann Erleuchtung erlangen, wenn wir uns konsequent den buddhistischen Praktiken widmen. Aus diesem Grund sind Praxis und Studium gleichermaßen unverzichtbar. Wenn wir uns ausschließlich auf Meditation oder das Studium der buddhistischen Lehren konzentrieren, bleibt uns die Erleuchtung versagt – beides ist unerlässlich, um an dieses Ziel zu gelangen.

Im Lotos-Sutra erläuterte Shakyamuni die letztendliche Wahrheit des Lebens. Obwohl er dabei einige tausend Worte verwendete, lässt sich diese Wahrheit rein verbal nicht klar umreißen. Shakyamuni ging davon aus, dass seine Schüler und künftigen Anhänger die Wahrheit mittels der von ihm vorgeschriebenen religiösen Praktiken erkennen würden. Sie erfordern indes viel Geduld und Eifer, was wiederum bedingungslosen Glauben und Vertrauen in den Buddha und seine Lehren voraussetzt. Diesem Pfad zu folgen bedeutet, auf ein weltliches Leben zu verzichten, um sich voll auf die buddhistische Praxis konzentrieren zu können. Aus diesem Grund waren Mönche, Priester und Nonnen jahrhundertelang die einzigen, die in der Lage waren, sich uneingeschränkt der buddhistischen Ausübung zu widmen. Laienanhänger unterstützten sie finanziell und materiell, um gutes Karma anzusammeln, doch sie konnten nicht darauf hoffen, noch in ihrem gegenwärtigen Leben Erleuchtung zu erlangen.

Nichiren erläuterte in universal zugänglicher Form die letztendliche Wahrheit, die im Lotos-Sutra enthalten ist, und eröffnete damit allen Menschen einen Weg, Erleuchtung oder Buddhaschaft zu erlangen. Das gelang ihm dadurch, dass er die letztendliche Wahrheit des Lebens – das Gesetz von Nam-myoho-renge-kyo – in klare Worte fasste.

Dieser Begriff verkörpert die beiden wesentlichen Aspekte des Buddhismus: die Wahrheit selbst und die Entwicklung einer tiefen Weisheit, die uns befähigt, diese Wahrheit zu erkennen. Nichiren empfahl seinen Anhängern, an die Wahrheit zu glauben und Nam-myoho-renge-kyo zu chanten, die sie zum Ausdruck bringt. Nam-myoho-renge-kyo stellt zum einen das Ziel der religiösen Ausübung dar – und das Ziel Shakyamunis und aller anderen Buddhas gleichermaßen – und ist zum anderen ein Mittel, um dieses Ziel zu erreichen.

Ich bin der Überzeugung, dass Shakyamuni und Nichiren beide von derselben Wahrheit erleuchtet waren. Die Abweichungen in ihren Lehren führe ich lediglich auf die Zeit, in der sie lebten, ihre Zuhörer, die Kultur, in die sie eingebunden waren, und Unterschiede in anderen, äußeren Elementen zurück. Ihre Erleuchtung ist universal, weil die ganze Menschheit daran teilhaben kann, wenn sie sich den richtigen buddhistischen Praktiken verschreibt. Es erübrigt sich wohl, darauf hinzuweisen, dass Nichirens Lehren die Essenz aller buddhistischen Lehren enthalten. Diese Lehren wurden ursprünglich von Shakyamuni entwickelt und später von seinen Nachfolgern erweitert. Aus diesem Grund spreche ich in diesem Buch von den Lehren Shakyamunis, Nichirens, Nagarjunas, T'ien-t'ais und anderer buddhistischer Gelehrter.

Die Bedeutung des Buddhismus liegt sowohl in der Entdeckung der Buddhanatur in allen Lebewesen als auch in einer praxisorientierten Methode, sie zum Vorschein zu bringen, so dass wir Menschen ein Höchstmaß an Sinn in unserem Leben finden können. Diese grundlegende Reform der inneren menschlichen Welt (von der Soka Gakkai international »Menschliche Revolution« genannt) ist besonders relevant für die moderne Zivilisationsgesellschaft, die seit langem in einer Art spirituellem Treibsand steckt. Wir können diesem Treibsand entrinnen, wenn wir das höchste menschliche Potenzial zur Entfaltung bringen, das jedem von uns zur Verfügung steht.

Wenn wir uns mit dem Leben aus der Warte des Buddhismus auseinander setzen, erkennen wir, wie die Grundprobleme der menschlichen Existenz in Wirklichkeit beschaffen sind, und sehen den Weg, der uns befähigt, sie zu lösen.

Geburt

Ein mitfühlender Regen fällt überall gleichermaßen, benetzt die weiten Flächen der Erde und lässt neues Leben aus Bäumen und Gräsern, großen und kleinen Pflanzen sprießen. Dieses eingängige Bild aus dem Lotos-Sutra symbolisiert das Erwachen der Menschen, die vom Gesetz des Buddha berührt wurden. Gleichzeitig ist es eine Huldigung an die grenzenlose Vielfalt des menschlichen Lebens und aller anderen Seinsformen, der fühlenden und fühllosen. Jedes Lebewesen manifestiert seine Buddhanatur, trägt mit seinen harmonischen Schwingungen zum einzigartigen Konzert der Gemeinschaft aller Kreaturen bei.

Der buddhistische Begriff »abhängige Entstehung« beschreibt den symbiotischen Aspekt des Lebens. Wie Goethe durch *Faust* zum Ausdruck brachte: »Wie alles sich zum Ganzen webt, Eins in dem andern wirkt und lebt....«[1] Der Buddhismus erklärt, dass nichts und niemand für sich alleine existiert. Jede individuelle Wesenheit formt ihre Umgebung und wirkt damit wiederum auf alle anderen Existenzformen ein. Alle Dinge sind miteinander vernetzt und verbunden, bilden einen lebendigen Kosmos, ein semantisches Ganzes, wie es die moderne Philosophie nennen könnte. Das ist der konzeptionelle Rahmen, in den der

Mahayana-Buddhismus das Leben und das natürliche Universum stellt.

Ein Beispiel ist das Konzept des Kausalprinzips. Aus der Perspektive der abhängigen Entstehung besteht ein grundlegender Unterschied zwischen dem Geflecht der Kausalbeziehungen und der mechanistischen Vorstellung von Ursache und Wirkung, Gesetzmäßigkeiten, die aus der Sicht der modernen Wissenschaft die natürliche Welt beherrschen. Das wissenschaftliche Denkmodell scheint oft in keinerlei Bezug zu den subjektiven menschlichen Problemen zu stehen. Zwar kann das mechanistische Kausalprinzip genau erklären, worauf sich Katastrophen und Krisen zurückführen lassen, es bietet jedoch keine Antwort auf die Frage, warum ganz bestimmte Menschen – eben diese und keine anderen – in die tragischen Ereignisse verstrickt sind. Die mechanistische Warte verlangt sogar eine bewusste Ausklammerung existenzieller Fragen.

Im Gegensatz dazu berücksichtigt die breiter gefasste buddhistische Sichtweise des Kausalprinzips die menschliche Existenz und spricht schmerzliche Ungewissheiten direkt an. In einer frühen Fassung der Lehren Shakyamunis wird folgender Dialog vermerkt: »Was ist die Ursache von Altern und Tod?« – »Die Geburt ist die Ursache von Altern und Tod.«[2] Der Bedeutung, die hier der Vernetzung und wechselseitigen Abhängigkeit beigemessen wird, könnte man entnehmen, dass die Identität des Einzelnen als nichtig erachtet oder geschmälert wird. Doch die buddhistische Schrift geht darauf mit den Worten ein: »Du bist dein eigener Meister. Könnte jemand anders dein Meister sein? Wenn du die Kontrolle über dich selbst erlangst, hast du einen Meister von seltenem Wert gefunden.«[3] Und in einem anderen Abschnitt werden Shakyamunis mutmaßlich letzte Worte erwähnt: »Seid ein Licht für euch selbst.

Seid eine Zuflucht für euch selbst. Vertraut auf euch selbst. Haltet am Gesetz fest als sei es ein Licht, vertraut auf nichts anderes.«[4]

Beide Passagen legen uns dringend nahe, ein selbstbestimmtes Leben zu führen und uns selbst treu zu bleiben. Das Selbst, auf das sich diese Empfehlung bezieht, ist gleichwohl nicht das »kleine Selbst«, das sich in den Fallstricken des Egoismus verfangen hat. Hier geht es um das »große Selbst«, das sich in Harmonie mit dem Leben des Universums befindet, wo Ursache und Wirkung über die unendliche Weite von Raum und Zeit untrennbar miteinander verwoben sind.

Ähnlich dem harmonisierenden und integrierenden Selbst, das Carl Jung in den Tiefen des Ego verborgen sah, bringt der Begriff »großes Selbst« im Buddhismus die Offenheit und Weitläufigkeit der menschlichen Persönlichkeit zum Ausdruck, die uns gestattet, mitzufühlen und das Leid aller Menschen als unser eigenes anzunehmen. Das große Selbst ist stets bemüht, inmitten der Realitäten des Alltags Leid zu mindern und das Glück anderer zu mehren. Darüber hinaus ermöglicht das dynamische, kraftvolle Erwachen des größeren Selbst jedem Menschen, Leben und Tod mit der gleichen positiven Einstellung zu begegnen.

Die Bedeutung des Schatzturmes

Nichiren schrieb: »Wir schmücken den Schatzturm unseres Seins mit den vier Aspekten [Geburt, Altern, Krankheit und Tod].«[5] Der Schatzturm, um den es hier geht, wird erstmals im elften Kapitel des Lotos-Sutras erwähnt: »Das Erscheinen des Schatzturmes.« Dieses Kapitel kann insgesamt als Metapher für die Geburt und das menschliche Leben verstanden werden. Der Text beschreibt, wie ein massiver Turm aus der Erde auftaucht und sich in die Lüfte erhebt. Er befindet sich im Zentrum des Universums und seine immense Größe symbolisiert die kosmischen Ausmaße, die das Leben jedes einzelnen Menschen hat. Der Turm ist mit sieben Juwelenarten geschmückt – Gold, Silber, Lapislazuli, Perlmutt, Achat, Perlen und Karneol –, ein Hinweis darauf, dass das Leben jedes Menschen einer Edelstein-Sammlung gleicht. Der Turm ist der Sitz des Buddhas Viele Schätze, der aus der Welt der Reinen Schätze stammt.

Obwohl der Schatzturm unterschiedlich interpretiert wird, erklärte Nichiren, dass er sich auf »unseren individuellen Körper bezieht«.[6] Das äußere Erscheinungsbild des Schatzturmes mit dem Vorgang der Geburt vergleichend, schrieb er: »Die Welt der Reinen Schätze ist der Mutterleib«[7], und »Den Vorgang der Geburt aus diesem Mutterleib nennt man ›hervorkommen und erscheinen‹.«[8]

Die Welt der Reinen Schätze bezeichnet weder ein bestimmtes Land noch eine idealistische Welt. Da kein Schatz kostbarer sein kann als das Leben, ist der Mutterleib, in dem dieses Leben seine Form annimmt und aus dem es geboren wird, die erhabenste Welt der Reinen Schätze.

Der Schatzturm veranschaulicht, dass unser Leben und das Universum eins sind. Doch diese tief greifende Wahrheit entgeht uns oft. Sie zu erkennen setzt voraus, dass wir uns als Schatzturm begreifen oder uns unserer Buddhanatur bewusst werden.

Woher kommt das Leben?

Trotz der poetischen Metapher vom Schatzturm bleibt die Frage: Woher kommt das Leben? Was verursacht es?

Von jeher interessieren sich die Menschen brennend für das Geheimnis um den Ursprung des Lebens und die damit verbundenen Fragen, zum Beispiel, warum wir uns in genau dieser Existenzform hier auf der Erde befinden und was ihre Entstehung verursacht hat. Diese Suche führte dazu, dass die Grenzen des Geistes stetig erweitert, die Tiefen des menschlichen Verstandes erforscht und zahllose Experimente im Labor durchgeführt wurden. Doch all diese Anstrengungen haben keine endgültigen, unumstößlichen Antworten, sondern lediglich ein Sammelsurium von religiösen und philosophischen Hypothesen hervorgebracht.

Der Buddhismus betrachtet das ganze Universum als eine einzige, lebendige Wesenheit. Es ist von Leben durchdrungen und überall dort, wo die Voraussetzungen angemessen sind, entsteht Leben.

Im herkömmlichen Sinne werden wir natürlich durch Befruchtung gezeugt, der meistens ein Akt der Vereinigung von Mutter und Vater vorausgeht. Aus der Verschmelzung von Spermium und Eizelle geht ein Embryo hervor. Mit der Entwicklung des Embryos sind Reifungsprozesse der verschiedenen körperlichen und geistigen Funktionen verbunden.

Die Entwicklung eines neuen Lebewesens lässt sich jedoch nicht ausschließlich mit der Verschmelzung von Spermatozoon und Eizelle erklären. Die Entwicklung des Embryos auf der Grundlage der genetischen Informationen, die er mit auf den Weg bekommen hat, und der Umwelteinflüsse, denen er ausgesetzt ist, kann man nicht allein auf chemische Reaktionen zurückführen. Es muss einen grundlegenden Impuls geben, der die Entstehung von Leben verursacht.

Der Buddhismus erklärt, dass es vier Lebensstadien gibt: Die Existenz während der Geburt, die Existenz während des Lebens, die Existenz während des Todes und die Existenz zwischen Tod und Wiedergeburt, auch Zwischenexistenz oder Zwischenphase genannt. Aus dieser Perspektive wird das Leben als immerwährende Wiederholung dieser vier Phasen gesehen.

Die Geburt ist ein Prozess, genau wie der Tod. Einige Sutren beschreiben die Empfängnis als Erscheinen einer Wesenheit aus einer Zwischenexistenz oder als Einführung des Bewusstseins. Empfängnis ist der Moment, in dem sich diese Zwischenexistenz mit einer neuen menschlichen Form verbindet.

Leben in all seinen Formen und zu allen Zeiten beinhaltet einen schöpferischen Drang, ist aktiv und besitzt die positive Kraft, sich selbst immer wieder neu zu erschaffen. Das Leben ist ein mächtiger, ewiger Impuls, sich im gesamten Universum zu manifestieren, sobald die Voraussetzungen angemessen sind. Die Kraft und die Funktionen, die innerhalb des Lebens zusammenwirken, um die Selbstmanifestation zu fördern, könnte man als »innere Ursachen« bezeichnen. Der Buddhismus sagt, dass die Umstände und Voraussetzungen für die Geburt durch die Wechselwirkung zwischen inneren Ursachen (das Karma eingeschlossen, das wir in die Zwischenexistenz mitnehmen) und äußeren Ursachen geschaffen werden.

Die westliche Wissenschaft betrachtet Sperma und Eizelle im Allgemeinen als die einzigen wesentlichen Elemente der Empfängnis. In ihren Augen muss nur eine Voraussetzung erfüllt sein: die Befruchtung der weiblichen

Gameten. Aus buddhistischer Sicht ist neben Sperma und Eizelle auch das Leben selbst – im Zustand der Zwischenexistenz und mit einem Karma, das den Umständen der Empfängnis, dem genetischen Erbe, der Familie und dem sozialen Umfeld entspricht, in das dieses Leben hineingeboren wird – ein unerlässlicher Faktor für die Entstehung und Entwicklung menschlichen Lebens. Die Empfängnis gilt hier als Folge der Verbindung aller drei Komponenten.

Ein Beispiel: Ein Paar hat Geschlechtsverkehr, bei dem eine Befruchtung stattfinden könnte. Aufgrund der DNS-Kombination beider Elternteile besteht die Gefahr, dass ein Kind, das aus dieser Verbindung entstehen würde, mit einer Behinderung zur Welt kommt. Eine Empfängnis ist aus buddhistischer Sicht jedoch nicht möglich ohne die »Verfügbarkeit« eines Lebewesens im Zwischenstadium der Existenz, das die Ursachen für die Erfahrung geschaffen hat, mit einem solchen Defekt geboren zu werden und unter der Wirkung zu leiden. Das Leben und das Karma von Mutter, Vater und Kind müssen übereinstimmen.

Schicksal, Erbe und Umwelt

Wie kann es sein, dass Kinder nach ihren Eltern geraten und sich trotzdem sowohl im Charakter als auch im äußeren Erscheinungsbild von allen anderen Familienmitgliedern unterscheiden? Gregor Mendel beantwortete diese Fragen zum Teil, als er in den 1860-er Jahren die Grundregeln der Übertragung von Erbanlagen erkannte und formulierte (damals fanden diese freilich kaum Beachtung). Weitere Forschungsaktivitäten im Bereich der Genetik haben die Wissenschaftler zu der Schlussfolgerung veranlasst, dass Gene die zentrale Rolle bei der Vererbung von Merkmalen spielen. Sie ermöglichen die Weitergabe der Erbinformationen von einer Generation zur nächsten im Augenblick der Befruchtung, wenn männliche und weibliche Gameten miteinander verschmelzen.

Ist der Charakter eines Menschen das Ergebnis seiner Erbanlagen oder seiner Umwelt? Das ist eine schwierige, kontrovers diskutierte Frage. Vielleicht lässt sie sich nicht mit letztendlicher Sicherheit klären. Heute sind viele der Meinung, dass unsere Wesensart weitgehend genetisch vorprogrammiert ist, doch der menschliche Charakter ist dermaßen komplex, dass er nicht ausschließlich durch Erbfaktoren bestimmt sein kann.

Zwei wichtige Theorien sprechen die Ausprägung des Charakters an: die endogene Theorie, die Erbfaktoren in den Vordergrund stellt, und die exogene oder empirische, die Einflüsse des sozialen Umfelds betont – Anschauungen, die man auch als Kontroverse zwischen »angeboren« und »anerzogen« oder »Anlage« und »Umwelt« bezeichnet. Der Charakter wird wahrscheinlich durch ein Zusammenwirken beider Einflussfaktoren geprägt. Dazu kommt, dass Menschen – im Gegensatz zu Tieren, deren Verhalten weitgehend auf Instinkten beruht – auf der Grundlage bewusster Entscheidungen handeln, ein weiterer charakterbildender Faktor, der berücksichtigt werden muss.

Wie auch immer, fest steht, dass der Eintritt in diese Welt bei allen auf ähnliche Weise erfolgt, sich die Entwicklung und Lebensumstände von zwei Menschen allerdings niemals völlig gleichen. Einige werden reich geboren, andere arm und auch der Grad der angeborenen Intelligenz ist unterschiedlich. Warum klafft die Schere der Lebensumstände und Schicksale so weit auseinander? Der Buddhismus gibt eine klare Antwort, die auf dem Gesetz von

Ursache und Wirkung basiert. Wie es in einem Sutra heißt: »Wenn du die Ursachen verstehen willst, die du in der Vergangenheit gesetzt hast, betrachte die Wirkungen in der Gegenwart. Und wenn du wissen willst, welche Folgen in Zukunft auf dich zukommen, sieh dir die Ursachen an, die du jetzt setzt.«[9] Statt das Augenmerk auf die Vergangenheit zu richten, die sich unserem Einfluss entzieht, legt der Buddhismus den Schwerpunkt auf die Gegenwart und die Zukunft. Wir werden ermutigt, der Realität des Lebens ins Gesicht zu sehen und uns klar zu machen, dass wir durch unser derzeitiges Handeln die Auswirkungen von Ursachen, die wir in der Vergangenheit gesetzt haben, verändern können.

Verständlicherweise würden wir gerne alles Negative den Erb- und Umweltfaktoren anlasten, die nicht durch eigenes Zutun entstanden sind. Letztendlich können wir jedoch nur durch das entschlossene, fortwährende Bemühen um Selbstverbesserung und die Nutzung der angeborenen Fähigkeit, über unsere inneren Grenzen und Beschränkungen hinauszuwachsen, die volle Bandbreite unseres Potenzials ausschöpfen und selbst solche Ziele erreichen, die uns am Anfang des Weges unrealistisch erschienen.

Das buddhistische Konzept der Reinkarnation

Seit Anbeginn der Geschichte haben Menschen gespürt, dass es eine spirituelle Kraft gibt, die fortlaufend im Kern aller Dinge existiert. In Indien wurde das Konzept der Reinkarnation – der Anschauung, dass die Essenz eines Menschen nach dem Tod in eine neue Existenz eintritt – schon in frühester Zeit akzeptiert. Auch die alten Griechen glaubten an einen endlosen Kreislauf von Geburt und Tod. Der Orphismus, eine religiöse Bewegung, die etwa im 7. Jh. v. Chr. großen Zulauf hatte, war von der Läuterung der Seele durch den Reinkarnationszyklus überzeugt. Und einige Zeit später, ungefähr im 5. Jh. v. Chr., wurde das Konzept der Metempsychose oder Seelenwanderung von den Pythagoräern weiterentwickelt.

Der Buddhismus lehrt hingegen, dass die Reinkarnation Bestandteil des Karmas ist. Das Wort Karma, eine grammatikalische Abwandlung des Sanskrit-Begriffs *karman*, bedeutet »Tat« oder »Handlung«. Karma bezieht sich auf den inneren, unbewussten Bereich des Lebens. Er entsteht durch eigene Handlungen in der Vergangenheit oder Gegenwart, deren Folgen oder Wirkungen sich, aktiviert durch äußere Reize, in der Gegenwart oder Zukunft manifestieren.

Sind diese Folgen positiv, kommen sie uns wie eine Belohnung vor, sind sie negativ, empfinden wir sie als Strafe oder Vergeltung. Wie wir im vierten Kapitel noch sehen werden, bleiben uns ungenutzte Potenziale auch nach dem Tod erhalten. Sie begleiten uns von einer Lebenszeit zur nächsten, bis wir uns der äußeren Ursache gegenüber sehen, die uns die Wirkung eines bestimmten Potenzials vor Augen führt.

Aus buddhistischer Sicht nimmt das Leben nach dem Tod keine klar umrissene physische Form an und es gibt weder einen »Geist« noch eine »Seele« oder ein Selbst, die in einer festgelegten, unveränderlichen Struktur weiterleben. Shakyamuni gelangte zu dem Schluss, dass allein das Karma nach dem Tod weiterbesteht. Unsere gegenwärtigen Lebensumstände sind die Folge oder Wirkung früherer Handlungen (Karma) und unsere gegenwärtigen Handlungen bestimmen unsere künftigen Lebensumstände. Mit anderen Worten: Der Einfluss unserer Handlungen setzt sich von einer Existenz zur nächsten fort, über das Leben und den Tod des Menschen hinaus.

Die Bedeutung des Karmas

Jeder Mensch schafft sein eigenes Karma. Unsere vergangenen Gedanken, Worte und Taten haben unsere momentane Realität geprägt und unsere derzeitigen Taten (wie auch Gedanken und Worte) wirken sich wiederum auf die Zukunft aus. Der Einfluss des Karmas überträgt sich von einer Lebenszeit zur nächsten und bleibt auch während der latenten Phase zwischen Tod und Wiedergeburt bestehen. Das karmische Gesetz ist für die Umstände der Geburt, die individuelle Persönlichkeit des Menschen und die Unterschiede zwischen den Lebewesen und ihrer Umgebung ausschlaggebend.

Das Konzept des Karmas ist älter als der Buddhismus und hatte sich schon lange vor Shakyamunis Zeit in der indischen Gesellschaft durchgesetzt. Die vor-buddhistische Sicht enthielt gleichwohl ein deterministisches Element: Man glaubte, nicht nur das Weltgeschehen, sondern auch das Schicksal des Menschen sei vorbestimmt. Diese Anschauung diente vor allem dazu, das Schicksal der Menschen zu erklären und sie zur klaglosen Annahme zu bewegen, statt ihnen Hoffnung auf Veränderung oder einen grundlegenden Wandel zu machen.

Die buddhistischen Lehren entwickelten das Konzept des Karmas weiter. Shakyamuni erklärte, nicht die Geburt entscheide über die »gute« Seinsform des Menschen, sondern die Taten, die er begangen hat. Die buddhistische Sicht des Karmas ist folglich alles andere als fatalistisch. Karma wird nicht nur als Mittel betrachtet, um die gegenwärtige Lebenssituation zu erklären, sondern ist darüber hinaus eine potenzielle Kraft, die uns ermöglicht, unsere Zukunft zu beeinflussen.

Ein gutes Karma beinhaltet also Handlungen, die in lauteren Absichten und Mitgefühl wurzeln. Einem schlechten Karma liegen hingegen Handlungen zugrunde, die von Gier, Ärger und Dummheit (oder falschen Anschauungen) geprägt waren. Einige buddhistische Abhandlungen führen die Ursachen eines schlechten Karmas auf zehn Handlungen zurück: die drei physischen Handlungen Töten, Stehlen, sexuelles Fehlverhalten; die vier verbalen Handlungen Lügen, Schmeichelei (oder müßige und unverantwortliche Worte), üble Nachrede und Doppelzüngigkeit; und die drei mentalen Handlungen Gier, Ärger und Dummheit oder Verblendung.

Der Buddhismus lehrt, dass die Kette von Ursache und Wirkung ewig währt. Das erklärt den Einfluss des Karmas, das in früheren Leben angesammelt wurde. Dieses Karma ist eine Kraft, die sich in der Tiefe unseres Daseins verbirgt und unser Leben von einem Augenblick zum nächsten prägt, wenn sie durch die Realitäten der Gegenwart aktiviert wird. Einige karmische Wirkungen treten in unserer jetzigen Lebenszeit in Erscheinung, während andere weiterhin schlummern. Ein »unveränderliches Karma« bringt unveränderliche Folgen in einer bestimmten Zeitspanne hervor, während die Folgen eines »veränderlichen Karmas« weder ein für alle Mal festgelegt sind noch zu einem vorbestimmten Zeitpunkt in Erscheinung treten müssen.

Manchmal ist das Karma so schwerwiegend und so tief in den Leben eines Menschen verwurzelt, dass es nicht leicht fällt, den »eingeschlagenen Kurs« zu ändern. Nehmen wir an, jemand stürzt einen anderen Menschen vorsätzlich ins Unglück oder verursacht sogar seinen Tod; er hat ein schwerwiegendes negatives Karma herbeigeführt, auch wenn es ihm im Moment gelingen sollte, sich seiner Verantwortung oder der Gerichtsbarkeit zu entziehen. Entsprechend dem unerbittlichen Gesetz von Ursache und Wirkung wird dieses negative Karma mit absoluter Sicherheit einen karmischen Leidensprozess nach sich ziehen, den auszulöschen weit über die Kräfte eines gewöhnlichen Sterblichen hinausgeht. Ein dermaßen einschneidendes Karma übt seinen Einfluss normalerweise im Angesicht des Todes aus und das einflussreichste Karma zum Zeitpunkt des Todes prägt die grundlegenden Lebensumstände in der nächsten Lebensspanne.

Der Einfluss eines bestimmten Karmas erlischt erst, wenn seine Energie freigesetzt wurde. Dieser Prozess lässt sich mit einem Saatkorn vergleichen, das keimt und wächst, um Blüten zu treiben oder Früchte zu tragen. Wenn das Saatkorn seine Funktion erfüllt hat, wird es diesen Prozess niemals wiederholen.

Ein schlechtes Karma kann nur ausgelöscht werden, wenn es in Form von Leid »erblüht« oder »fruchtet«. Gemäß den Lehren aus der Zeit vor dem Lotos-Sutra erlischt der Einfluss eines schlechten Karmas, das durch zahlreiche entsprechende Handlungen entstanden ist, erst nach mehreren Lebensspannen. Die Buddhaschaft kann man also nur erlangen, wenn man in vielen aufeinander folgenden Lebenszeiten gute Ursachen anhäuft. Im Lotos-Sutra heißt es hingegen, dass die primäre Ursache für das Erlangen der Buddhaschaft die in jedem einzelnen Leben vorhandene Buddhanatur ist und der Glaube an das Lotos-Sutra den Weg dazu öffnet. Es ist nicht erforderlich, dass wir eine leidvolle Lebenszeit nach der anderen hinter uns bringen, um unsere Schuld abzutragen. Durch die praktische Umsetzung des unerschütterlichen Glaubens an das Lotos-Sutra können wir die uns innewohnende Buddhanatur ausschöpfen und uns noch in dieser Lebensspanne von den Folgen eines schlechten Karmas befreien. Dazu kommt, dass die tief greifende Veränderung der Lebensumstände eines Menschen unweigerlich einen ähnlichen Wandel bei anderen, ihm nahe stehenden Personen auslöst. Wenn dieser Prozess in Gang kommt und Kreise zieht, kann sich der Wandel auf alle Schichten der Gesellschaft, die ganze Menschheit und sogar auf die Natur ausweiten.

Karma und medizinische Technologie

Können wir durch genetische Veränderungen unser Karma beeinflussen? Auch das ist eine schwierige Frage. Möglicherweise lässt sich eine bestimmte Krankheit durch gezielte Eingriffe in das menschliche Erbgut überwinden und das Problem rein technisch lösen, doch das ändert aus der buddhistischen Perspektive nicht das Geringste am Einfluss des Karmas. Ohne eine drastische Veränderung unserer Lebensumstände auf der tiefsten Ebene sind die leidvollen Erfahrungen, die auf früheren, von uns selbst geschaffenen Ursachen beruhen, »vorprogrammiert«.

Die im Buddhismus verankerte Achtung vor der Unantastbarkeit des Lebens gebietet Vorsicht bei der Anwendung von Technologien, die fähig sind, in das Leben selbst einzugreifen. Auch wenn die Gentherapie Lösungen für bestimmte Probleme zu bieten vermag, sollten diese erst nach gewissenhafter und umfassender Analyse als Option in Betracht gezogen werden. Es empfiehlt sich, alle nur erdenklichen Vorkehrungen zu treffen, um zu verhindern, dass eine Gentherapie in eine Genmanipulation des Menschen ohne therapeutische Zielsetzung ausartet.

Im Hinblick auf genetische »Defekte« ist es oft schwierig, zwischen normal und pathologisch zu unterscheiden. Viele, die unter einer Behinderung oder einer schweren Krankheit leiden, würden ihr Leben als glücklich und lebenswert bezeichnen. Wenn wir den Begriff »Lebensqualität« definieren, sollten wir keine Grenzen ziehen und alles, was jenseits dieser Grenzen liegt, als unwert brandmarken. Stattdessen gilt es, nach besten Kräften zur Entwicklung einer toleranten Gesellschaft beizutragen, in der behinderte Menschen sich nicht diskriminiert fühlen und die Chance haben, ihr Potenzial voll zu entfalten.

Unbestritten hat die Menschheit von den Entdeckungen der medizinischen Wissenschaft profitiert. Dank der modernen Medizin können beispielsweise viele Schwangerschaften, die früher unweigerlich zu einer Fehlgeburt geführt hätten, voll ausgetragen werden. Auch die heutigen pränatalen Untersuchungen bieten die Möglichkeit, die fetale Entwicklung schon in der Frühphase zu überwachen und immer mehr angeborene Schädigungen und Erbkrankheiten zu erkennen.

Der technologische Fortschritt, der heutzutage eine atemberaubende Geschwindigkeit vorlegt, wirft indes ethische Fragen auf. Beispielsweise fühlen sich Eltern mit der Entscheidung, ob ein Fötus ausgetragen werden soll, wenn ein genetischer Defekt festgestellt wurde, oftmals alleine gelassen. Die Bereitstellung der pränatalen diagnostischen Ausrüstung ist wichtig, doch wir müssen darüber hinaus auch ein soziales System schaffen, das Eltern in solch einer Situation unterstützen und beraten kann.

Die Medizin behandelt die nachvollziehbaren, oberflächlich zutage tretenden Ursachen der Schicksalsschläge im Leben. Die wahren Ursachen der Gesundheitsprobleme liegen jedoch in einem Bereich, der weit über die

Grenzen der Medizin hinausreicht und vom Buddhismus als Karma erkannt wurde. Der Buddhismus spürt diese tiefer wurzelnden Ursachen auf, so dass wir sie sichtbar machen und fortan unseres »eigenen Glückes Schmied« sein können.

Während sich die medizinische Wissenschaft auf die Gesundheit des Menschen [und somit auf die Verlängerung der Lebensdauer] konzentriert, richtet der Buddhismus sein Augenmerk auf den Sinn und Zweck des Daseins und somit auf die Verbesserung der Lebensqualität. Das Lotos-Sutra bezeichnet diese Welt als einen Ort, an dem »Lebewesen Freude an ihrem Dasein empfinden« sollten. Das Leben im Diesseits von der ersten bis zur letzten Minute auszukosten – auch das ist Sinn und Zweck der buddhistischen Praxis.

Die Einheit vom Lebewesen und seiner Umgebung

Die Umgebung und der lebende Körper sind zwei scheinbar voneinander getrennte Phänomene, die sich gegenseitig beeinflussen und im Wesentlichen die ultimative Wirklichkeit des Lebens verkörpern. Sie sind »zwei, und doch nicht zwei« oder grundlegend ein Ganzes. Der Buddhismus bezeichnet dieses Prinzip als die Einheit vom Lebewesen und seiner Umgebung.

Die Bedeutung dieses Prinzips liegt in der Fähigkeit des Menschen, seine Umgebung von innen heraus zu beeinflussen, statt den Turbulenzen eines sich stetig wandelnden Umfelds auf Gedeih und Verderb ausgeliefert zu sein. Wenn wir unsere Buddhanatur Schritt für Schritt zur Entfaltung bringen, verändert sich unser Verhalten, wird zunehmend von tiefer Weisheit und Mitgefühl geprägt. Wenn wir glücklich sind, strahlen wir dieses Glück aus, das in unserer Umgebung ein Echo findet. Dieses Prinzip motiviert uns, die uns innewohnende Buddhanatur mit Nachdruck zu fördern, so dass wir ein inneres, unzerstörbares Glück entdecken, von dem wir ungeachtet aller Widrigkeiten oder kleinen »Glücksmomente« im Leben zehren können.

Immer mehr Menschen gelangen zu der Erkenntnis, dass die Welt nicht aus vereinzelten Seinsformen besteht, sondern aus Phänomenen, die miteinander verwoben sind. Diese Sicht entspricht dem buddhistischen Konzept des abhängigen Entstehens und der Einheit vom Lebewesen und seiner Umgebung.

Auch Goethes Vorstellung von der Einheit der Natur und der Lebensphänomene wird langsam wiederentdeckt. Er war fest überzeugt, dass die mechanistische und atomistische Denkweise der Gelehrten irgendwann der Erkenntnis weichen würde, dass alle Phänomene durch Dynamik und Chemie miteinander vernetzt sind.[10]

Das Universum ist Leben

Josei Toda hat einmal gesagt:

> »Wir benutzen das Wort *Selbst,* doch in Wirklichkeit bezieht sich dieses Wort auf das Universum. Wenn wir fragen, wie sich das Leben des Universums vom Leben jedes einzelnen Menschen unterscheidet, stellen wir nur Unterschiede fest, die unseren Körper und Geist betreffen. Unser Leben und das Leben des Universums sind ein und dasselbe.«

Todas These über die Philosophie des Lebens besagt, dass unser Leben und das Leben des Universums identisch sind und unser Leben folglich, genau wie das Universum, ewig und unvergänglich ist. Er sagte: »Genau wie wir schlafen und erwachen und dann erneut schlafen, leben und sterben und leben wir erneut, so dass unsere Leben ewig währen.« Und: »Wenn wir morgens aufwachen, nehmen wir unsere Aktivitäten wieder auf, gestützt auf das gleiche mentale Potenzial wie am Vortag. Gleichermaßen ist uns in jeder neuen Existenz bestimmt, mit den karmischen Folgen der in früheren Existenzen gesetzten Ursachen zu leben.«

Toda verglich das Universum auch mit einem Ozean und unser Leben mit den Wellen, die an der Meeresoberfläche auftauchen und verschwinden – Wellen und Ozean sind keine getrennten Wesenheiten. Anders ausgedrückt: Die Wellen sind ein Teil der fortlaufenden Aktivität des Meeres.

Damit vergleichbar wäre auch folgende Anmerkung von Alan Watts, einem britischen Philosophen aus dem neunzehnten Jahrhundert: »Es gibt kein getrenntes ›du‹, um etwas aus dem Universum hervorzubringen… So wie das Meer Wellen hervorbringt, bringt das Universum Menschen hervor… Was wir daher als ›Tod‹, Leere oder Nichts betrachten, ist nur das Tal zwischen den Kämmen im Meer des Lebens, das endlos Wellen hervorbringt.«[11]

Toda beschreibt Leben als Grundlage aller Dinge, die nach unserer Auffassung veränderlich oder im Fluss befindlich sind. Die wahre Natur des Lebens, sagte er, ist jedoch weder dynamisch noch statisch, sondern gleicht einem leeren Raum. Sie ist ein Phänomen, das gleichzeitig den unendlichen Makrokosmos und jeden einzelnen Mikrokosmos zahlloser Lebewesen repräsentiert. Sie ist eine Wesenheit, die fortwährend dynamischen Veränderungen unterworfen und gleichzeitig ewig und immerwährend ist.

Die unleugbar höchste Einheit dieses universalen Lebens, das wir alle verkörpern, wird das »Mystische Gesetz« genannt.

Zukunftsperspektive

Allein die Tatsache, dass wir als menschliche Wesen geboren wurden, lässt auf unsere Fähigkeit schließen, den Kurs unseres Lebens zu verändern. Wenn wir uns durch den Einfluss unseres Karmas einer Hürde oder Härte gegenübersehen, haben wir die Chance, unseren Lebenszustand zu verbessern. Wenn wir erkennen, dass dieses Hindernis auf ein bestehendes Potenzial hindeutet, das erfüllt und zur Vollendung gebracht werden muss, können wir unser Leben von diesem Punkt an mit dem Einfluss oder der Energie eines guten Karmas füllen. Durch das Vertrauen in dieses Konzept und die praktische Umsetzung der buddhistischen Prinzipien können wir jedes augenscheinliche Problem als Wachstumschance nutzen.

Wenn wir uns dieser Kraft bewusst werden, die uns hilft, alle Hindernisse zu überwinden, bahnen wir einer besseren Zukunft und selbstbestimmten Lebenssituation den Weg. Wir können die Fesseln unseres Lebens abstreifen, um unseren eigentlichen Daseinszweck zu ergründen, wahrhaft glücklich zu werden und unser Scherflein zur Verbesserung der Gesellschaft und der ganzen Welt beizutragen.

Die Entdeckung dieses Lebenszwecks spielt eine wichtige Rolle, vor allem, wenn wir uns mit dem zweiten der vier Leiden konfrontiert sehen, dem Alterungsprozess, der Thema des nächsten Kapitels ist.

Altern

Dass der Wandel ein wesentlicher Aspekt der Wirklichkeit ist, ist keineswegs ein neues Konzept. Schon im 6. Jh. v. Chr. erklärte der griechische Philosoph Heraklit, dass alles fließt und man nicht zweimal in denselben Fluss steigen kann. Diesem fortwährenden Prozess der Veränderung sind alle Dinge unterworfen, gleich ob es sich um natürliche Phänomene oder menschliche Angelegenheiten handelt. Nichts bleibt auch nur für den Bruchteil einer Sekunde völlig gleich, selbst an den mächtigsten Felsen und Mineralien nagt der Zahn der Zeit.

Die Vergänglichkeit aller Phänomene

Der Buddhismus bezeichnet diesen flüchtigen Aspekt der Wirklichkeit als »Vergänglichkeit aller Phänomene«. In der buddhistischen Kosmologie wird dieses Konzept als fortwährender Kreislauf des Entstehens, Bestehens, Verfalls und Vergehens beschrieben, dem alle Systeme unterworfen sind, der Mensch eingeschlossen. Gleich was wir auch tun, das menschliche Leben verändert sich fortwährend. Der Buddhismus lehrt, dass alle Erscheinungsformen endlich oder von begrenzter Dauer sind, auch unser Körper.

Obwohl wir den Alterungsprozess nicht aufhalten können, weigern wir uns oft, Frieden mit der Tatsache zu schließen, dass er mit jeder einzelnen Sekunde seinen Lauf nimmt. Früher wurden alte Menschen mit Ehrerbietung behandelt, da man die Weitergabe ihrer Erfahrungen und der überlieferten Sitten und Gebräuche an die Gemeinschaft zu schätzen wusste. Heute, wo Schnelligkeit und Effizienz mehr Wert beigemessen wird als der Tradition, werden die Alten weitgehend aus der Mainstream-Gesellschaft ausgeschlossen und aufs Abstellgleis geschoben – Sie werden eher als Bürde denn als eine Bereicherung empfunden. Wen wundert es da, dass sich viele vor dem Alter fürchten und alles in ihrer Macht stehende tun, um den Alterungsprozess hinauszuzögern.

Die medizinische Wissenschaft hat das Phänomen des menschlichen Alterungsprozesses aus verschiedenen Blickwinkeln untersucht. Manche behaupten, die Lebensspanne sei durch die Grenzen der Zellteilung bestimmt. Andere sind der Ansicht, der Alterungsprozess sei genetisch vorprogrammiert. Ungeachtet dessen, warum wir altern, sollten wir uns dem Alterungsprozess ohne Angst stellen und darauf achten, dass wir in Würde leben und altern.

Nichiren schrieb, das Leben sei kostbar und jeder zusätzliche Tag mehr wert als zehn Millionen Unzen Gold.[1] Wenn ein einziger Tag im Leben ein Vermögen aufwiegt, wie wichtig ist es dann, die Unantastbarkeit des Lebens zu erkennen – ein Leben, das verloren geht, kann nie mehr zurückerlangt werden. Doch geht es nicht darum, sich so lange wie möglich an das Leben zu klammern, sondern dafür zu sorgen, dass jeder Tag im Leben ausgefüllt ist.

Nichiren schrieb außerdem: »Das Leben als Mensch ist schwer aufrechtzuerhalten – so schwer wie es für einen Tautropfen ist, auf einem Grashalm zu haften. Aber es ist besser, einen einzigen Tag in Ehre zu leben, als hundertzwanzig Jahre alt zu werden und in Schande zu sterben…«[2] Die Herausforderung besteht darin, jedem Tag Sinn zu verleihen und unsere Aufmerksamkeit auf das wie statt auf das »wie lang« zu richten.

Ewigkeit und Endlichkeit

Im letzten Kapitel war die Rede davon, dass Leben ewig währt. Gleichzeitig ist die menschliche Lebensspanne, wie die aller anderen Erscheinungsformen, endlich. Diese beiden Wahrheiten widersprechen sich letztendlich nicht, sondern ergänzen sich.

Die psychologischen und physischen Veränderungen, denen ein Mensch im Verlauf des Reifeprozesses von der Kindheit bis ins Erwachsenenalter unterliegt, sind so gewaltig, dass er von Grund auf verwandelt erscheint. Dennoch bleibt sein innerster Kern, sein »Selbst«, das Körper und Seele umfasst, relativ unverändert. Im Buddhismus spricht man von einem »großen Selbst«.

Zu jedem beliebigen Zeitpunkt unseres Lebens können wir uns mitfühlend auf unsere Umgebung einlassen oder uns von ihr zurückziehen. Wenn wir offen und engagiert sind, erfahren wir unser großes Selbst. Wenn wir uns abschotten, gewinnt das »kleine Selbst« die Oberhand. Das kleine Selbst ist ein Zustand der Selbsttäuschung, während das große Selbst der Buddhanatur entspricht. Für das große Selbst bedeutet Leben, das universale Prinzip hinter allen Dingen zu erkennen und durch diesen Prozess des Erwachens über das Leid hinauszuwachsen, das durch unser Wissen um die eigene Endlichkeit entsteht. Der Glaube an die Ewigkeit ist unabdingbar, um unsere Lebensqualität zu verbessern. Wenn wir der Meinung sind, diese Lebensspanne sei das Nonplusultra der menschlichen Existenz und »nach uns die Sintflut«, lassen wir uns die Gelegenheit entgehen, ein wirklich sinnvolles, tiefgründiges Leben zu führen.

Das ist so wie bei kleinen Kindern, die Spaß daran haben, in einem Plastik-Planschbecken herumzutollen, bis sie die Freuden eines richtigen Schwimmbeckens entdecken. Doch im Vergleich zur ungeheuren Weite des Meeres verblasst selbst ein Schwimmbecken mit olympischen Ausmaßen.

Ähnlich verhält es sich mit den Freuden des Lebens: Erst wenn sich unser Blickwinkel erweitert und über die Grenzen der eigenen Existenz hinausgeht, um das ganze, ewige Universum einzuschließen, können wir auf einer tieferen Ebene ein wirklich erfülltes Leben führen.

Die Probleme des Alterns

Die Problematik des Alterns lässt sich aus verschiedenen Blickwinkeln betrachten, die biologische, psychologische und soziologische Perspektive eingeschlossen. Die Biologen und Mediziner arbeiten fieberhaft daran, Degenerationskrankheiten zu bekämpfen und irgendwann ganz auszumerzen, mit dem Ziel, die menschliche Lebenserwartung generell auf über hundert Jahre zu verlängern. Die Psychologen sind bemüht, die ganze Bandbreite der Depressionszustände zu lindern, unter denen viele alte Menschen leiden. Die Sozialgerontologen versuchen, Strukturen zu schaffen, die das Leben im Alter erleichtern und erträglicher machen. Damit diese Anstrengungen von Erfolg gekrönt sind, müssten sie miteinander vernetzt werden.

Obwohl es den Anschein hat, als wären die biologischen, psychologischen und sozialen Symptome des Alterns getrennte Elemente, besteht zwischen ihnen in der Regel eine Wechselbeziehung. Deshalb ist eine interdisziplinäre Zusammenarbeit der Wissenschaftler vonnöten, um Lösungen für die zahlreichen Probleme zu finden, die mit dem Altern einhergehen.

Menschen unterscheiden sich in jeder Lebensphase voneinander, besonders aber im Alter. Mit sieben Monaten sind wir einander ähnlicher als mit siebzig Jahren. Das liegt daran, dass jeder auf seine Weise altert, auch wenn sich dem Alterungsprozess letztlich niemand entziehen kann. Manche Menschen sehen jünger und andere älter aus, als sie sind.

1970 habe ich mit gleichaltrigen Freunden, alle Jahrgang 1928, eine Gruppe gegründet. Bei den Treffen wird mir jedes Mal aufs Neue bewusst, dass diejenigen, deren Augen strahlen, jünger aussehen. Das zeigt zum einen, dass der Kalender nicht das ultimative Maß für das Alter eines Menschen ist – physiologische, psychologische und spirituelle Faktoren spielen ebenfalls eine wichtige Rolle. Und zum anderen deuten die strahlenden Augen auf eine innere Stärke hin, die spiritueller Natur ist und ihrerseits die physische Vitalität fördert.

Während des Alterungsprozesses beginnen die inneren Organe nach und nach zu schrumpfen und die Gelenke verlieren ihre Geschmeidigkeit. Das ist an sich kein schwerwiegendes Problem. Selbst in hohem Alter besitzt der Körper noch seine angeborenen Selbstheilungskräfte. Und es gibt keinen Grund, aus Altersgründen auf Sport oder Bewegung zu verzichten, um körperlich fit zu bleiben. Menschen, die im Alter ernsthaft erkranken, sind geneigt, Körper und Geist nicht mehr im gleichen Maß zu mobilisieren wie früher und legen selbst nach der Genesung den »Schongang« ein, was die Vitalität zusätzlich schwächt. Es besteht kein Grund, unsere Aktivitäten immer mehr einzuschränken, nur weil die Jahre vergehen.

Um den Härten des Alters entgegenzuwirken, müssen wir eine tiefe, innere Weisheit entwickeln. Diese Weisheit gestattet uns, in uns hineinzuhorchen und beizeiten auf unser Wohl zu achten. Wenn wir darauf bedacht sind, Krankheiten vorzubeugen und unsere Gesundheit zu erhalten, können wir unseren Aktivitäten bis ins hohe Alter mit Enthusiasmus und Energie nachgehen. Statt sich passiv in das Unvermeidliche zu fügen, gilt es, diese Lebensphase beherzt, positiv und aktiv anzugehen. Dabei kann uns das spezifische Wissen helfen, das der breit gefächerte Bereich Gesundheitswissenschaft zu bieten hat.

Zwei wichtige Faktoren sind maßgeblich am so genannten Alterungsprozess beteiligt: zum einen biologische Veränderungen, die mit dem Altern des Gehirns und anderer Teile des Körpers, wie dem vegetativen Nervensystem, dem endokrinen System und dem Kreislaufsystem, in Zusammenhang stehen; und zum anderen gesellschaftliche Gepflogenheiten und Institutionen, zum Beispiel das gesetzlich vorgeschriebene Ruhestandsalter, das Einfluss auf den Lebensstil und die mentale Verfassung älterer Menschen hat. Wie bereits erwähnt, lassen sich die biologischen Veränderungen ganz gut in den Griff bekommen. Aus der sozialen Perspektive müssen wir uns darauf konzentrieren, was wir für unsere älteren Mitbürger tun können und was sie für sich selbst tun sollten.

Die Einstellung zum Altern

Niemand ist gegen das Alter gefeit. Shakyamuni wies einmal auf die Notwendigkeit hin, drei Formen des Stolzes zu besiegen: den Stolz auf die Jugend, auf die Gesundheit und auf das Leben. Trunken vor Stolz auf die eigene Jugend, haben viele eine heimliche Aversion gegen Menschen, die von der Last des Alters gebeugt sind. Trunken vor Stolz auf die eigene Gesundheit, haben viele eine heimliche Aversion gegen Menschen, die an einer Krankheit oder Behinderung leiden. Und trunken vor Stolz auf das eigene Leben, haben viele eine heimliche Aversion gegen die Toten. Doch wenn wir den Blick von Realitäten wie Altern, Krankheit und Tod abwenden, leugnen wir unsere eigene Zukunft und lehnen unser unausweichliches Schicksal ab.

Aus der Sicht eines Psychologen sind die drei Probleme des Alters Angst, Einsamkeit und das Gefühl der Nutzlosigkeit. Ein Soziologe würde Armut, Krankheit und Einsamkeit nennen. Obwohl es unserer Gesellschaft eines Tages gelingen könnte, Armut und Krankheit zu besiegen, lassen sich emotionale Probleme wie Einsamkeit, Nutzlosigkeit und Angst ungleich schwerer lösen.

Nichiren schrieb von einem »Land, in dem alte Menschen verlassen wurden«. In buddhistischen Schriften wurde es als Land beschrieben, in dem man alte Menschen abzuschieben und dem sicheren Tod auszuliefern pflegte, damit weniger Mäuler zu stopfen waren. Eines Tages sah sich dieses Land einer schwerwiegenden Krise gegenüber. Es wurde nur durch die Weisheit eines alten Mannes gerettet, der von seinem Sohn versteckt worden war, den Gepflogenheiten zum Trotz. Daraufhin änderte der König das Gesetz, um zu gewährleisten, dass die Alten mit Ehrerbietung behandelt wurden.

Die Lebenserfahrungen älterer Menschen stellen eine wertvolle und unersetzliche Ressource dar. Deshalb wäre es klug, unsere Einstellung zum Alter zu überdenken und auf eine Gesellschaft hinzuarbeiten, in der auch sie ihren Platz haben und ein erfülltes, selbstbestimmtes Leben führen können. Das sollte genau genommen das Ideal der Gerontologie sein.

Es ist bitter, wenn sich alte Menschen, die in vielen Fällen ein Leben lang ihrer Familie und der Gesellschaft gedient haben, sich von eben dieser Gesellschaft ausgeklammert fühlen. Oft reagieren sie darauf, indem sie sich mental verschließen und abschotten. Wenn sie merken, dass ihnen vieles nicht mehr so leicht von der Hand geht wie früher, fällt es ihnen verständlicherweise schwer, die Probleme und Einschränkungen des Alters zu akzeptieren.

Jede Gesellschaft hat ihre Licht- und Schattenseiten. Seit Menschengedenken werden Frauen, Kinder und Alte in eine Randposition gedrängt. Nichiren, der diese Neigung erkannte, schrieb mit großer Bewunderung über König Wen, einen weisen Herrscher im alten China. Er war sich der Schwierigkeiten bewusst, denen sich die älteren Bewohner seines Landes gegenübersahen, und gewährte ihnen so viel Unterstützung wie möglich, indem er eine Art Wohlfahrtsstaat schuf. Dank der Wohltätigkeit des Königs erlebte die von Wen gegründete Dynastie über siebenunddreißig Generationen in Folge eine Blütezeit – rund achthundert Jahre, heißt es bei Nichiren.

Eine Kultur, die alten Menschen mit Wertschätzung begegnet, hält die Menschlichkeit in Ehren. Familie und Gesellschaft sind gleichermaßen gefordert, sowohl eine einfühlsame und spirituell gesehen reiche Kultur zu schaffen als auch praktische Netzwerke zu knüpfen, um den Bedürfnissen alter Menschen gerecht zu werden.

Die Lichtblicke des Alterns

Vor einigen Jahren brachte die *New York Times* einen Artikel mit der Überschrift: »Das alternde Gehirn ist erwiesenermaßen zu lebenslangem Wachstum fähig«.[3] Der Bericht stützte sich auf die Forschungsergebnisse einer Gruppe von Wissenschaftlern, die besagten, dass der Alterungsprozess in bestimmten Bereichen des Gehirns eine Weiterentwicklung und in anderen einen Abbau mit sich bringt. Während die »flüssige Intelligenz« schwindet, nimmt die »kristallisierte Intelligenz« zu.

Unter flüssiger Intelligenz versteht man »eine Reihe von Fähigkeiten, die in den Prozess der Wahrnehmung und Verwendung abstrakter Beziehungen und Muster einbezogen sind«. Diese Flexibilität des Denkens ist beispielsweise beim Schachspiel erforderlich. Kristallisierte Intelligenz beinhaltet dagegen »die Fähigkeit, gespeicherte Informationen allgemeiner Art für Entscheidungsfindung und Problemlösung zu nutzen. Die kristallisierte Intelligenz kommt also ins Spiel, wenn es zum Beispiel um das Verständnis der Argumente im Leitartikel einer Tageszeitung oder die Auseinandersetzung mit Problemen geht, auf die es keine klare Antwort gibt, sondern nur bessere und schlechtere Optionen.«[4]

Allem Anschein nach gibt es keine fundierte wissenschaftliche Grundlage für die Annahme, dass die Intelligenz mit dem Alter drastisch schwindet. Der Artikel zitiert Martha Storandt von der Washington University in St. Louis, die sagte: »Der Rückgang der flüssigen Intelligenz hat Auswirkungen, aber die Menschen lernen, diesen Verlust zu kompensieren, auch in einer späten Lebensphase. Man kann trotzdem lernen, was man möchte; es dauert nur ein wenig länger.«[5]

Warner Schaie, ein herausragender amerikanischer Altersforscher, fügte hinzu: »Bei manchen mentalen Fähigkeiten macht sich ab dem sechzigsten Lebensjahr ein leichter Abbau bemerkbar, doch bei den meisten Menschen setzen merkliche Ausfallerscheinungen erst ab achtzig ein. Einige mentale Fähigkeiten lassen hingegen kaum nach oder können sich im Alter sogar noch verbessern. Bei manchen Achtzigjährigen sind überhaupt keine Einbußen zu beobachten, die den Alltag beeinträchtigen.«[6]

Eine namhafte amerikanische Gerontologin, Dr. Belle Boone Beard, hat zwei Jahrzehnte lang mit Hundertjährigen gearbeitet und geforscht. Sie gelangte zu dem Ergebnis, dass bei Menschen, die ständig Gebrauch von ihrer Merk- und Konzentrationsfähigkeit machen, diese Fähigkeiten auch in hohem Alter nicht nachlassen.[7]

Der dritte Lebensabschnitt

Menschen, die durch ihre Aktivitäten in früheren Jahren einen umfangreichen Schatz an Wissen und Erfahrungen gesammelt haben, sind ein Ansporn. Ihre Erkenntnisse und Einsichten werden mit dem Alter nur noch umfassender und tiefer. Folglich wären wir gut beraten, das Leben zu überdenken, das wir derzeit führen, denn es wirkt sich auf die Lebensqualität im Alter aus.

Man könnte die Schulzeit als ersten und die Jahre danach als zweiten Lebensabschnitt betrachten. Der dritte wäre dann das Ruhestandsalter, in dem wir unserem Leben den letzten Schliff geben. Obwohl der Körper Schwächen offenbaren kann, sind wir in der Lage, unserem Leben Glanz zu verleihen, wenn wir es wirklich wollen. Ein Sprichwort besagt: »Für den Narren ist das Alter ein bitterer

Winter, für den Weisen eine goldene Zeit.« Jeder Mensch erlebt das Alter auf seine Weise, vor allem im Hinblick auf den inneren Reichtum und die Erfüllung, die damit verbunden sind. Das wichtigste ist die innere Einstellung, die Herangehensweise an das Leben in dieser Phase. Ist das Alter ein Weg bergab, der in Vergessenheit endet? Oder eine Periode, in der wir immer noch unsere Ziele erreichen und unser Leben sinnvoll und erfüllt beschließen? Es heißt, dass würdevoll alt werden schwieriger sei als sterben, doch solange wir eine lebensfrohe, positive Einstellung haben und bereit sind, Herausforderungen anzunehmen, wird unser Leben an Tiefe gewinnen.

Es macht auch einen Unterschied, wie wir das Alter betrachten, ob es in unseren Augen wirklich der dritte Lebensabschnitt ist oder die restlichen Jahre, die uns noch bleiben. Während die »restlichen Jahre« an Restposten erinnern, die keiner will, betont »der dritte Lebensabschnitt« das herausragende Potenzial, das uns das Leben auch jetzt noch zu bieten hat. Auch hier gilt, um abermals mit Goethe zu sprechen: »Die Lebensfreude ist groß. Die Freude am Leben ist größer.«

Ein sinnvolles, engagiertes Leben beginnt mit Zielsetzungen. Im Alter müssen wir, mehr noch als zu jeder anderen Zeit, unseren Wert als menschliche Wesen hinterfragen. Gibt es neben Prestige und gesellschaftlicher Position noch etwas, was uns lieb und teuer ist?

Dr. Norman Cousins, Friedensaktivist und ehemals außerordentlicher Professor an der UCLA School of Medicine, sagte einmal zu mir: »Der Tod ist nicht die schlimmste Tragödie, die uns im Leben heimsucht. Viel erschütternder ist, wenn ein wichtiger Teil von uns bereits zu Lebzeiten stirbt. Eine erschreckendere Tragödie gibt es nicht. Daher sollte man sich bemühen, etwas im Leben zu erreichen.«

Der Zweck unseres Lebens besteht bis zu unserem letzten Atemzug darin, etwas Sinnvolles zu tun. Kein Leben ist sinnvoller als das eines Menschen, der sich für seine Überzeugungen einsetzt, mit Leib und Seele, und notfalls sogar bereit ist, sein Leben dafür zu opfern. Im Alter spüren wir tief in unserem Innern, ob wir mit unserem Leben zufrieden sein dürfen. Niemand anderes außer uns kann das wissen oder für uns entscheiden. Die größte Herausforderung, mit der wir in unserer rapide alternden Gesellschaft konfrontiert sind, ist die Frage, ob wir am Ende unserer Tage aufrichtig sagen können, dass wir unsere Lebenszeit sinnvoll genutzt haben.

Eine positive Einstellung verleiht uns neue Energie: »Die Zukunft erwartet mich. Ich habe neue Ziele und ich werde sie erreichen!« Wenn wir jeden Tag in seiner ganzen Fülle leben, können wir unser Leben zu einem glänzenden Abschluss bringen, wie die untergehende Sonne am Horizont, deren Strahlen den Himmel in alle Richtungen erhellen.

Wie gelingt es Menschen auch im Alter, das Gefühl zu bewahren, ein sinnvolles Leben zu führen und gebraucht zu werden? Studien haben darauf hingewiesen, dass folgende Faktoren dabei eine entscheidende Rolle spielen:

- Sozial eingebunden bleiben; Der Abbau bei alten Menschen vollzieht sich schneller, wenn sie sich aus der Gesellschaft zurückziehen.
- Mental aktiv sein; Wer auch weiterhin Interessen nachgeht, die den Verstand wach halten, verbessert in der Regel die verbale Intelligenz; Aktivitäten und Hobbys, die das kognitive Gedächtnis anregen, wie Bridge, Schach und das Erlernen eines Musikinstruments oder einer Fremdsprache, zögern neurologische Verände-

rungsprozesse hinaus, sogar noch im Frühstadium der Alzheimer-Krankheit und anderer Formen der Demenz.

- Die persönliche Flexibilität fördern; In einer Langzeitstudie wurde festgestellt, dass Menschen, die in den mittleren Lebensjahren gut mit Ungewissheiten umgehen konnten und sich gerne auf neue Erfahrungen einließen, ihre mentale Energie im Alter am besten bewahrten.
- Den Sinn für Humor bewahren; Humor ist eine mächtige Waffe gegen das Gefühl der Machtlosigkeit, das schleichende Gift im Alterungsprozess; Eine positive mentale Warte, gefördert durch ein Leben, in dem Lachen an der Tagesordnung ist, fördert die Ausschüttung von Endorphinen; Diese Glückshormone hebeln die Schmerzmechanismen aus, indem sie eine emotionale Reaktion verhindern und das Leiden somit mindern; Wie Mark Twain sagte: »Nichts kann gegen den Ansturm des Lachens bestehen.«

Es gibt viele praktische Dinge, die dazu beitragen, dass wir auch das Alter genießen können. Wichtig ist beispielsweise, dass wir für ausreichende Ruhephasen sorgen; Erschöpfung ist die Ursache vieler Erkrankungen. Auch der Ernährung sollten wir unsere Aufmerksamkeit widmen und darauf achten, dass die Mahlzeiten ausgewogen, aber nicht zu üppig sind.

Nichiren erklärte: »Wer die Kraft des Lotos-Sutras betrachtet, wird immerwährende Jugend und ewiges Leben vor seinen Augen finden.«[8] Während wir altern, können wir im Geist jung bleiben, doch der Körper ist weder unsterblich noch bleibt er ein Leben lang jugendlich. Deshalb ist es umso wichtiger, ein erfülltes Leben zu führen, in dem jeder Tag zählt. Der Tod ist unvermeidlich, deshalb leuchtet es ein, ihn positiv zu sehen, als Ausgangspunkt für ein neues Leben. Der erste Schritt auf diesem Weg ist die Erkenntnis, dass Leben ewig währt. Im Buddhismus besteht die Ewigkeit aus einer endlosen Aneinanderreihung von Augenblicken und jeder einzelne Augenblick enthält Ewigkeit, ein Konzept, auf das wir im vierten Kapitel näher eingehen werden. In unserem Leben gibt es sowohl den Aspekt der Ewigkeit als auch den Aspekt der Endlichkeit, des Augenblicks. Der Buddhismus zielt darauf ab, uns zu befähigen, diesen Aspekt der Ewigkeit in unserem gegenwärtigen Leben zu erkennen und voll auszuschöpfen.

Buddhismus ist kein theoretisches Konstrukt, sondern eine praxisbezogene Philosophie, die uns Orientierungshilfen für unser Leben bietet, so wie wir es gegenwärtig leben, von Augenblick zu Augenblick, um Glück und Sinn in unserem Dasein zu finden. Die wichtigste Komponente dieser Definition von »Selbstwertgefühl« ist das Wissen um den größten Schatz, der uns mit auf den Weg gegeben wurde – die Buddhanatur, die jedem Menschen innewohnt.

Nichiren sagte: »Wenn man die Anstrengungen von hundert Millionen Äonen in einem einzigen Lebensmoment zusammenfasst, werden sich die drei Körper des Buddha in jedem Gedanken und in jeder Tat manifestieren.«[9]

»Die Anstrengungen von hundert Millionen Äonen« bezieht sich auf die Bereitschaft, jedes Problem im Leben mit Leib und Seele in Angriff zu nehmen, sämtliche Bewusstseinsebenen zu aktivieren und keine innere Ressource ungenutzt zu lassen. Wenn wir uns den Herausforderungen des Lebens uneingeschränkt und mutig stellen, fördern wir die »drei Körper des Buddha« in uns: Wahrheit, Weisheit und Mitgefühl. Das Licht dieser inneren Weisheit ermutigt uns und lenkt unsere Schritte auf dem Weg zu authentischem und richtigem Handeln.

Der ewig währende Zustand der Buddhaschaft ist eine innere Quelle, aus der alle schöpfen können, die das Lotos-Sutra praktizieren. Wenn wir der Aufforderung im Sutra »Lass uns unsere Leben ausleben«[10] Folge leisten, wird durch die Praxis und den Wunsch, zum Glück anderer beizutragen, unsere Lebenskraft gestärkt und somit unsere Lebensdauer verlängert. Wenn wir auf der Grundlage dieses Wunsches handeln, leben wir das buddhistische Ideal des Bodhisattva. Bodhisattvas streben nicht ausschließlich um ihrer selbst willen nach einem langen Leben. Sie wollen anderen nach besten Kräften dienen, ein Unterfangen, in das sie ihre Erfahrungen, grenzenloses Mitgefühl und tiefe Weisheit einbringen. Das ist ein subtiler, jedoch entscheidender Unterschied.

Die drei Körper eines Buddhas

Ursprünglich waren damit drei Arten von Buddhas oder drei mögliche Eigenschaften gemeint, die sich in einem Buddha manifestieren. Der große buddhistische Lehrer T'ien-t'ai, der im 6. Jh. lebte, sprach von drei Aspekten, die einem einzigen Buddha innewohnen:

1. Dharmakörper bezieht sich auf das wesentliche, das einem Erleuchteten anhaftet: die Wahrheit oder das Gesetz, zu dem er erwacht ist.
2. Lohn- oder Weisheitskörper bezieht sich auf die Weisheit oder spirituelle Eigenschaft eines Erleuchteten, die ihn befähigt, die Wahrheit zu erkennen. Er wird auch Lohn-Körper genannt, weil die Weisheit eines Buddha als Belohnung für sein fortwährendes Bemühen und seine Selbstdisziplin gilt.
3. Manifestationskörper bezieht sich auf das mitleidvolle Handeln oder die physischen Eigenschaften eines Erleuchteten. Es ist der Körper, mit dem ein Buddha barmherzige Handlungen vollbringt, um andere Menschen zur Erleuchtung zu führen.

Bei Nichiren ist die Rede von einem großen Bodhisattva, dem »alten Mann, der den erhabenen Bodhisattva-Weg verkörpert«[11]. Der Ausdruck »alter Mann« deutet auf eine Ehrfurcht gebietende menschliche Größe hin. Er erinnert an die Tugenden eines Menschen, der sein Leben meistert – und sich durch unbeirrten Glauben, mitfühlendes Handeln, unbezwingbaren Mut, fesselnde Reden oder Überzeugungskraft, unerschütterliche Geduld, edle Gesinnung, Würde und unerschöpfliche Weisheit auszeichnet.

Zukunftsperspektive

Noch in hohem Alter klammern wir uns an die Hoffnung, dass wir irgendwie weiterleben werden. Wir weigern uns zu erkennen, dass wir uns in einem Zustand des körperlichen Verfalls befinden und der Tod uns jeden Augenblick ereilen kann. Die Vorstellung ist so schrecklich, dass wir sie möglichst verdrängen. Die volle Bedeutung von Prozessen wie Altern und Tod zu begreifen ist vermutlich die größte menschliche Herausforderung. Wenn wir uns weigern, uns die grundlegende Beschaffenheit unseres Lebens bewusst zu machen – den Aspekt der Endlichkeit und der Ewigkeit – gelingt es uns weder, ein sinnvolles Leben zu führen noch in Frieden zu sterben.

Vielleicht besteht die Hauptaufgabe einer Philosophie oder Religion darin, uns begreiflich zu machen, was der Tod bedeutet und warum wir leben. Ohne zu wissen, woher wir kommen und wohin wir gehen, haben wir keine Chance, unser Identitätsgefühl voll zu entwickeln. Der Alterungsprozess und seine Begleiterscheinungen spornen uns an, nach dem »Jungbrunnen« zu suchen. Letztendlich kann dieser jedoch nicht darin bestehen, die äußeren Symptome des Alterns hinauszuzögern, sondern es gilt, nach innen zu gehen und unser Leben aus einer breiter gefächerten Perspektive zu betrachten, die der Buddhismus erhellt. Dieses Prinzip lässt sich nicht nur auf den Alterungsprozess, sondern auch auf die Auseinandersetzung mit dem dritten der drei Leiden anwenden: Krankheit, das Thema des nächsten Kapitels.

Krankheit

Shakyamuni wird in den Sutren als der Große Heiler bezeichnet, weil seine Lehren den Menschen halfen, das Leid der Geburt, des Alterns, der Krankheit und des Todes zu überwinden. Durch Kontemplation gelangte er zu der Erkenntnis, dass die beste Medizin die uns allen innewohnende, die grundlegende Lebenskraft ist. Sie ermöglicht uns den Zugriff auf das Wissen und die Energie, die uns befähigen, physische und mentale Krankheiten selber zu heilen. Das vorrangige Ziel des buddhistischen Therapieansatzes besteht darin, Menschen zu helfen, ihre natürlichen Selbstheilungskräfte zu aktivieren. Dies gelingt, wenn wir unsere Lebenskraft durch die buddhistische Praxis fördern. Buddhismus ist ein wirksames Heilmittel für die Kümmernisse der menschlichen Seele und lässt sich harmonisch mit der modernen westlichen Medizin verbinden, denn schließlich sind beide Disziplinen damit befasst, menschliches Leid zu lindern.

Die buddhistische Definition von Gesundheit

Ein Sprichwort besagt, dass Gesundheit besser ist als Reichtum. Nichiren ging darüber hinaus, als er schrieb: »Wertvoller als die Schätze in einer Schatzkammer sind die Schätze des Körpers, und die Schätze des Herzens sind die wertvollsten von allen«.[1] Oft beginnen wir unsere Gesundheit erst zu schätzen, wenn wir sie verlieren. Doch selbst dann, wenn wir uns einer ausgezeichneten Gesundheit erfreuen, sind wir vor physischen Problemen nicht gefeit. Krankheit ist, wie der Alterungsprozess, ein unabdingbarer Bestandteil des menschlichen Lebens. Gesundheit und Krankheit führen in unserem Körper eine friedliche Koexistenz. Aus der Sicht der westlichen Medizin werden im Körper beispielsweise zur gleichen Zeit Krebszellen erzeugt und vernichtet, vorausgesetzt, unser Immunsystem arbeitet einwandfrei.

In dem alten indischen Text *Carakasamhita* [ein Grundlagenwerk der Ayurvedischen Medizin] gilt »frei sein von Krankheit« als wesentliches Element des menschlichen Glücks und als Fundament für gute Taten, Erfolg, sexuelles Verlangen und die Befreiung von den Fesseln der Selbsttäuschung und des Leidens. »Frei sein von Krankheit« bedeutet hier mehr als das Fehlen von Krankheiten. Gesundheit wird nicht nur anhand einer physiologischen Diagnose beurteilt, sondern auch auf der Basis einer ganzheitlichen Lebenssicht, die spirituelle Elemente einbezieht. Wie es in der Satzung der Weltgesundheitsorganisation WHO heißt: »Gesundheit ist ein Zustand des vollständigen Wohlbefindens auf physischer, mentaler und sozialer Ebene und nicht nur das Fehlen von Krankheit oder Gebrechlichkeit.«

Josei Toda[2], mein Mentor, pflegte zu sagen: »Ein Mensch ist gesund, so lange er genug essen und schlafen kann.« Er meinte damit, so lange wir genug Nahrung und Schlaf bekommen, sollten wir uns nicht unnötig den Kopf über unsere Gesundheit zerbrechen und uns lieber auf andere Dinge konzentrieren. Todas Ansicht mag stark vereinfachend klingen, doch sie trifft vor allem in unserer heutigen Zeit zu, wo viele Menschen überempfindlich – manchmal sogar fast neurotisch – auf das kleinste Anzeichen von Krankheit reagieren.

Aus der Warte des Mahayana-Buddhismus entspricht die Förderung einer guten Gesundheit dem Zustand des Bodhisattva, der durch Mitgefühl und selbstloses, altruistisches Handeln zum Wohl der Menschheit gekennzeichnet ist.

Das wird durch eine Geschichte aus dem Vimalakirti-Sutra veranschaulicht (siehe Kästchen). Obwohl bei guter Gesundheit, erkrankt Vimalakirti, ein Schüler des Buddha, aus lauter Mitgefühl mit den Kranken und Leidenden. Die darin enthaltene Botschaft lautet, dass die Krankheit des Bodhisattva in dem tiefen Gefühl der Verantwortung für das Leid aller Lebewesen wurzelt. Darin kommt das buddhistische Konzept des »Mitgefühls« zum Ausdruck. Der Buddhismus lehrt, dass Gesundheit und Krankheit eins und untrennbar miteinander verwoben sind, eine Sichtweise, die unseren Blick auf die unauflösbare Verbindung jedes einzelnen Menschen mit dem Leid anderer richtet.

Vimalakirti: Der vollkommene Bodhisattva

Vimalakirti, ein Zeitgenosse des Buddha Shakyamuni, war ein wohlhabender buddhistischer Laie. Er hatte die tiefgreifenden Lehren des Mahayana-Buddhismus gemeistert und sie anderen erfolgreich weitervermittelt. Als Vimalakirti erkrankte, schickte Shakyamuni den Bodhisattva Manjushri zu ihm, um sich nach seinem Befinden zu erkundigen.
Manjushri fragte: »Tugendhafter, was ist die Ursache deiner Krankheit? Wie lange ist es her, seit sie sich bemerkbar machte? Wie willst du sie heilen?«
Daraufhin erwiderte Vimalakirti: »Weil alle Lebewesen krank sind, bin auch ich krank. Wenn die Krankheiten aller Lebewesen ausgelöscht sind, wird auch meine Krankheit ausgelöscht sein. Der Bodhisattva betritt den Pfad von Geburt und Tod zum Wohl aller anderen Lebewesen. Wenn diese Lebewesen frei von Krankheit sind, wird der Bodhisattva ebenfalls frei von Krankheit sein. Das ist wie bei der Beziehung zwischen Eltern und ihrem einzigen Kind. Ist das Kind krank, werden die Eltern gleichfalls krank, und wenn das Kind genest, werden auch die Eltern genesen. Genauso ergeht es dem Bodhisattva. Wenn andere Lebewesen krank sind, ist auch der Bodhisattva krank, und wenn sie von ihrer Krankheit genesen, wird auch der Bodhisattva genesen.«
Manjushri fragte: »Wodurch entsteht deine Krankheit?«
Darauf antwortete Vimalakirti: »Die Krankheit des Bodhisattva entsteht durch sein unendliches Mitgefühl.«
Das Sutra, das diese Geschichte enthält, umreißt das Ideal des Mahayana-Bodhisattva, der danach trachtet, keine Trennungslinie zwischen dem Selbst und anderen zu ziehen.

Shijo Kingo, einer von Nichirens Anhängern, war Samurai und Arzt. Er behandelte Nichiren, als dieser schwer erkrankt war. Später schrieb Nichiren dankbar: »Ich bin davon überzeugt, dass ich dieses Mal nur überlebt habe, weil Shakyamuni Buddha Sie mir zu Hilfe geschickt hat.«[3] Dieser Anmerkung lässt sich entnehmen, dass Shijo Kingo seinen buddhistischen Meister offenbar mit unendlichem Mitgefühl behandelte.

Nach buddhistischer Auffassung ist Gesundheit kein Zustand, in dem wir lediglich negativen Einflüssen entgehen, sondern ein positiver, aktiver Zustand, in dem wir selbst die Verantwortung für solche negativen Einflussfaktoren übernehmen, uns den Problemen stellen und nach Lösungen suchen. Das gilt nicht nur für die eigenen Probleme, sondern auch für die anderer Menschen. Krankheit ist ein Zustand des Unwohlseins, im Umkehrschluss würde dies bedeuten, dass Gesundheit ein Zustand des Wohlseins ist. Im buddhistischen Sinn bedeutet »Wohlsein« allerdings nicht, frei zu sein von jedweden Problemen, sondern die innere Stärke zu besitzen, die Probleme in Angriff zu nehmen und zu überwinden.

Nichiren wurde von seinen Widersachern verfolgt und mehrmals in die Verbannung geschickt. Seine letzten Jahre verbrachte er auf dem Berg Minobu, wo er während der harten Wintermonate großen Strapazen ausgesetzt war. In einem Brief schrieb er: »In den vergangenen acht Jahren bin ich in Folge von Krankheit und Alter Jahr für Jahr schwächer geworden.« Und doch gelang es ihm auf dem Minobu, sein Lebenswerk zu einem krönenden Abschluss zu bringen: Er verewigte das Mystische Gesetz in Form eines Mandalas, Gohonzon genannt, »das Objekt der Verehrung« (mit dem wir uns an späterer Stelle befassen werden).

Dengyo, ein großer buddhistischer Lehrer, der gegen Ende des achten und Anfang des neunten Jahrhunderts in Japan lebte, schrieb: »Shakyamuni lehrte, dass sich das Oberflächliche leicht annehmen lässt, das Tiefgründige gleichwohl schwer zu bewahren ist. Das Oberflächliche abzuschütteln und das Tiefgründige zu suchen, entspricht dem Weg eines mutigen Menschen.«[4] »Ein mutiger Mensch« bezieht sich hier auf den Buddha, der die tiefgründige Wahrheit sucht. »Das Oberflächliche« meint alle buddhistischen Lehren außer dem Lotos-Sutra selbst, das als das tiefgründige oder ultimative Mystische Gesetz bezeichnet wird und die Essenz dieser Sutren bildet. Man könnte sagen, dass wir genau wie der Buddha die tiefgründigste Lebensweise wählen sollten, um etwas gleichermaßen Tiefgründiges in unserem Leben zu erreichen. Dadurch entwickeln wir die innere Stärke, alle Schwierigkeiten zu überwinden – ein widerstandsfähiger und gesunder Lebenszustand.

Einige Wissenschaftler aus dem Westen haben eine ähnliche Vorstellung von der Beschaffenheit der Gesundheit. René Dubos schrieb in *Mirage of Health*: »Obwohl es tröstlich sein mag, sich ein Leben frei von Stress und Belastungen in einer sorgenfreien Welt vorzustellen, wird das ein müßiger Traum bleiben... Der Mensch hat die Wahl getroffen, zu kämpfen, nicht zwangsläufig für sich selbst, sondern für einen Prozess des fortwährenden emotionalen, intellektuellen und ethischen Wachstums. Inmitten von Gefahren zu wachsen ist das Schicksal der Menschheit, weil es den Gesetzmäßigkeiten des Geistes entspricht.«

Und der österreichisch-kanadische Biologe Ludwig von Bertalanffy erklärte in seiner Allgemeinen Systemtheorie: »Das Leben ist kein bequemes Ausruhen in den eingefahrenen Geleisen des Daseins; bestenfalls ist es *élan vital*, wie unter Zwang in Richtung einer höheren Form der Existenz getrieben. Zugegeben, das ist ein metaphysischer und poetischer Vergleich; aber das ist letztlich jedes Vorstellungsbild, das wir von den treibenden Kräften im Universum zu entwickeln versuchen.«

Über den Zweck der Krankheit als treibende Kraft des Strebens nach Vollkommenheit sagte der Schweizer Philosoph Carl Hiltly: »So wie ein Fluss bei einer Überschwemmung die Erde aufwühlt und die Felder nährt, dient Krankheit dazu, unser Herz zu nähren. Ein Mensch, der sich mit seiner Krankheit auseinandersetzt und sie besiegt, wird auf einer tieferen Ebene Stärke und Größe im Leben erlangen.«

Der Buddhismus sieht in Krankheiten eine Chance, einen höheren, geläuterten Lebenszustand zu erreichen. Statt zu jammern oder daran zu verzweifeln, sollten wir Krankheit als Mittel zum Zweck betrachten, ein starkes, mitfühlendes Selbst zu entwickeln, das uns seinerseits ermöglicht, einen echten Sieg zu erringen. Darauf wies Nichiren hin, als er sagte: »Krankheit weckt die Entschlossenheit, auf den Weg zu gelangen.«[5]

Heilkunde in frühgeschichtlicher Zeit

Gesundheit und Krankheit waren schon immer Themen von größter Bedeutung für die Menschheit. Plötzlich auftretendes Fieber, Diarrhö, Husten, innere Blutungen und viele andere Krankheitssymptome, die wir heute besser verstehen, haben unsere Vorfahren in Angst und Schrecken versetzt, zumal die Ursachen oftmals ungeklärt waren. Im Verlauf der Jahrtausende konnten die Menschen jedoch beobachten, wie Krankheiten ihren Fortgang nahmen und wie die Opfer darauf reagierten. Dadurch lernten sie allmählich, Krankheiten zu bekämpfen und die Betroffenen zu versorgen. Diese Herangehensweise an die Medizin war auf Vernunft gegründet und wissenschaftlich ausgerichtet, da man die latenten Heileigenschaften von Substanzen zu erforschen versuchte, die in der Umgebung zu finden waren. Archäologische Untersuchungen haben gezeigt, dass für die zusammengebrauten Arzneien Pflanzen und Kräuter, tierische Substanzen und Mineralien verwendet wurden. Sie wurden bei vielen leichten Beschwerden eingesetzt, doch allem Anschein nach glaubten unsere Vorfahren, dass schwerwiegende Erkrankungen, gegen die »kein Kraut gewachsen war«, einen übernatürlichen Ursprung hatten und sich nur mit magischen oder religiösen Ritualen beseitigen ließen. Die Religion spielte folglich eine wichtige Rolle in der frühgeschichtlichen Heilkunde, wobei die Aufgaben des Priesters und Arztes häufig ein und derselben Person oblagen, dem Schamanen.

Im alten Mesopotamien, Ägypten, Indien und China erlebte die Heilkunde eine ähnliche Entwicklung und wies bei aller Unterschiedlichkeit der Systeme die gleichen, gerade beschriebenen Merkmale auf. Auch im alten Griechenland entstand die Heilkunde aus dem Zusammenfluss von empirischen und mystischen Traditionen. Die alte griechische Kultur wurde stark von früheren Kulturen in Babylon und Ägypten und in geringerem Maß von der indischen und chinesischen Kultur beeinflusst.

Die Griechen schrieben übernatürliche Heilungen Asklepios (Äskulap) zu, dem Gott der Heilkunde. Sein Ursprung lässt sich auf einen Menschen namens Asklepios zurückführen, der um 1200 v. Chr. lebte und seiner Heilkünste wegen wie ein Gott verehrt wurde. Überall in Griechenland wurden Tempel errichtet, die Asklepios geweiht waren. Dort fanden Rituale statt, die man als »Inkubation« oder »Tempelschlaf« bezeichnete. Die Kranken beteten um Heilung und empfingen während des Schlafes die Weissagungen des Asklepios. Die Tempelpriester deuteten die Traum-Orakel und legten den genauen Behandlungsplan fest – in der Regel Vorschriften, die Ernährung, Hygiene (Baden) und körperliche Ertüchtigung betrafen. Wenn die Patienten genasen, brachten sie dem Gott ein Opfer dar, einschließlich eines Geschenks, das den geheilten Körperteil repräsentierte. Viele dieser Artefakte haben in den alten Tempelanlagen die Zeit überdauert und liefern eine ungefähre Vorstellung von den Krankheiten, die im alten Griechenland vorherrschten, und den gängigen Behandlungsmethoden.

Der Asklepios-Kult blieb bis weit in die christliche Ära erhalten. Doch der Status des Priester-Heilers oder Schamanen wurde durch den Aufstieg der griechischen Philosophen, allen voran der Wissenschaftler und Mystiker Pythagoras (ca. 580–500 v. Chr.), zunehmend bedroht. Pythagoras und viele griechische Philosophen, die in seine Fußstapfen traten, bekundeten großes Interesse an der Medizin. Infolge ihres Einflusses ging diese Disziplin von den Schamanen auf all jene über, die sich aktiv mit der Erforschung der organischen Ursachen einer Krankheit befassten, übernatürliche Kräfte als Erklärungsmodell ablehnten und ihr Augenmerk den physischen Komponenten zuwandten.

Hippokrates, oft als »Vater der Medizin« bezeichnet, lebte ungefähr hundert Jahre nach Pythagoras, in einer Zeit, die von wachsendem Interesse an Logik und Vernunft geprägt war. Während er in Athen und anderen Orten Griechenlands Heilkunde lehrte und praktizierte, konzentrierte er sich auf klinische Beobachtungen und rationale Studien des Körpers und seiner verschiedenen Funktionen. Er war ein herausragender Arzt und Mensch von untadeligem Charakter. Zusammen mit seinen Anhängern hinterließ er der antiken Welt *Ausgewählte Schriften* mit Abhandlungen über das Thema Leben, Krankheit und Kranke, die noch heute in Fachkreisen Anerkennung finden.

Hippokrates stimmte mit seinen Zeitgenossen in der Anschauung überein, dass der menschliche Körper – wie der Rest des Universums – aus den vier Elementen Erde, Wasser, Feuer und Luft bestand. Körperliche Fehlfunktionen schrieb er Unausgewogenheiten zwischen den vier »Hauptsäften des Körpers« zu: Blut, Schleim, gelbe und schwarze Galle. Hippokrates glaubte, vereinfacht dargestellt, dass der Mensch gesund ist, wenn diese Säfte ein harmonisches Gleichgewicht bilden, und dass er krank wird, wenn eine Disharmonie entsteht. Ein weiterer Vorzug seiner Ideen bestand darin, dass er die Selbstheilungskräfte des Körpers klar erkannte. Seine Einstellung zur Heilkunde ist im Hippokratischen Eid zusammengefasst, den die meisten angehenden Mediziner ablegen – ein ethischer Kodex für den Ärztestand.

Die Behandlung von Krankheiten in der Geschichte des Buddhismus

Als Prinz eines kleinen indischen Königreichs soll sich Shakyamuni mit Heilkunde beschäftigt und Kenntnisse in den Behandlungstechniken seiner Zeit erworben haben. Shakyamunis Lehren, die sich mit dem Thema Krankheit befassen, geben daher Aufschluss über den Stand des medizinischen Wissens im alten Indien. Sie basieren jedoch in stärkerem Maß auf seinen Gedanken und Erkenntnissen bezüglich der wahren Beschaffenheit des Lebens. Im indischen Sprachraum wurde das medizinische System Ayurveda genannt, die Lehre von einem langen [glücklichen] Leben; die vorrangige Aufgabe des Ayurveda bestand darin, die Lebenskraft des Menschen zu stärken, die Lebensdauer zu verlängern und Tugendhaftigkeit und Glück zu fördern.

In den buddhistischen Sutren werden Fallbeispiele von medizinischen Behandlungen beschrieben. Als sich der Buddha in Shravasti aufhielt, sammelte ein Mönch Feuerholz, um Wasser für ein Bad zu erhitzen. Während er sich unweit eines abgestorbenen Baumes zu schaffen machte, wurde er von einer Giftschlange in den Finger gebissen. Der Mönch hackte sich augenblicklich den Finger ab, um zu verhindern, dass sich das Gift im Körper ausbreitete – eine fragwürdige Reaktion, weil die buddhistischen Vorschriften eine Verstümmelung des Körpers verboten. Als der Buddha davon hörte, schlug er vor, in Zukunft in ähnlichen Fällen eine Aderpresse anzulegen und nur das verletzte Gewebe des Fingers herauszuschneiden. Diese Episode zeigt, dass der Erleuchtete dem Mitgefühl einen höheren Stellenwert als den Glaubensvorschriften beimaß.

In einem anderen Sutra erklärte der Buddha, dass man Schlangenbissen durch Mitgefühl vorbeugen könne. Tief empfundenes Mitgefühl mit allen Kreaturen – auch mit niederen Lebensformen, wie Schlangen, Spinnen und Tausendfüßlern – und die unerschöpfliche Lebenskraft waren in seinen Augen wichtige Elemente, um solche Unglücksfälle zu verhindern. Dass der Schwerpunkt auf der inneren Einstellung zu den Ereignissen liegt, ist charakteristisch für den Buddhismus. Dennoch lässt dieser Ansatz, wie die Geschichte des Mönchs in Shravasti zeigt, Raum für praktische, auf dem gesunden Menschenverstand basierende Lösungen.

Ein anderes damals weit verbreitetes Problem waren offenbar Abszesse an den Finger- oder Zehenspitzen. Sie verursachten akute Schmerzen. Wenn sie nicht richtig behandelt wurden, griffen sie auf das tiefer liegende Gewebe über und hatten nicht selten eine bleibende Schädigung der Sehnen, Knochen und Gelenke zur Folge. Ajatashatru,

König von Magada zu Lebzeiten Shakyamunis, litt einmal an einer solchen Nagelbettentzündung, die tief ins Gewebe eingedrungen war. Um ihn zu trösten, erzählte ihm seine Mutter folgende Episode:

> »Als du klein warst, hattest du einmal ein Geschwür am Finger. Es war so schmerzhaft, dass du Tag und Nacht kein Auge zutun konntest. Dein Vater nahm dich auf den Schoß und steckte den kranken Finger in seinen Mund. Dermaßen getröstet, gelang es dir, einzuschlafen, und die Wärme seines Mundes brachte das Geschwür zum Reifen, so dass es schließlich aufplatzte. Der Große König sann darüber nach, ob er deinen Finger aus dem Mund nehmen sollte, um den Eiter auszuspucken. Doch da er fürchtete, dir abermals Schmerzen zu bereiten, schluckte er den Eiter hinunter. Das tat dein Vater für dich.«

Der Mund von Ajatashatrus Vater Bimbisara erfüllte den gleichen Zweck wie eine heiße Kompresse. Der Speichel, mit dem der Abszess nach dem Aufplatzen bedeckt war, hatte eine sterilisierende Wirkung und förderte die Wundheilung. Doch weitaus wichtiger als der physiologische Aspekt ist in dieser Episode das Mitgefühl, das gemäß der buddhistischen Lehre Grundlage jeder medizinischen Behandlung sein sollte.

Shakyamuni verbot prinzipiell den Gebrauch des »chirurgischen Messers«, insbesondere bei Hämorriden und anderen Beschwerden in der Analregion. Aufgrund der fehlenden Möglichkeiten, in der damaligen Zeit für die angemessene Hygiene zu sorgen, ist Shakyamunis Standpunkt völlig einleuchtend. Bei Problemen in diesem Bereich verordnete er eine spezielle Kost und Salben. Trotzdem gab es Ausnahmen von dieser Regel. Wenn ein chirurgischer Eingriff unerlässlich war, durfte ein Abszess beispielsweise mit dem Stiel einer Lotosblume geöffnet werden, damit der Eiter abfließen konnte. Die Benutzung des Skalpells war jedeoch nur dann gestattet, wenn kein anderer Ausweg blieb.

Ein weiterer herausragender Heilkundiger seiner Zeit war Jivaka, ein Schüler Shakyamunis, der in den Sutren als »Heilerkönig« beschrieben wird. Um seine Herkunft ranken sich unterschiedliche Geschichten, man nimmt an, dass er der Sohn einer Kurtisane und eines Aristokraten – vermutlich König Bimbisaras – war und von seinen Eltern im Kindesalter weggegeben wurde. Er erlernte sein Metier bei einem Meister der Heilkunde. Er war Spezialist für die Behandlung von Migräne, Diarrhö und Verletzungen an Fingern und Zehen, konnte Sehstörungen und Blutgeschwüre heilen, operierte Analfisteln und war auch mit anderen medizinischen Verfahren vertraut.

Ein wohlhabender Mann in Rajagriha litt unter furchtbaren Kopfschmerzen. Er suchte einen Arzt nach dem anderen auf, doch keiner konnte ihm helfen und die Prognosen für seine Überlebenschancen waren alles andere als rosig. Die Zeit, die sie ihm noch gaben, rangierte zwischen sieben Jahren und nur wenigen Tagen. In seiner Verzweiflung wandte sich der Mann an Jivaka. Jivaka muss wohl bewusst gewesen sein, dass es sich hier um einen aussichtslosen Fall handelte, weil er den Patienten zunächst abwies. Doch auf Fürsprache des Königs hin erklärte er sich schließlich einverstanden, die Möglichkeit einer Behandlung in Erwägung zu ziehen. Er stellte dem Mann Fragen über seinen Zustand, untersuchte ihn und gelangte zu dem Schluss, dass eine Behandlung gute Erfolgschancen hatte.

Jivaka verabreichte ihm extrem salzige Speisen, die den Durst entfachten. Danach gab er ihm Alkohol zu trinken, um ihn schläfrig zu machen und zu betäuben. Zum Schluss band er den Mann an ein Bett und rief seine Angehörigen herbei. In ihrem Beisein öffnete er mit einem Messer den Schädel und sagte: »In der ganzen Schädelhöhle wimmelt es von Würmern. Sie verursachen die Krankheit. Wenn wir alles so lassen würden wie es ist, würden die Würmer das Gehirn vollends verschlingen und binnen sieben Tagen den Tod herbeiführen.« Dann schnitt Jivaka die befallene Stelle heraus, reinigte den Bereich, träufelte mit Honig vermischtes Ghee in den geöffneten Schädel, drückte die Ränder der Öffnung zusammen, zog die Haut darüber, nähte die Wunde und beendete die Operation mit dem Auftragen einer Salbe. Der Mann genas und im Verlauf der Zeit wuchsen Haut und Haare auf seinem Kopf wieder nach, so dass man mit bloßem Auge nicht mehr erkennen konnte, an welcher Stelle der Eingriff durchgeführt worden war.

Die vorliegende Beschreibung gibt keine Auskunft darüber, wie Jivaka den Schädel öffnete. In Anbetracht dessen, was wir über die Entwicklung chirurgischer Instrumente wissen, können wir jedoch davon ausgehen, dass er über das geeignete Werkzeug verfügte. Dass ein solcher Eingriff erfolgreich verlief, sagt einiges über Jivakas herausragende Fähigkeiten und den hohen Standard der indischen Chirurgie zur damaligen Zeit aus. Erst Mitte des 19. Jh., als die Anästhesie und wirksamere Sterilisationstechniken eingeführt waren, begannen die Chirurgen im Westen, Gehirnoperationen durchzuführen, und selbst dann waren die Überlebens- oder Erfolgschancen gering. Erst seit den letzten Jahrzehnten gilt die Hirnchirurgie als relativ sicher.

Die Betonung des praktischen Aspekts

Schon von Beginn an war der Buddhismus für seine monastischen Vorschriften bekannt, die den Alltag in den Klöstern regelten. Einige zielten speziell auf die persönliche Hygiene ab. Beispielsweise galten schmutzige Mönchsroben als Regelverstoß und es gab genaue Anleitungen, wie die Kleidung gewaschen und sauber gehalten werden sollte – in einigen Sutren wird heißes Wasser, Asche, Bohnenmehl, Erde und Kuhdung als Waschmittel empfohlen. Auch das Baden wird wiederholt in den Sutren erwähnt, sei es in kaltem Wasser, heißem Wasser, »Wasserdampf« oder in einer heißen Quelle. Bäder in heißem Wasser und heißen Quellen wurden vor allem bei der Behandlung von Krankheiten verordnet. Die Einzelheiten – zum Beispiel wann man baden, wie man den Körper waschen und was man als Reinigungsmittel benutzen sollte – wurden in diesen Vorschriften mit akribischer Genauigkeit festgelegt.

Körperliche Bewegung galt als gutes Mittel, um die Verdauung, die Konzentrationsfähigkeit und das klare Denken zu fördern. Nasen- und Augenspülungen wurden, genau wie das Zähneputzen, als wichtiger Bestandteil der täglichen Gesundheitsvorsorge erachtet. Kondensierte Milch, Öle und Fette dienten der Reinigung. Diese Methoden wurden auch bei der Behandlung von Kopfschmerzen, Augenkrankheiten und anderen Beschwerden empfohlen. Dem Mahayana-Gelehrten Nagarjuna soll vor allem deshalb ein langes Leben beschieden gewesen sein, weil er jeden Tag Nasenspülungen machte. Und Shakyamuni unterstrich die Bedeutung, die ausreichendem Schlaf und maßvollem Essen zukommt.

Insgesamt ist der praktische Aspekt des buddhistischen Therapieansatzes bemerkenswert, seine Konzentration auf den Erhalt der Gesundheit und die Heilung des Körpers. Niemals nahm Shakyamuni zu Geisterheilungen Zuflucht oder verordnete den Kranken die Durchführung magischer Rituale. Er befürwortete wissenschaftlich orientierte, rationale Behandlungsmöglichkeiten bei Verletzungen und Krankheiten. Darin zeigt sich die grundlegende buddhistische Einstellung zum Leben. Den Menschen, gegen deren Krankheiten es damals kein Heilmittel gab, empfahl Shakyamuni, nicht zu verzweifeln, sondern ihre Selbstheilungskräfte durch die Entwicklung ihrer Buddhanatur zu aktivieren.

Der buddhistische Therapieansatz erlebte seinen Aufstieg und seinen Niedergang mit dem Buddhismus in Indien, in dem er wurzelte. Mit dem nachlassenden Bestreben, andere auf den Weg der Erleuchtung zu führen, schwand auch die Wirkung der Religion auf das Leben der Menschen. Die Buddhisten richteten ihr Augenmerk vornehmlich auf Formalitäten und das Studium der Lehren. Die große Rolle, die der buddhistischen Medizin im Alltag der Menschen zukam und in den Sutren anklingt, wird heute vom Glanz und Ruhm der modernen allopathischen Medizin des Westens überschattet.

Seit einiger Zeit haben jedoch Aspekte der Traditionellen Chinesischen Medizin, vor allem Akupunktur und Moxa-Behandlung [die Jahrtausende alte Wärmepunktur mit Heilkräuter-Zigarren], die Aufmerksamkeit des Westens auf sich gelenkt und die Vorbehalte der Menschen gegenüber den Grenzen und Unzulänglichkeiten der westlichen Medizin ins Rampenlicht gerückt. Ein besseres Verständnis des buddhistischen Therapieansatzes könnte den Horizont westlicher Ärzte gleichermaßen erweitern – nicht durch technologische Errungenschaften und Fortschritte, sondern durch eine bereichernde Philosophie oder Einstellung zu Gesundheit und Leben, die als »Rückgrat« einer modernen, fortschrittlichen Medizin dienen kann. Eine Verschmelzung östlicher und westlicher Wissenspotenziale würde zum Wohlstand und Glück aller Menschen auf unserem Planeten beitragen.

Die Fünf Komponenten des Lebens

Der Buddhismus sieht im Menschen eine zeitweilige Verschmelzung von Fünf Komponenten: Form, Wahrnehmung, Vorstellung, Wille und Bewusstsein. Diese Fünf Komponenten, auch Aggregate oder Ansammlungen genannt (*skandhas* auf Sanskrit), verbinden sich für bestimmte Zeit und bilden ein individuelles Lebewesen. Alle Lebewesen sind nur durch die Wechselwirkung dieser Fünf Komponenten in der Lage, zu agieren. Ihre Aktivitäten werden durch das Karma beeinflusst, das in früheren Leben geschaffen wurde, und mit jeder neuen Aktivität entsteht neues Karma.

Die Form steht für den physischen Aspekt des Lebens und schließt Augen, Ohren, Nase, Zunge und Körper ein, mit denen wir die Außenwelt wahrnehmen. Die anderen vier Komponenten repräsentieren den mentalen oder spirituellen Aspekt. Wahrnehmung ist die Fähigkeit, Informationen aus der Außenwelt mit Hilfe unserer sechs Sinnesorgane aufzunehmen – hier wird der Verstand mitberücksichtigt, der die Eindrücke der fünf herkömmlichen Sinnesorgane integriert. Vorstellung bezieht sich auf die Fähigkeit, mentale Bilder und Konzepte aus unserer Wahrnehmung zu erschaffen. Der Wille ermöglicht uns, Vorstellungen umzusetzen, und motiviert das Handeln. Bewusstsein beinhaltet die Funktion der Erkenntnis und verbindet die Komponenten Wahrnehmung, Vorstellung und Wille miteinander.

Die Form, der physische Aspekt des Lebens, besteht aus vier Elementen: Erde, Wasser, Feuer und Wind. Manchmal wird das Element Raum (oder Leere) hinzugefügt, so dass sich die Anzahl auf fünf Elemente erweitert. Die vier Elemente lassen sich auch unter dem Aspekt ihrer Beschaffenheit oder Funktionen betrachten. Sie symbolisieren die Eigenschaften der jeweiligen Materie: die Erde steht für Härte, das Wasser für Nässe, das Feuer für Hitze oder Wärme und der Wind für Bewegung oder Wechselhaftigkeit. Nichiren schrieb: »Die Funktion von Feuer ist es, zu brennen und Licht zu geben. Die Funktion von Wasser ist Schmutz fortzuspülen. Der Wind bläst Staub hinweg und haucht Leben in Pflanzen, Tiere und Menschen. Die Erde nährt die Gräser und Bäume und der Himmel spendet nährende Feuchtigkeit.«[6] Das Element Erde wird in der Außenwelt u.a. durch Berge, Felsen, Sand, Kieselsteine und in der Innenwelt des Körpers durch Haut, Haare, Nägel, Zähne und Knochen verkörpert. Das Element Wasser manifestiert sich in der Außenwelt als Flüsse und Seen, im Körper in Form von Blut und anderen Körperflüssigkeiten. Das Element Feuer findet man in der Erdkruste anhand von Vulkanen und magmatischem Gestein, und beim Menschen wird es als Körpertemperatur und im Verdauungsprozess spürbar. Das Element Wind ist in der Außenwelt als Luftbewegung und in der Innenwelt des Körpers als Atmung und Stoffwechselprozess vorhanden.

Die vier Elemente repräsentieren vier Kräfte, die dem gesamten Universum innewohnen. Im traditionellen Buddhismus war man der Überzeugung, das Zusammenfließen ihrer Grundenergien sei das Fundament aller Veränderungen in der Welt der Materie.

Die Fünf Komponenten

Ein Lebewesen entsteht durch eine zeitweilige Verschmelzung der folgenden Fünf Komponenten:

Der physische Aspekt des Lebens

- Form schließt Augen, Ohren, Nase, Zunge und Körper ein, mit denen wir die Außenwelt wahrnehmen.

Die spirituellen Aspekte des Lebens

- Wahrnehmung ist die Fähigkeit, Informationen aus der Außenwelt mittels der sechs Sinnesorgane aufzunehmen.
- Vorstellung ist die Fähigkeit, mentale Bilder und Konzepte aus dieser Wahrnehmung zu erschaffen.
- Wille ist die Fähigkeit, Vorstellungen umzusetzen und motiviert das Handeln.
- Bewusstsein beinhaltet die Fähigkeit zur Erkenntnis und verbindet die Komponenten Wahrnehmung, Vorstellung und Wille miteinander.

Nichiren lehrt, dass die fünf Elemente (die vier Elemente und das Element Raum) symbolisch den fünf Schriftzeichen entsprechen, aus denen sich Myoho-renge-kyo zusammensetzt. Dass sowohl das Universum als auch der Mensch aus diesen fünf Elementen besteht, lässt erkennen, dass der menschliche Körper und das Universum gleichermaßen von ein und derselben Essenz des Lebens durchdrungen sind, die Nichiren als das Mystische Gesetz oder Myoho-renge-kyo bezeichnet.

Krankheit könnte man als Zustand der inneren Disharmonie zwischen den fünf Elementen definieren. Der Buddhismus befasst sich folglich mit der Frage, wie der Mensch die Elemente in einem harmonischen Gleichgewicht halten kann. Er geht davon aus, dass Innenwelt und Außenwelt des Menschen untrennbar miteinander verbunden sind und Unausgewogenheiten in unserer Umgebung auch unseren inneren Zustand in Mitleidenschaft ziehen. Um gesund zu sein, müssen wir die Flexibilität und Geduld entwickeln, den schädlichen Auswirkungen äußerer Einflussfaktoren zu trotzen, zum Beispiel Stress und Krankheitserregern. Es gilt, die innere Stabilität zu erhalten, ungeachtet dessen, was in unserer Umgebung geschieht. Innere Stabilität entsteht, wenn wir die Buddhanatur in uns fördern, die solchen negativen Einflüssen entgegenwirkt und die vorherrschenden Elemente in unserem Leben harmonisiert. Diese Buddhanatur ist die sich selbst regulierende – oder alles-regulierende – Essenz des Lebens, also die reine Lebenskraft. Wenn wir diese Lebenskraft aktivieren – durch Chanten von Nam-myoho-renge-kyo, wie Nichiren lehrte –, bringen wir uns in Einklang mit dem Universum und fördern unsere Vitalität und innere Stärke. Das ist das buddhistische Ideal einer guten Gesundheit.

Krankheitsursachen

Im Buddhismus werden Krankheiten nach unterschiedlichen Methoden klassifiziert. Einige Sutren ordnen sie dem jeweiligen Element zu, dessen Ungleichgewicht als Ursache gilt, oder dem befallenen Organismus oder Körperteil. Manchmal ist auch die Zeit ausschlaggebend, in der die Ursache geschaffen wurde – das heißt, man unterscheidet zwischen Krankheiten, die im derzeitigen oder in früheren Leben ihren Ursprung haben. In Nagarjunas Abhandlung *Treatise on the Great Perfection of Wisdom* werden sie beispielsweise in karmische und gegenwärtige Krankheiten unterteilt und letztere wiederum in physische und mentale. Im physischen Formenkreis differenziert man darüber hinaus zwischen inneren Krankheiten (durch innere Ursachen herbeigeführt) und äußeren Krankheiten (durch Ursachen außerhalb des Körpers entstanden).

T'ien-t'ai nennt sechs Krankheitsursachen, die die Ernährungsweise, virale Infektionen (z.B. Polio), mentale Störungen und genetische Defekte einbeziehen.

Krankheitsursachen

Nichirens Lehren zum Thema Krankheit beruhen auf der Klassifizierung von T'ien-t'ai:

Krankheiten des Körpers
- Disharmonie der vier Elemente
- Unmäßiges Essen und Trinken
- Schlechte Haltung
- Ein Angriff von Dämonen von außen

Krankheiten des Geistes
- Das Werk von Teufeln von innen
- Die Wirkungen von Karma

Nichiren baute seine Lehren auf dem Fundament dieses Systems auf, das der buddhistischen Auffassung von Krankheit und Krankheitsursachen entspricht. In der Schrift *Heilung Karmischer Krankheiten* zitiert er aus T'ien-t'ais Werk *Great Concentration and Insights*: »Es gibt sechs Krankheitsursachen: (1) Disharmonie der vier Elemente; (2) unmäßiges Essen und Trinken; (3) schlechte Haltung; (4) Angriff von Dämonen von außen; (5) das Werk von Teufeln von innen; (6) die Wirkungen von Karma.

Die Klassifizierung von Krankheiten in der modernen Medizin ist wesentlich systematischer und gründlicher als in den buddhistischen Schriften und Abhandlungen. Die buddhistische Herangehensweise an die Medizin ist jedoch wissenschaftlich ausgerichtet, denn sie berücksichtigt die Beziehungen zwischen Ursache und Wirkung. Während die moderne Medizin dazu neigt, den von Krankheit befallenen Organismus oder Teil des Körpers getrennt zu betrachten und zu behandeln, als gelte es, ein defektes Rädchen im Getriebe zu reparieren, ist die buddhistische Perspektive ganzheitlich. Hier ist Krankheit ein Spiegelbild des gesamten Körpersystems oder des Lebens schlechthin, so dass man ihr nicht nur durch eine medizinische Behandlung, sondern auch durch eine Veränderung des Lebensstils und der Lebenseinstellung des Menschen beizukommen versucht.

Krankheiten des Körpers

Dieser Kategorie werden Krankheiten zugeordnet, die auf eine Disharmonie zwischen den vier Elementen – Erde, Wasser, Feuer und Wind – zurückzuführen sind, aus denen der menschliche Körper besteht und die je einem physikalischen Zustand entsprechen: fest, flüssig, thermisch und gasförmig.

Eine Disharmonie der vier Elemente kann sowohl innerhalb des Körpers als auch zwischen dem Körper und seiner natürlichen Umgebung bestehen. Letztere kann aus der Unfähigkeit herrühren, sich an äußere Veränderungen anzupassen, beispielsweise an das Wetter. Eine Störung dieser natürlichen Harmonie kann physische Krankheitssymptome hervorrufen.

Unangemessene Ess- oder Trinkgewohnheiten und schlechte Körperhaltung (auch als unregelmäßige Meditation beschrieben) sind Beispiele für eine unausgewogene Lebensweise. In diese Kategorie gehören Krankheiten, die durch Mangelernährung oder Völlerei entstehen, aber auch auf Unstimmigkeiten in unserem Lebensrhythmus zurückzuführen sind, wie zu wenig Schlaf und körperliche Bewegung, die unsere Krankheitsanfälligkeit erhöhen.

Die vierte Krankheitsursache, die T'ien-t'ai erwähnt, der »Angriff der Dämonen«, bezieht sich auf die zahlreichen negativen Kräfte oder Einflüsse, die von außen auf den Körper einwirken und zu physischen Leiden oder sogar zum Tod führen können. Wie man heute weiß, werden viele Krankheiten durch Bakterien, Viren und Stress herbeigeführt, die man im weitesten Sinne als Dämonen bezeichnen könnte.

Krankheiten des Geistes

Die fünfte Krankheitsursache, hier als »Werk der inneren Teufel« bezeichnet, äußert sich in Form einer mentalen Erkrankung.

Das Konzept der Teufel und die Rolle, die es bei Krankheiten spielt, bedarf einer Erläuterung. Teufel (oder *mara* auf Sanskrit) wird oft mit »der Zerstörer« oder »Räuber des Lebens« übersetzt. Die Teufel in der buddhistischen Mythologie verkörpern negative innere Funktionen. Sie sind ein Sinnbild für Begierden und selbstsüchtige Wünsche, die uns daran hindern, die Wahrheit zu suchen und eine starke positive Lebenskraft zu entwickeln. Teuflische Funktionen sind Aspekte des Lebens, die unserer Gesundheit schaden und sich als Hürde für die Ausübung der buddhistischen Lehren erweisen.

Teufel verkörpern die grundlegende Neigung des Menschen zu Disharmonien von Körper und Geist. Im Gegensatz zu den vier anderen Kategorien wird durch diese Krankeitsursache der mentale Bereich beeinträchtigt. Sie wurzelt nicht in äußeren Einflussfaktoren, sondern im Menschen selbst, so dass sein Leben an Glanz verliert. Die Folge ist eine fundamentale Dunkelheit oder Selbsttäuschung.

Dunkelheit und Selbsttäuschung leisten der Entstehung von drei Giften Vorschub: Gier, Ärger und Verblendung. Diese Gifte gelten als Ursprung aller zerstörerischen, selbstsüchtigen Begierden und Illusionen und im Wesentlichen als teuflisch.

Gier bewirkt, dass alle fünf Sinnesorgane ständig nach der Befriedigung äußerer Bedürfnisse, wie Wohlstand, Liebe, Nahrung, Ruhm oder Eitelkeit, trachten, eine rastlose, unersättliche Suche, die uns die angeborene Lebenskraft raubt. Wenn das Leben von Gier bestimmt ist, richten wir unsere gesamte Energie auf das Objekt der Begierde. Dies hat eine Schwächung wie bei einem Blutverlust zur Folge.

Ärger lässt auf Böswilligkeit schließen, die Mitgefühl und einer harmonischen Beziehung zwischen uns selbst und anderen im Wege steht. Diese Disharmonie kann Konflikte, Fehden und Kriege heraufbeschwören, die unser Leben letztendlich zerstören können.

Verblendung bedeutet, Blindheit gegenüber der eigenen Buddhanatur und dem Gesetz von Ursache und Wirkung, aber auch die kurzsichtige Abhängigkeit von unmittelbaren Belohnungen. Verblendung hindert den Menschen daran zu erkennen, welche Schäden er mit seiner unklugen Lebensweise am eigenen Körper und Geist anrichtet.

Die drei Gifte

Die Quelle aller Selbsttäuschungen und irdischen Begierden besteht in den so genannten »Giften«, weil sie dem Menschen das Leben vergällen und verhindern, dass er sich mit Herz und Verstand den Dingen zuwendet, die seine Lebenskraft stärken.

Gier
Gier bewirkt, dass alle fünf Sinnesorgane ständig nach der Befriedigung äußerer Bedürfnisse, wie Wohlstand, Liebe, Nahrung, Ruhm oder Eitelkeit, trachten, eine rastlose, unersättliche Suche, die uns die angeborene Lebenskraft raubt.

Ärger
Ärger lässt auf Böswilligkeit schließen, die Mitgefühl und einer harmonischen Beziehung zwischen uns selbst und anderen im Wege steht.

Verblendung
Verblendung bedeutet, Blindheit gegenüber der eigenen Buddhanatur und dem Gesetz von Ursache und Wirkung, aber auch die kurzsichtige Abhängigkeit von unmittelbaren Belohnungen.

Diese drei Gifte gehören zu den »irdischen Begierden« oder grundlegenden Selbsttäuschungen. Jedes dieser Gifte weist bestimmte Merkmale auf. Gier wird beispielsweise von Geiz, Zügellosigkeit, Vergehen, Betrug und Schmeichelei begleitet. Ärger erzeugt heimlichen Groll, Hass, Wut, Eifersucht und Rachsucht. Im Buddhismus werden zwanzig spezifische Merkmale genannt, die einer noch breiter gefassten Palette destruktiver Eigenschaften Vorschub leisten; sie können die Harmonie des Lebens bis zu dem Punkt stören, wo wir physisch und/oder mental erkranken. Die zahlreichen Ursachen dieser mentalen Krankheiten und das vielschichtige Zusammenwirken all dieser zerstörerischen Eigenschaften bringen 84000 verschiedene mentale Krankheitsformen hervor, verglichen mit nur 404 physiologischen Krankheitsformen.

Irdische Begierden lassen sich auch aus einer anderen Warte betrachten, die die drei Kategorien der Verblendung umfasst: Verblendungen der Gedanken und Wünsche, Verblendungen, die so zahllos sind wie Staub- und Sandkörnchen, und Verblendungen hinsichtlich der wahren Beschaffenheit der Existenz.

Die Verblendungen der Gedanken sind überwiegend mental und im Verlauf des Lebens erworben, die Verblendungen der Wünsche emotional und angeboren. Unter Verblendungen der Gedanken versteht man eine falsche Sichtweise. Sie kann unterschiedliche Formen annehmen: zum Beispiel die irrige Vorstellung, unsere derzeitige Existenz sei absolut, obwohl die fünf Komponenten, aus denen sich unser Körper zusammensetzt, ein »Verfallsdatum« haben; den Glauben, Dinge ewig behalten zu können, auf die wir keinen Besitzanspruch haben; die Überzeugung, das Leben sei mit dem Tod zu Ende oder bestünde über den Tod hinaus in unveränderter Form weiter; die Blindheit für das Gesetz von Ursache und Wirkung; und das engstirnige Festklammern an bestimmten Vorstellungen, die wir als überlegen betrachten. Zu den Verblendungen der Wünsche zählen grundlegende Empfindungen wie Gier, Ärger, Dummheit und Überheblichkeit, die in Zusammenhang mit bestimmten Objekten oder Ereignissen entstehen.

Die Verblendungen, die so zahllos sind wie Staub- und Sandkörnchen können beispielsweise auftreten, wenn wir anderen im Zuge der buddhistischen Ausübung helfen wollen. Obwohl wir die Wahrheit der damit verbundenen Prinzipien erkannt haben, bilden wir uns vielleicht ein, dass sie bei bestimmten Personen oder Situationen nicht anwendbar sind. Oder es mangelt uns an Selbstvertrauen, unsere Erkenntnisse oder Erfahrungen weiterzuvermitteln. Die Überwindung solcher Hürden kennzeichnet den Bodhisattva-Weg. Wenn es uns gelingt, unser Wissen in jeden Aspekt unseres Lebens einzubringen, einschließlich der Weitergabe der Lehren, bringen wir unsere Buddhaschaft zum Ausdruck.

Verblendungen hinsichtlich der wahren Beschaffenheit der Existenz verhindern, dass Bodhisattvas zu ihrer wahren Natur erwachsen. Sie wurzeln in der tiefsten Ebene des Unbewussten und haben das unheilvolle Potenzial, den Menschen in ein Schwarzes Loch zu stürzen, ihm jeden Funken Mitgefühl und Weisheit zu rauben und die Selbstzerstörung zu fördern. Solche Verblendungen wecken den Impuls, zu töten und zu zerstören oder andere zu opfern und dabei noch Genugtuung zu empfinden. Der Drang, solchen Trieben nachzugeben und darauf sein Leben auszurichten, ist nach buddhistischer Anschauung eine mentale Krankheit.

So wie die physische Kondition auf den mentalen Zustand eines Menschen einwirkt, wird die physische Gesundheit weitgehend von Überzeugungen (oder Fehlanschauungen) und der Einstellung zum Leben bestimmt – Faktoren, die ihren Ursprung im mentalen Bereich haben. Daraus können wir schließen, dass der Verstand zum einen eine ungemein wichtige Rolle für den Gesundheitszustand spielt, zum anderen jedoch sehr subtil und empfänglich für äußere Einflüsse ist. Das Bemühen, uns dieser Verblendungen bewusst zu werden und sie durch Weisheit, Mut und Vertrauen im Praktizieren des Buddhismus zu ersetzen, ist ein wichtiger Aspekt für die Stärkung und den Erhalt unserer spirituellen Gesundheit – das Fundament des physischen und mentalen Wohlbefindens.

Karmische Krankheiten

Die ersten fünf Krankheitsursachen stammen aus der gegenwärtigen Lebenszeit. Die sechste Ursache, die Auswirkungen des Karmas, ist anders geartet, da sie in früheren Leben wurzelt. Karmische Krankheiten können sich auf der mentalen oder physischen Ebene manifestieren und lassen sich mit herkömmlichen Methoden nur schwer, falls überhaupt kurieren.

Das Konzept des Karmas wurde nicht entwickelt, damit wir resignieren und uns einem hoffnungslosen, leidvollen Schicksal unterwerfen. Es ermöglicht uns vielmehr, uns die Probleme in unserem Leben bewusst zu machen, die Verantwortung dafür zu übernehmen und danach zu streben, sie aus eigener Kraft zu überwinden. Diese Erkenntnis befähigt uns, wahre Eigenständigkeit zu entwickeln. Im Fall einer karmischen Erkrankung gilt es, über die Suche nach einer besseren Arznei oder Lebensperspektive hinaus den Blick auf das negative Karma zu richten, das die Wurzel des Übels ist, und es auszulöschen, so dass die Krankheit von alleine vergeht.

Die Beschreibung der verschiedenen karmischen Erkrankungen hat sich im Lauf der Zeit geändert und ist auch heute noch in stetigem Wandel begriffen. In den Sutren zählt Lepra beispielsweise zu den karmischen Krankheiten, da sie zu Shakyamunis Zeit unheilbar war und sich die Opfer nicht nur körperlichen Torturen wie Entstellung und Tod, sondern auch seelischen Qualen durch die Verbannung oder gesellschaftliche Ausgrenzung und Ächtung ihrer Mitbürger ausgesetzt sahen. Heute hat man die Lepra weitgehend im Griff und die Betroffenen können ein relativ normales Leben führen. Viele andere Krankheiten wurden dank der modernen Medizin mehr oder weniger ausgerottet, beispielsweise die Tuberkulose. Dennoch gibt es auch heute noch einige unheilbare Krankheiten und neue, wie AIDS, kommen ständig hinzu. Manche wurzeln in der gesellschaftlichen Entwicklung (die so genannten Zivilisationskrankheiten), andere sind eine Folge der medizinischen Behandlung selbst.

Die medizinische Wissenschaft wird wahrscheinlich niemals in der Lage sein, alle Krankheiten zu beseitigen. Einige werden vielleicht für immer unheilbar bleiben und die Menschheit mit der Angst vor dem Tod konfrontieren. Aus weltlicher Sicht sind karmische Krankheiten ein Rätsel, ein unvermeidbarer Schicksalsschlag. Die Ausübung des Buddhismus, die darauf abzielt, unsere innere Lebenskraft zu aktivieren, bietet eine Möglichkeit, alle sechs Krankheitsformen zu überwinden, vor allem aber die karmische, weil sie Veränderungen im Karma selbst bewirkt.

Oft sehen sich Menschen, die derselben Zeitperiode, Gemeinde oder sozialen Schicht angehören, einem gemeinsamen Dilemma gegenüber. In einem solchen Fall kann man von einem »kollektiven« Karma sprechen. Wenn eine Gruppe oder eine ganze Nation falschen Überzeugungen anhängt, teilen alle das gleiche Schicksal. Epidemien lassen sich beispielsweise auf falsche Vorstellungen von der Ernährung, der Hygiene usw. zurückführen. Die Lösung solcher kollektiven Probleme beginnt für den Buddhismus mit der Veränderung der Perspektive und dem Handeln jedes Einzelnen, basierend auf einer inneren Erneuerung. Wenn wir uns die grenzenlose Kraft bewusst machen, die in uns schlummert, können wir immer mehr Einfluss auf unsere Umgebung ausüben und Veränderungen in den Köpfen anderer anstoßen, die wiederum einen Schneeballeffekt auslösen und somit das Schicksal der ganzen Menschheit letztlich auf einen neuen, besseren Kurs bringen.

Die drei Funktionen des Mystischen Gesetzes

Wie im Lotos-Sutra aufgezeigt, wird selbst ein Buddha, der den idealen Lebenszustand verkörpert, niemals völlig frei von körperlichem oder seelischem Leid sein. Was letztendlich zählt, ist indes die Fähigkeit, unsere angeborenen Selbstheilungskräfte zu aktivieren.

In welchem Ausmaß das gelingt, hängt von der Willenskraft des Einzelnen ab. Die Rolle, die der Willenskraft bei der Genesung eines Menschen zukommt, wird immer offensichtlicher. Wenn wir beispielsweise erfahren, dass wir an einer schweren Krankheit leiden und nur noch mit dem Schicksal hadern, schwächen wir uns und werden der Krankheit wahrscheinlich eher unterliegen, als wenn wir uns weigern, die Hiobsbotschaft als Todesurteil zu betrachten, und alles in unserer Macht stehende tun, um dagegen anzukämpfen. Die Willenskraft wirkt sich auf die Fähigkeit des Körpers aus, natürliche »Arzneien« zu produzieren – Hormone, Enzyme und Antikörper –, die aufgeboten werden, um negative Einflüsse abzuwehren und das Leben zu erhalten.

Der Willenskraft kommt somit eine wichtige Aufgabe zu, denn sie hilft uns, die angeborenen Selbstheilungskräfte voll auszuschöpfen. In diesem Sinne bezieht sie sich auf die Fähigkeit, den wahren Aspekt des Lebens, der nach buddhistischer Auffassung ein unendliches Potenzial von kosmischem Ausmaß umfasst, in seiner ganzen Tiefe und Fülle zu ergründen und zu erschließen. Eine solche Willenskraft leitet sich aus dem grenzenlosen Vertrauen in die Unermesslichkeit unserer Existenz, aus einem starken Gefühl der Sinnhaftigkeit unseres Daseins und aus der Verantwortung gegenüber dieser unserer Welt her.

Die Stärke des buddhistischen Therapieansatzes liegt in der Entwicklung unserer Buddhanatur von innen heraus. Sie liefert den Schlüssel für die Aktivierung der grenzenlosen Potenziale und Energien, die jedem Individuum innewohnen. *Myo*, die erste Silbe von *myoho*, bedeutet »mystisch« oder »unbegreiflich«; sie beschreibt eine immerwährende schöpferische Kraft, die in jedem Lebewesen pulsiert und seine Aktivitäten unterstützt. Diese Kraft besitzt drei allgemeine Merkmale: Wiederbeleben, vollkommen ausgestaltet sein, öffnen.

Wie Nichiren in einer Schrift erklärte: *Myo* bedeutet »wieder beleben«, das heißt, zum Leben zurückzukehren.[7] Das Mystische Gesetz – Nam-myoho-renge-kyo – befähigt uns, diese neue Lebenskraft in uns freizusetzen. Im weitläufigen Sinn wird damit zum Ausdruck gebracht, dass es allein in unserer Macht steht, uns von leidenden in gesunde, glückliche Menschen zu verwandeln.

Nichiren schrieb auch: »*Myo* heißt ›vollkommen ausgestattet‹, was auch ›Perfektion‹ bedeutet. (...) Um dies zu illustrieren: Ein Tropfen des großen Ozeans enthält alles Wasser der verschiedenen Flüsse, die in ihn fließen. Und das Wunsch erfüllende Juwel, das nicht größer als ein Senfkorn ist, ist in der Lage, alle Schätze, die man sich nur wünschen kann, herabzuschütten.«[8] Jedes Lebewesen ist mit dem gesamten Potenzial ausgestattet, das im Kosmos existiert. Wenn das Mystische Gesetz ins Spiel gebracht wird, orchestriert es ein Zusammenwirken unserer spirituellen und physischen Funktionen in vollendeter Harmonie, es aktiviert unser grenzenloses inneres Potenzial. Infolgedessen erhält die größte Heilkraft – unsere uneingeschränkte Lebenskraft – die Möglichkeit, sich voll zu entfalten und uns bei der Überwindung selbst der schlimmsten Krankheit zu unterstützen.

Die dritte Eigenschaft des *Myo* erläuterte Nichiren folgendermaßen:

»Das Lotos-Sutra besagt: ›Dieses Sutra öffnet die Türe der zweckdienlichen Lehren und enthüllt den wahren Aspekt der Realität.‹ Der Große Lehrer Chang-an erläutert dies wie folgt: ›Myo bedeutet, die Tiefen der geheimen Schatzkammer zu offenbaren.‹ Und der große Lehrer Miao-lo sagt hierzu: ›Zu offenbaren heißt zu öffnen.‹ Daher bedeutet das Schriftzeichen *Myo* ›öffnen‹.«[9]

Im Kontext der Gesundheit erklärt dieser Abschnitt, dass uns das Mystische Gesetz befähigt, die »Tiefen des verborgenen Speichers« zu enthüllen, nämlich unsere Buddhanatur, und unser Leben für die Umwelt zu »öffnen«. Mit anderen Worten, wir sollten ein tragfähiges Fundament errichten, das uns befähigt, uns stets aktiv und positiv mit unserer Umgebung einzulassen und deren schädliche Einflüsse in zuträgliche umzuwandeln.

Unter dem Strich sind diese drei Merkmale des Mystischen Gesetzes also in der Lage, die uns innewohnende Lebenskraft zu aktivieren, unsere spirituellen und physischen Funktionen zu harmonisieren und uns mit den nötigen Mitteln auszustatten, unsere Umgebung positiv zu beeinflussen, während wir gleichzeitig mit Weisheit auf die zahlreichen Veränderungen im Umfeld reagieren und ein Gleichgewicht zwischen Außen- und Innenwelt schaffen. Wenn wir unser Leben auf das Fundament dieses Gesetzes stellen – indem wir den Buddhismus ausüben, wie Nichiren lehrt –, können wir die grenzenlose Kraft in unserem Innern nutzen, so dass Krankheit kein Grund zur Verzweiflung mehr sein muss. Ganz im Gegenteil: gestärkt durch das Mystische Gesetz, sind wir in der Lage, Krankheit in eine Herausforderung umzuwandeln, in eine Quelle des Wachstums, der Freude und der wahren Erfüllung.

Die drei Eigenschaften des Myo

Myo bedeutet mystisch oder unbegreiflich und beschreibt eine fortwährende schöpferische Kraft, über die jedes Lebewesen verfügt. Sie zeichnet sich durch drei Eigenschaften aus:

- Wiederbelebung: eine sich selbst aktivierende schöpferische Kraft, die sich in der Fähigkeit des menschlichen Körpers offenbart, ständig in neuer Weise zu reagieren und seine schöpferischen Ressourcen zu mobilisieren.
- Vollkommenheit: das Gefühl der Ganzheit, Harmonie, Vollendung. Das dynamische Gleichgewicht des menschlichen Körpers – die Homöostase – ist insgesamt perfekt austariert und ein Ausdruck der mystischen Kraft.
- Öffnung: die Fähigkeit des Menschen, seine Umgebung zu beeinflussen. Jedes Lebewesen reagiert auf die Außenwelt und ist in der Lage, in der Außenwelt eine Reaktion hervorzurufen.

Zukunftsperspektive

Niemand kann den Beitrag der modernen Medizin zur Heilung von Krankheiten leugnen. Es wäre töricht, ihn zu ignorieren, denn sonst würde sich Glaube in Fanatismus verkehren.

Doch trotz der beeindruckenden Technologie, der wirksamen Medikamente und der ausgefeilten diagnostischen Verfahren ist die moderne medizinische Wissenschaft alles andere als allmächtig. Dazu kommt, dass die Therapien oft zu einer materialistischen oder mechanistischen Sicht des menschlichen Organismus neigen und es versäumen, das Leben als ein Phänomen zu betrachten, das Körper und Geist einbezieht. Während sich die moderne Medizin weitgehend auf Arzneien und Technologie stützt, steht im buddhistischen Therapieansatz die Rolle des Patienten beim Selbstheilungsprozess im Mittelpunkt. Man könnte sagen, dass die medizinische Wissenschaft Krankheit mit Fachwissen bekämpft, während der Buddhismus Wert darauf legt, jeden Menschen zur Entwicklung seiner inneren Weisheit zu befähigen, so dass wir unseren eigenen Rhythmus finden und unsere Lebenskraft stärken können. Damit unterstützen wir die Wirksamkeit der medizinischen Behandlung und tragen unser eigenes Scherflein dazu bei, die Krankheit durch Aktivierung unserer Selbstheilungskräfte zu besiegen.

Der buddhistische Therapieansatz konzentriert sich also auf drei Aspekte: (1) Entwicklung der Bedingungen für die Buddhaschaft; (2) Entwicklung und Erhalt eines harmonischen Gleichgewichts zwischen den vier Elementen innerhalb unseres Körpers und des Einklangs mit unserer Außenwelt; (3) Entwicklung und Erhalt eines harmonischen Gleichgewichts zwischen den fünf Komponenten.

Der Buddhismus betrachtet Krankheit als äußere Manifestation einer inneren Dissonanz. Die Qualität des menschlichen Lebens oder der Gesundheit wird demzufolge durch das harmonische Gleichgewicht einer unendlich großen Anzahl von Faktoren bestimmt, von denen sich ein jeder in stetigem Fluss befindet. Die Entwicklung eines derart vollkommenen Gleichgewichts kommt beinahe einem Wunder gleich. Daher überrascht es nicht, wenn es zeitweilig aus dem Lot gerät und zu einer Erkrankung führt. Die Stärke des buddhistischen Therapieansatzes besteht darin, dass er sein Augenmerk auf die Aktivierung des unbegrenzten Potenzials und der Energien richtet, die im Leben jedes Menschen vorhanden sind und ihn befähigen, dieses dynamische Gleichgewicht wiederherzustellen und zu unterstützen.

Wenn wir auf unsere fundamentale Lebenskraft zurückgreifen, kann uns keine wie auch immer geartete Krankheit daran hindern, ein erfülltes Leben zu führen. Was aus buddhistischer Sicht danach kommt, ist Thema des nächsten Kapitels.

Tod

Der Gedanke an den Tod, der uns unentrinnbar an die Endlichkeit unseres Daseins erinnert, wiegt schwer und kann bedrückend sein. Ungeachtet dessen, wie grenzenlos unser Wohlstand oder unsere Macht auch scheinen mag, vor der Realität, dass wir irgendwann gehen müssen, können wir die Augen letztlich nicht verschließen. Zu unseren Lebzeiten erfahren wir die Vergänglichkeit als Leid der Geburt (und der tagtäglichen Existenz), des Alterns, der Krankheit und schließlich des Todes. Kein Mensch ist vor diesen Quellen des Leidens gefeit.

Diese menschliche Bürde – vor allem das Problem des Todes – war vielfach der Auslöser für die Entwicklung von religiösen und philosophischen Systemen. Shakyamuni wurde bei seinen Begegnungen mit den Kümmernissen des Lebens, unter anderem auch durch den Anblick einer Leiche, inspiriert, sich auf die Suche nach der Wahrheit zu begeben. Plato erklärte, dass sich wahre Philosophen immer wieder im Sterben üben; und Nichiren ermahnt uns, »uns zuerst mit dem Tod und danach mit anderen Dingen zu befassen.«[1]

Der Tod in einem größeren Zusammenhang

Die moderne Zivilisationsgesellschaft ist bemüht, den Tod zu ignorieren. Wir versuchen, den Blick vom grundlegendsten Problem des Menschen abzuwenden und den Tod in die Schattenwelt zu verdrängen. Für viele ist er lediglich die Abwesenheit von Leben, das Nichts, die Leere. Das Leben wird mit allem in Verbindung gebracht, was uns gut und erstrebenswert erscheint: mit Dasein, Vernunft, Licht. Im Gegensatz dazu wird der Tod als Übel angesehen, als Nichts, als dunkel und irrational. Die negative Einstellung zum Tod ist vorherrschend.

Wir können den Tod indes nicht ignorieren. Heute erfordern zu viele Themen eine Rückbesinnung und Neubewertung der Bedeutung, die dem Tod zukommt. Dazu gehören Fragen, die den Hirntod und ein würdevolles Sterben, die Funktion der Hospize, alternative Bestattungsmethoden und -riten und die Sterbeforschung betreffen, mit der sich zum Beispiel die Psychiaterin und Autorin Elisabeth Kübler-Ross befasste.

Allmählich scheinen wir den fundamentalen Irrtum in unserer Sicht von Leben und Tod zu erkennen. Wir beginnen zu begreifen, dass Tod mehr ist als die Abwesenheit von Leben, dass er, gemeinsam mit einem aktiven Leben, ein unerlässliches Element für die Entwicklung eines größeren, wichtigeren Ganzen ist. Dieses größere Ganze spiegelt die Kontinuität von Leben und Tod auf einer tieferen Ebene wider, die wir als Menschen erfahren und als Kultur zum Ausdruck bringen. Unsere wichtigste Herausforderung ist die Entwicklung einer Kultur, die auf dem Verständnis der Beziehung zwischen Leben, Tod und Ewigkeit beruht. Statt den Tod zu verleugnen, sollten wir ihm ins

Gesicht sehen und ihm den richtigen Stellenwert in dem weitaus größeren Zusammenhang des Lebens zuweisen.

Der Buddhismus spricht von einer Buddhanatur, die der Wirklichkeit aller Phänomene auf der tiefsten Ebene innewohnt. Diese Buddhanatur existiert in Verbindung mit den Phänomenen. Sie hängt von ihnen ab und wirkt auf sie ein. Sie wechselt zwischen sichtbarer und verborgener Existenz hin und her. Alle Phänomene, Leben und Tod eingeschlossen, können als Element des ewigen Kreislaufs von sichtbarer und verborgener Existenz oder von Manifestation und Rückzug oder von Latenz betrachtet werden.

Der Zyklus von Leben und Tod lässt sich mit den einander abwechselnden Schlaf- und Wachperioden vergleichen. Genauso, wie uns der Schlaf auf die Aktivitäten des nächsten Tages vorbereitet, kann der Tod als ein Ruhezustand gesehen werden, in dem wir wieder Kraft für das nächste Leben sammeln. Aus dieser Warte sollte der Tod, wie auch das Leben, als Segen betrachtet werden.

Das Lotos-Sutra, das Kernstück des Mahayana-Buddhismus, besagt, dass der Zweck unserer Existenz, der ewige Kreislauf von Leben und Tod, darin besteht, »glücklich und zufrieden« zu sein.[2] Es lehrt außerdem, dass unerschütterlicher Glaube und fortwährende Ausübung uns ermöglichen, eine tiefe und beständige Freude bei dem Gedanken an den Tod zu entwickeln und mit beiden gleichermaßen »glücklich und zufrieden« zu sein. Nichiren beschreibt das Erreichen dieses Zustands als »größte aller Freuden.«[3]

Die buddhistische Auffassung von der Ewigkeit des Lebens

Da das Leben nach buddhistischer Auffassung ewig währt, ist der Tod nicht so sehr das Ende des alten, sondern vielmehr der Beginn eines neuen Daseins. In einer kurzen Abhandlung mit dem Titel *Philosophie des Lebens* erläuterte Josei Toda seine Vorstellung von der Ewigkeit des Lebens. Er schilderte anschaulich seine Inhaftierung während des Zweiten Weltkriegs, die auf Gewissensgründen basierte, und wie ihm viele Wahrheiten des Lebens bewusst wurden:

> »Während meiner Haft in einem kalten Gefängnis wegen unbegründeter Beschuldigungen, zu einem Leben der Einsamkeit und Isolation verdammt, meditierte ich Tag für Tag und Monat für Monat über die letztendliche Beschaffenheit des Lebens. Was ist das Leben? Währt das Leben ewig? Existiert es nur in dieser Welt? Weise und heilige Männer aller Epochen haben versucht, diesen großen Rätseln auf die Spur zu kommen, und jeder war bemüht, sie auf eigene Weise zu lösen.
>
> Im Schmutz des Gefängnisses vermehren sich die Läuse in Windeseile. Eines Tages, als wären sie von der wohltuenden Frühlingssonne eingeladen, wagten sich einige Läuse leichtsinnig hinaus… Ich zerquetschte eine Laus mit meinem Fingernagel, doch die anderen bewegten sich unverdrossen weiter. Wohin entfloh das Leben, das dieses Geschöpf erfüllt hatte? Verschwand es ein für alle Mal aus dieser Welt?«[4]

Als Nächstes beschrieb er seine erste Begegnung mit Nichirens Philosophie, nachdem er verschiedene spirituelle Lehren erforscht hatte. Toda schilderte einen Augenblick der Erkenntnis, zu der er gelangte, als er im Verlauf von mehreren Monaten zwei Millionen Mal Nam-myoho-renge-kyo gechantet und sich kontinuierlich in das Lotos-Sutra versenkt hatte. Durch diese Erkenntnis wurde ihm bewusst, dass Leben in der Tat ewig währt.

»Es existieren zahllose derartige Schriften [die von der Ewigkeit des Lebens ausgehen]. Ohne diesen Grundgedanken gibt es keinen Buddhismus. Das ist die wahre Essenz des Lebens und das erste Tor zur Erleuchtung der Weisen. Intellektuelle mögen die buddhistische Vorstellung vom Leben belächeln und sie als Aberglauben leugnen, doch ich fürchte, mit dieser Einstellung enthüllen sie nur ihre Gedankenlosigkeit und ihren grundlegend unwissenschaftlichen Ansatz. Das Kausalgesetz ist von essenzieller Bedeutung für die Wissenschaft. Alle Phänomene im Universum sind dem Gesetz von Ursache und Wirkung unterworfen; dieses Gesetz zu ignorieren, indem man behauptet, Leben sei nicht mehr als das Ergebnis einer Verschmelzung von männlicher Geschlechtszelle und weiblicher Eizelle, ist oberflächlich, weil es nur Erscheinungsformen erklärt und eine bestimmte ursprüngliche Ursache unberücksichtigt lässt. Wenn man zu der Schlussfolgerung neigt, dass Leben zufällig entsteht und wie eine Seifenblase vergeht, gleichzeitig aber meint, jedes andere Phänomen sei dem Gesetz von Ursache und Wirkung unterworfen, zeugt diese Einstellung von erstaunlicher Unempfänglichkeit für die wahre Beschaffenheit des Lebens.

Manche Menschen sind von Geburt an außergewöhnlich intelligent, andere nicht. Manche sind schön, andere nicht. Manche sind gesund, andere nicht. Es gibt viele Unterscheidungsmerkmale. Manche sind arm trotz ihrer Anstrengungen, Erfolg zu haben. Manche leiden unter irdischen Begierden, wie Habgier oder Eifersucht, die sich weder durch wissenschaftliche Mittel noch gesellschaftliche Institutionen beseitigen lassen. Diese Unterschiede müssen grundlegende Ursachen haben; deshalb können die Probleme der Menschheit nicht ohne eine gründliche Erforschung der wahren Beschaffenheit des Lebens gelöst werden.«[5]

Nah-Tod-Erfahrungen

Inzwischen weisen immer mehr Indizien darauf hin, dass es auch über den klinischen Tod hinaus eine Existenzebene gibt, wie Wissenschaftler und Menschen, die Nah-Tod-Erfahrungen hatten (geschildert in zahllosen Büchern, Artikeln und Interviews), bestätigen werden.

Die Erforschung von Nah-Tod-Erfahrungen befasst sich in erster Linie mit den Eindrücken von Menschen, die ins Leben zurückkehrten, nachdem sie klinisch für tot erklärt wurden, und dokumentiert, wie sie sich der Realität des bevorstehenden Todes anpassen.

Seit 1975, als sich der amerikanische Internist Raymond A. Moody Jr. mit *Life after Life: The Investigation of a Phenomenon* an die Öffentlichkeit wagte, haben viele Ärzte, Psychologen und Psychiater ihre Erkenntnisse über das gleiche Phänomen bekannt gegeben. Dr. Moody entdeckte folgende Grundmuster in den von ihm zusammengetragenen Erfahrungsberichten: Die Betroffenen hatten das Gefühl, durch einen langen Tunnel zu gehen, genau in dem Moment, als der Arzt sie für tot erklärte, gefolgt von der unverhofften Erkenntnis der Trennung vom eigenen physischen Körper, der Begegnung mit anderen Wesen, dem Abspulen wichtiger Lebensereignisse und dem Erscheinen eines hellen Lichts. Spätere Forschungen ergaben, dass diese Grundmuster in allen Berichten auftauchten.

In *Life After Life* erzählte ein Patient, er habe das Gefühl gehabt, sich in einer tiefschwarzen Leere zu befinden, in einem Vakuum, einem Zylinder ohne Luft, einer Art Vorhölle, halb hier und halb anderswo.[6]

Das ist nur einer von vielen ähnlichen Erlebnisberichten. Sie legen ausnahmslos die Vermutung nahe, dass Leben als subjektive Erfahrung keineswegs im Augenblick des Todes erlischt, auch wenn es diesen Anschein erwecken mag.

Natürlich sind die Forscher bisher noch zu keiner endgültigen Schlussfolgerung gekommen, was die Bedeutung der Nah-Tod-Erfahrungen betrifft. Derzeit könnte man zwei Erklärungsmodelle anführen. Das eine behauptet, dass unser Bewusstsein nach dem Tod in irgendeiner Form weiterbesteht. Das andere führt alle Nah-Tod-Erfahrungen auf neurologische Prozesse zurück. Wissenschaftler, die letztere Position vertreten, erklären, dass Nah-Tod-Erfahrungen nicht zwangsläufig auf ein Leben nach dem Tod hinweisen.

Zugegeben, Diskussionen über das »Danach« sind Spekulation, da dessen Existenz nicht empirisch nachgewiesen werden kann – also Theorie bleibt. Doch umgekehrt ist eine Sichtweise, die Leben ausschließlich als Materie deutet und behauptet, es sei mit dem Tod ein für alle Mal zu Ende, wissenschaftlich nicht fundierter oder weniger spekulativ. Keine der beiden Anschauungen lässt sich hieb- und stichfest belegen.

Das erinnert an ein Argument des französischen Denkers und Mathematikers Blaise Pascal, der Menschen als »denkendes Schilfrohr« bezeichnete. Pascal machte sich mit seiner Arbeit auf dem Gebiet der Wahrscheinlichkeitsrechnung einen Namen (diese ergründet den Grad des

Geltungsanspruchs zwischen Möglichkeit und Gewissheit beim Eintreten eines Ereignisses). Getreu seinen intellektuellen Neigungen betrachtete er das Leben nach dem Tod aus dem gleichen Blickwinkel.

Die menschliche Intelligenz, so Pascal, kann keine schlüssige Antwort auf die Frage bieten, ob es ein Leben nach dem Tod gibt. Wenn der Mensch alles auf eine Karte setzt und davon ausgeht, dass es ein Leben nach dem Tod gibt, hat er nichts zu verlieren, selbst wenn er sich irrt. Wenn er andrerseits darauf wettet, dass es kein Leben nach dem Tod gibt und es stellt sich heraus, dass er sich auf dem Holzweg befindet, lässt sich der eingeschlagene Kurs nicht mehr ändern. Falls er sich nun wünscht, er hätte mit Blick auf das Jenseits zu Lebzeiten mehr Gutes getan, ist es nun zu spät – er steht machtlos und mit leeren Händen da. Deshalb gelangte Pascal zu der Ansicht, dass es Sinn macht, an ein Leben nach dem Tod zu glauben, oder anders ausgedrückt, die Religion zu akzeptieren, und dass jeder rational denkende Mensch diese Wahl treffen würde.

Das Argument mag umstritten sein, doch Pascals Beweisführung leuchtet ein.

Wie man die Nah-Tod-Erfahrungen auch deuten mag, das Leben der Betroffenen wurde dadurch einschneidend verändert. Einige berichteten, dass ihre unmittelbare Begegnung mit dem Tod sie veranlasste, gründlich über ihre bisherige Lebensweise nachzudenken und jede Minute voll auszukosten, um auf den Tod vorbereitet zu sein, wann immer dieser eintreten würde.

Bei fast allen, die von der »Schwelle des Todes« zurückgekehrt waren, konnte man außerdem eine völlig neue Einstellung zum Sterben beobachten. Sie fürchteten sich nicht mehr davor. Sie verbrachten viel Zeit damit, ihr Wissen zu erweitern. Das Streben nach Ruhm, Macht oder Reichtum rückte in den Hintergrund und machte Altruismus und Mitgefühl Platz.

Stadien der Vorbereitung auf den Tod

Der Gedanke, dass unser Leben ewig währt, mit den Leben aller anderen verwoben ist und so weitläufig sein kann wie das Universum, bietet großen spirituellen Trost und verbessert unsere Lebensqualität. Seit einiger Zeit haben Schulungen, die Menschen auf die Unvermeidbarkeit des Todes vorbereiten, große Aufmerksamkeit hervorgerufen. Die Teilnehmer der Workshops und Seminare machen verschiedene Übungen, zum Beispiel Rollenspiele, in denen sie erfahren, dass sie nur noch sechs Monate zu leben haben. Dann müssen sie entscheiden, wie sie dieses letzte halbe Jahr verbringen wollen. In einer anderen Übung listen sie die drei wichtigsten Dinge in ihrem Leben auf. Diese Techniken deuten darauf hin, dass Gedanken über den Tod dazu führen, das Leben aus einem neuen Blickwinkel zu betrachten.

Dr. Elisabeth Kübler-Ross gilt weithin als Pionierin auf dem Gebiet der Sterbeforschung. Gemäß ihren Erfahrungen durchlaufen unheilbar kranke Patienten im Allgemeinen fünf Stadien bis zum Tod. Wenn sie von ihrer Krankheit erfahren, reagieren sie mit Schock und der Weigerung, an die Richtigkeit der Diagnose zu glauben. Oft wechseln sie mehrmals den Arzt, in der Hoffnung auf ein Versprechen, dass ihre Krankheit keinen tödlichen Verlauf nimmt. Zum zweiten Stadium gehört die Wut. Die Patienten akzeptieren, dass sie sterben müssen, hadern jedoch mit den Menschen in ihrer Umgebung und mit Gott, weil dieser ihre Gebete und Bitten um Heilung nicht erhört. Im dritten Stadium versuchen sie, mit Gott oder dem Schicksal einen Handel abzuschließen, um Zeit herauszuschinden. Dieses Stadium könnte man als Periode des Waffenstillstands bezeichnen. Das vierte Stadium ist von Niedergeschlagenheit geprägt. Wenn der Tod in unmittelbare Nähe rückt, verfallen die Patienten allmählich in eine tiefe Depression, im Fachjargon als »vorbereitendes Leid« bezeichnet. Nach diesen vier Stadien tritt der Patient in das fünfte und letzte Stadium ein: die Akzeptanz. Fehlt ihm die moralische Unterstützung oder Betreuung während der ausschlaggebenden Phase vor der Akzeptanz oder wird diese Zeit isoliert verbracht, beispielsweise in einer Klinik, verfällt er mit an Sicherheit grenzender Wahrscheinlichkeit in Depressionen. Patienten hingegen, die ihr Schicksal angenommen haben, bereiten sich jetzt darauf vor, in Frieden und Würde zu sterben. Glaubensstarke Menschen – gleich welcher Religion sie angehören, einschließlich derer, die nicht an ein Leben nach dem Tod glauben – sterben in der Regel im Frieden mit sich selbst.

Viele Menschen nähern sich dem Tod, wie Kübler-Ross beobachtete, voller Wut oder Niedergeschlagenheit. Diejenigen, die sich bis zum letzten Moment gegen das Sterben wehren, vergrößern nur noch ihre Qualen; und wer sein Schicksal nur oberflächlich akzeptiert, sich ihm nur notgedrungen fügt, stirbt meistens weniger friedlich als diejenigen, die in ihrem tiefsten Innern akzeptiert haben, dass sich ihr Leben dem Ende zuneigt, weil sie sich oft bis zum letzten Atemzug an die Hoffnung klammern, doch noch davonzukommen.

Wenn wir dem Tod ins Gesicht schauen, können wir positive Gefühle wie Mitgefühl und Güte entwickeln. Am Ende unseres Lebens werden positive und negative Energien aus dem Unbewussten oder dem »*alaya*-Bewusstsein«

wie es im Buddhismus heißt, einer Art Speicher, in dem sich karmische Wirkungen sammeln, freigesetzt. Oft überlagern negative Gefühle die positiven. Dann müssen wir sie umwandeln, müssen die positive Energie stärken.

Das tief greifende Verständnis der buddhistischen Lehre kann uns bei der Vorbereitung auf den Tod helfen. In einer von Nichiren verfassten Schrift findet sich folgende Passage:

> »Nagarjuna erklärte das Wesen des *myo* von *myoho* oder das Mystische Gesetz mit folgenden Worten: ›Es ist wie ein herausragender Heiler, der Gift in Arznei verwandeln kann…‹ Gift bedeutet die Drei Wege der irdischen Begierden, Karma und die Leiden des Lebens. Arznei bedeutet die Drei Tugenden des Buddhas: der Dharmakörper, Weisheit und Befreiung oder Freiheit. Gift in Arznei verwandeln bedeutet, die Drei Wege in die Drei Tugenden verwandeln.«[7]

Das letztendliche Gesetz des Universums kann demzufolge die negativen Aspekte des Lebens (die Drei Wege der Begierden) in positive verwandeln (die Drei Tugenden).

Die Umwandlung der Drei Wege in die Drei Tugenden

Entsprechend der Lehre von den Drei Wegen (irdische Begierden, Karma, Leid) löst der Wunsch nach Minderung des Leidens einen Handlungsimpuls aus. Wenn dieser Impuls auf falschen Vorstellungen von der wahren Beschaffenheit des Lebens beruht, werden unkluge Handlungsalternativen gewählt (negatives Karma geschaffen). Die damit negativen Ursachen haben zur Folge, dass sich die negativen Wirkungen mehren statt mindern. Entsprechend wird das Leid in den niederen sechs Welten nicht kleiner, wie beabsichtigt, sondern nur umso größer. Und mit der Intensität des Leidens wächst der Wunsch, es zu mildern. In diesem endlosen Kreislauf gefangen, setzt sich das Leid fort, trotz aller Anstrengungen, es zu beseitigen. Viele Schulen des Buddhismus, die auf einem Konzept wie dem der Drei Wege basieren, ermutigen ihre Anhänger, die irdischen Begierden auszulöschen, um diesen Kreislauf zu durchbrechen und das Leiden zu lindern.

Nichiren erkannte jedoch, dass die Beseitigung der Begierden schlussendlich eine Sackgasse ist, da manche von ihnen dazu beitragen, Werte zu schaffen, und einige den Erhalt des Lebens unterstützen. Er sah das Problem nicht in den Begierden, sondern vielmehr in den Selbsttäuschungen über die wahre Beschaffenheit des Lebens. In Nichirens Lehren von den Drei Tugenden (Wahrheit, Weisheit, Freiheit) können Begierden, die auf Wahrheit und nicht auf Täuschung beruhen, kluge Handlungen auslösen (ein gutes Karma schaffen), welche die negativen Wirkungen unseres Karmas verringern und uns vom Leid befreien. Unsere positiven Erfahrungen mit der Wirkungsweise dieses Prinzips stärken unseren Glauben an diese Wahrheit. Infolgedessen führen Begierden nicht zu Leid, sondern zur Erleuchtung.

Für die Anhänger des Nichiren-Buddhismus sind Wünsche oder Begierden also eine motivierende Kraft im Leben. Der Antrieb, aus dem ewigen Kreislauf der Drei Wege auszubrechen und ein Leben mit den Drei Tugenden zu führen, wurzelt in der Beseitigung der Selbsttäuschung und nicht in der Beseitigung der Wünsche und Begierden. Selbst das Leid, das man normalerweise mit dem Sterbeprozess in Verbindung bringt, lässt sich auf diese Weise von Grund auf umwandeln.

Der Sterbeprozess

Wenn wir über die Schwelle des Todes treten – das Tor zwischen diesem Leben und dem nächsten passieren –, wird sowohl der physische als auch der psychische Zustand tief greifend beeinflusst. Die Art, wie wir diesen Übergang bewältigen, hat außerdem eine prägende Wirkung auf die Umstände, die mit unserer Wiedergeburt einhergehen.

Wie im Kapitel über die Geburt erläutert, geht der Buddhismus von vier Existenzphasen aus, denen alle Lebensformen unterworfen sind: die Existenz während der Geburt; die Existenz während des Lebens; die Existenz während des Todes; und die Existenz zwischen Tod und Wiedergeburt, auch Zwischenexistenz genannt. Die Existenz während des Todes unterscheidet sich erheblich von der Existenz während des Lebens, folglich sind auch die Todesphase und die Lebensphase völlig unterschiedlich.

Die Drei Wege zu den Drei Tugenden

- Irdische Begierden
- Karma
- Leid

Sie werden Wege genannt, da das eine zum anderen führt. Irdische Begierden oder Wünsche lösen Handlungen aus, die ein schlechtes Karma hervorbringen, das sich seinerseits in Leid manifestiert, was wiederum die irdischen Begierden verstärkt und somit einen endlosen Kreislauf erzeugt.

Nichiren lehrte, dass der Glaube an das Lotos-Sutra und das Rezitieren oder Chanten von Nam-myoho-renge-kyo die Drei Wege in Drei Tugenden verwandeln kann:

- Dharmakörper: die Wahrheit, die der Buddha erkannte
- Weisheit: die Weisheit, die man braucht, um die Wahrheit zu erkennen
- Freiheit: Freiheit vom Leiden der Geburt und des Todes

Somit sind die Drei Tugenden untrennbar mit den Drei Wegen verbunden. Und deshalb ist es, wie Nichiren lehrt, auch nicht erforderlich, die Drei Wege auszumerzen, es gilt lediglich, ihre wahre Beschaffenheit zu erkennen und umzusetzen, die schlussendlich in den Drei Tugenden besteht.

Beim Übergang vom Tod in die Zwischenexistenz verwandelt sich unser ganzes Wesen. Nach und nach versagen unsere Sinnesorgane, wir können nichts mehr sehen, hören oder empfinden. Die Funktionen des Bewusstseins, die unsere Sinneswahrnehmungen integrieren und unser individuelles Selbstgefühl aufrechterhalten, erlöschen ebenfalls – Name, Adresse usw. werden völlig nebensächlich. Nur die Auswirkungen des Karmas, die letztlich das Fundament des Egos bilden, bleiben unverändert bestehen: Sie beeinflussen uns auch nach dem Tod weiter und bestimmen, wie unsere nächste Lebenszeit beschaffen sein wird.

Alle Handlungen in dieser Lebenszeit verdichten sich im Augenblick des Todes zu einem »karmischen Saatkorn« mit dem Potenzial, in unseren künftigen Leben aufzugehen und zu wachsen. In einer Art Zeitraffer – einige Menschen mit Nah-Tod-Erfahrungen schilderten dies als rasantes Abspulen ihres Lebens vor ihrem inneren Auge – sind wir gezwungen, uns unserer Vergangenheit zu stellen. Wir sehen uns mit unserem Verhalten konfrontiert, das sich von Habgier und Wut herleitete, mit Begierden, die in der fundamentalen, der ganzen Menschheit innewohnenden

Dunkelheit wurzeln. Ungehaltenheit, heimlicher Groll, Stress, Eifersucht und persönliche Antipathie können beispielsweise negatives Karma in unserem Leben vorprogrammieren.

In der allgemeinen Turbulenz des Sterbeprozesses können Angst und Verwirrung entstehen, die uns veranlassen, uns noch einmal mit letzter Kraft gegen den Tod aufzubäumen. Wir erleben vielleicht ein Wechselbad der Gefühle – Seelenfrieden, Unzufriedenheit, Freude, Traurigkeit und Bedauern. Das Leben, das wir geführt haben, prägt den Augenblick des Sterbens. Die buddhistische Ausübung bereitet uns auf diesen Augenblick vor und unterstützt unsere Fähigkeit, ein Leben zu führen, in dem wir gutes Karma schaffen.

Aus der buddhistischen Perspektive hängt die Fähigkeit, den Sterbeprozess erfolgreich zu bewältigen, vom stetigen Bemühen ab, zu unseren Lebzeiten gute Ursachen und Wirkungen anzusammeln, um auf den tiefsten Ebenen unseres Seins eine Grundlage für das Gute zu schaffen. Wir können friedlich und mit Freuden in die Zwischenexistenz eintreten, wenn wir zum Zeitpunkt des Todes zu unserer grundlegenden Buddhanatur erwacht sind. Nichiren ermutigte diese Einstellung: »Seid entschlossen, die große Kraft des Glaubens aufzubieten und Nam-myoho-renge-kyo zu rezitieren, mit dem Gebet, dass euer Glaube im Augenblick des Todes unerschütterlich und rein sein möge.«[8]

Der Glaube zum Zeitpunkt des Todes

Der klinische Tod tritt nach landläufiger Auffassung ein, wenn der Tod unwiderruflich wird, ein Augenblick, der von physiologischen Symptomen angezeigt wird, zum Beispiel

Hirntod und Aussetzen der Atmung und des Herzschlags. In diesem Moment wird der Mensch für tot erklärt. Mentale und physische Energieströme versiegen und nur die Lebens- und die karmische Energie des Verstorbenen bestehen in einem Zustand der Nicht-Materie fort.

Der Nichiren-Buddhismus zeigt einen Weg auf, den Menschen in dieser Phase des Übergangs zu stärken. Wenn Verwandte und Freunde in den letzten Augenblicken vor Eintritt des klinischen Todes Nam-myoho-renge-kyo rezitieren, helfen sie dem Sterbenden, den Prozess des Todes besser zu bewältigen. Wenn er die Worte hört und sich auf ihre beruhigende Schwingung oder Energie einstimmt, geht er friedvoller in die Zwischenexistenz und damit in den ewigen Fluss des Lebens ein, aus dem das Universum besteht.

Da unser Karma zum Zeitpunkt des Todes wichtig ist, hat der Glaube an das Mystische Gesetz eine läuternde Wirkung, die das Leid in einen grundlegend besseren Lebenszustand verwandelt. Nichiren empfiehlt den Buddhisten daher, Nam-myoho-renge-kyo mit der tiefen Überzeugung zu rezitieren, dass ihr Leben im Wesentlichen mit dem Leben der Buddhaschaft übereinstimmt. Er schrieb: »Wenn ein Mensch voll zu der Wahrheit erwacht, dass der Geist eines gewöhnlichen Sterblichen und der Geist des Buddha eins sind, wird ein schlechtes Karma weder seinen friedvollen Tod verhindern noch seine Gedanken ablenken und ihn an den Kreislauf von Geburt und Tod binden.«[9]

Nichiren lehrte, dass die Wirkungen, die durch das Rezitieren von Nam-myoho-renge-kyo angesammelt werden, das Ausmaß eines guten oder schlechten Karmas bei weitem übertreffen. Deshalb wird sich ungeachtet der Leiden oder Konflikte, denen wir im Leben ausgesetzt waren, im Augenblick des Todes ein tiefer Seelenfrieden einstellen, wenn wir an das Mystische Gesetz glauben und Nam-myoho-renge-kyo rezitieren. Darüber hinaus können die Menschen, die dem Sterbenden nahe stehen, durch ihre hingebungsvolle Ausübung des Buddhismus ein Band schmieden, das über Leben und Tod hinausgeht. Dazu schrieb Nichiren: »Diejenigen, die dieses Sutra praktizieren [das Lotos-Sutra]... werden sich zu demselben Ort begeben, zum Adlergipfel. Und da dein verstorbener Vater wie du an das Lotos-Sutra glaubte, wird er im nächsten Leben zweifellos am selben Ort wie du wiedergeboren werden.«[10]

Der bekannte indische Philosoph und Buddhismus-Theoretiker Vasubandhu erklärte, die Toten seien außerstande, die karmischen Wirkungen während ihrer Zwischenexistenz unmittelbar zu verändern. Doch Nichiren lehrte, dass die Gebete der Lebenden das Leid der Verstorbenen lindern und die Umstände der Wiedergeburt beeinflussen können. Gebete, die auf dem Zustand der Buddhaschaft basieren, reichen laut Nichiren über Leben und Tod hinaus; sie werden den Verstorbenen ›übermittelt‹ und ermöglichen ihnen, in einen freudvollen Zustand einzutreten.

Nam-myoho-renge-kyo, das Mystische Gesetz, durchdringt alle Lebewesen und Phänomene im Universum. Geburt und Tod lebender Wesen, das Entstehen und Vergehen nicht-lebender Phänomene und der ständige Fluss des Universums sind Manifestationen dieses Gesetzes. Das Gesetz befähigt unser Leben, sich ewig fortzusetzen, von einer Existenz zur nächsten überzuwechseln. Wenn wir an das Mystische Gesetz glauben und es praktizieren, werden wir erkennen, dass unser Leben ewig währt.

Das Leben nach dem Tod

Nichiren beschrieb den Zustand eines Menschen, der bis zum Zeitpunkt seines Todes Nam-myoho-renge-kyo rezitiert und damit seine innere Buddhaschaft manifestiert:

»Für jemanden, der all seinen Glauben aufbietet und mit der tiefen Einsicht, dass jetzt der letzte Augenblick seines Lebens gekommen ist, Nam-Myoho-Renge-Kyo chantet, verkündet das Sutra: ›Nach seinem Tode werden tausend Buddhas ihre Hände ausstrecken, um ihm alle Furcht zu nehmen und um ihn davor zu bewahren, in die bösen Pfade zu fallen.‹ Wie können wir nur unsere Tränen zurückhalten bei der unendlichen Freude zu wissen, dass nicht bloß ein oder zwei, nicht nur ein- oder zweihundert, sondern gar tausend Buddhas kommen werden, um uns mit offenen Armen zu empfangen!«[11]

In einer anderen Schrift erläuterte Nichiren:

»Selbst wenn jemand mit einer Säge unseren Kopf abschneiden sollte, uns mit Lanzen durchstechen oder unsere Füße fesseln und sie durchbohren wollte, müssen wir, so lange wir leben, weiter Nam-Myoho-Renge-Kyo, Nam-Myoho-Renge-Kyo chanten. Dann, wenn wir bis zum Augenblick unseres Todes chanten, werden sofort Shakyamuni, Taho und alle anderen Buddhas des Universums zu uns kommen, genau so, wie sie es während der Zeremonie am Adlergipfel versprachen. Sie werden unsere Hände nehmen und uns auf ihren Schultern tragen und uns zum Adlergipfel bringen. Die beiden Heiligen, die himmlischen Götter und die zehn Töchter der Kishimojin werden uns beschützen, während alle buddhistischen Götter einen Baldachin über unsere Köpfe heben und Fahnen hissen werden. Sie werden uns unter ihrem Schutz zum Land des Buddhas geleiten. Wie kann man solch eine Freude nur beschreiben!«[12]

In beiden Passagen erwähnt Nichiren die zahllosen Buddhas, die uns im Augenblick des Todes willkommen heißen. Damit wollte er seinen Zeitgenossen, die große Achtung vor den Buddhas hegten, die Wirksamkeit seiner Lehre vor Augen halten. Bei genauerer Analyse der Texte erkennt man jedoch, dass Shakyamuni, der Buddha Viele Schätze und die Buddhas der Zehn Richtungen in Wirklichkeit die Buddhaschaft in unserem Leben und im Universum selbst symbolisieren. Nichiren wollte damit zum Ausdruck bringen, dass Menschen, die an Nam-myoho-renge-kyo glauben und es rezitieren, Seelenfrieden und heitere Gelassenheit erlangen, sogar im Tod, weil sie mit der allumfassenden Buddhanatur verschmelzen, die auf der grundlegendsten Ebene das individuelle Leben und die unermessliche Weite des Universums durchdringt.

In einem Schreiben an einen Anhänger ging Nichiren näher auf dieses Thema ein:

»Wenn Sie glücklich sind, sollten Sie daran denken, dass Ihr Glück in diesem Leben nur ein Traum innerhalb eines Traumes ist und dass das einzig wahre Glück im Reinen Land des Adlergipfels zu finden ist. Mit diesem Gedanken im Bewusstsein chanten Sie Nam-Myoho-Renge-Kyo. Führen Sie Ihre Praxis fort bis zum letzten Augenblick Ihres Lebens – ohne Wanken. Und wenn dieser Moment naht, sehen Sie genau hin! Wenn Sie den Berg der wundersamen Erleuchtung erklimmen und in alle Richtungen um sich blicken, werden Sie zu Ihrer Überraschung sehen, dass das gesamte Universum das Land des ruhigen Lichtes ist. Der Boden wird aus Lapislazuli bestehen und der achtgliedrige Pfad mit goldenen Seilen markiert sein. Vier Arten von Blüten werden vom Himmel herniederfallen und die Luft wird von Musik widerhallen. Alle Buddhas und Bodhisattvas werden in vollkommener Freude anwesend sein, umschmeichelt von den sanften Winden der Ewigkeit, des Glücks, des wahren Selbst und der Reinheit. Die Zeit, in der auch wir uns zu dieser Versammlung zählen werden, nähert sich rasch. Wenn wir jedoch schwach im Glauben sind, werden wir diesen wundervollen Ort nie erreichen.«[13]

Mit den Bildern und Konzepten einer idealen Welt, wie dem Adlergipfel oder dem Land des Stillen Lichts, bezog sich Nichiren auf das ewige Leben. In einigen buddhistischen Schulen bedeutet das Erreichen des Nirwanas das Ende der Wanderung zwischen den Sechs Pfaden und das Ende des Lebens selbst. Im Mahayana-Buddhismus heißt es hingegen, dass wir auch nach Erlangen der Buddhaschaft, kurz nach dem Tod, wieder in die physische Welt eintreten und die Form eines gewöhnlichen Sterblichen annehmen, um uns für die Erlösung anderer einzusetzen. Die Zeit, die ein Leben braucht, um das Stadium zwischen Tod und Wiedergeburt zu durchlaufen, hängt von den jeweiligen Lebensumständen dieses Menschen ab. Wenn ein Leben im Augenblick des Todes in die universale Buddhaschaft eintritt, braucht es nur wenig Zeit, um in dieser Welt wiedergeboren zu werden.

Die »Zeit«, die für die Wiedergeburt des individuellen Lebens benötigt wird, unterscheidet sich von unseren Zeit-Erfahrungen in dieser Welt: Es handelt sich um eine Zeitspanne, die von jedem Individuum anders wahrgenommen wird und sich nach seinem spirituellen Zustand richtet. Ein Beispiel: Wenn wir rundum glücklich sind, vergeht die Zeit wie im Flug, so dass uns eine Stunde wie eine Minute erscheint; sind wir unglücklich, kann sich die Zeit dagegen endlos hinziehen, so dass uns eine Minute wie eine Stunde erscheint.

Die Zehn Welten existieren auch im Leben des Universums. Wenn sich ein Mensch in seinem letzten Augenblick in der Hölle befindet, verschmilzt sein Leben auch im universalen Leben mit der Welt der Hölle; ist sein Lebenszustand die Welt des Himmels, verschmilzt er mit der Welt des Himmels. Mit anderen Worten: Das Leben des Menschen wird eins mit derjenigen Welt im universalen Leben, die seiner Schwingung oder »Wellenlänge« entspricht.

Was den Vorgang des Verschmelzens und die Zehn Welten angeht, die dem universalen Leben innewohnen, so existieren diese nicht an einer bestimmten Stelle im Universum. Die Welt des Himmels befindet sich beispielsweise nicht neben dem Planeten Venus. Die Zehn Welten durchdringen vielmehr die Gesamtheit des universalen Lebens. Gleich ob wir von der Welt der Hölle, der Welt des Himmels oder der Welt der Buddhaschaft sprechen, jede einzelne durchdringt das gesamte Universum.

Wenn sich unser Leben zum Zeitpunkt des Todes mit einem dieser jeweiligen Zustände im universalen Leben vereint – Hölle, Himmel, usw. –, werden wir eins mit dem gesamten Universum. Deshalb gibt es, so lange die entsprechende äußere Ursache bestehen bleibt, keinerlei Einschränkungen, wann und wo wir im Universum wieder in Erscheinung treten können. Wir werden mit dem Körper, dem Geist und in der Umgebung wiedergeboren, die uns am besten entspricht.

Im Hinblick auf jemanden, der seine Buddhaschaft erkannt hat, schrieb Nichiren:

»Er bemüht sich und erwacht auf einer tieferen Ebene zur Wahrheit [des Lebens] und befindet sich in Einklang mit dem Willen der Buddhas aller Zeiten. Er erhält den

Schutz der zwei Heiligen, der zwei himmlischen Götter und der Zehn Göttinnen und erlangt unangefochten die Wiedergeburt im erhabenen Land des Stillen Lichts. Innerhalb eines Augenblickes kehrt er in das Reich der Träume zurück, in dem er den Kreislauf von Geburt und Tod in den Neun Welten wiederholt. Sein Körper [als Teil des Gesetzes] durchdringt die Länder in zehn Richtungen und sein Geist tritt in das Leben aller fühlenden Wesen ein. Er drängt von innen und bewegt von außen, verbindet die beiden einträchtig miteinander [um Menschen auf den Weg zur Erleuchtung zu führen]. Während er innere und äußere Ursachen in Einklang bringt, nutzt er die grenzenlose Macht des Mitleids, um Lebewesen auf eine umfassendere Weise zu dienen.«[14]

Nichiren lehrte, dass Menschen, während sie dem Teufelskreis von Geburt und Tod in den Sechs Pfaden entfliehen, gleichzeitig mit der Bodhisattva-Aufgabe beginnen, andere auf den Weg der Erlösung zu führen, und im Verlauf dieses Prozesses unzählige Reinkarnationszyklen durchlaufen. Geburt und Tod sind für Bodhisattvas folglich eine Ursache der Buddhaschaft und nicht des Leids, und darüber hinaus ein Mittel, zum Wohl anderer beizutragen.

Ein würdevoller Tod

Der Buddhismus spricht von drei Kategorien des Leids: physisches, psychisches und existenzielles Leid. Tod wird oft als Verbindung dieser drei gesehen. Die erste Form des Leids lässt sich mit Hilfe der medizinischen Wissenschaft lindern. Wohlfahrtsorganisationen und die gemeinsamen Bemühungen der Familie und des medizinischen Systems können psychisches Leid mildern.

Die Überwindung des existenziellen Leids steht auf einem anderen Blatt. Darunter versteht man die Qualen, die wir leiden, ausgelöst durch den Gedanken an unsere eigene Sterblichkeit. Der Glaube an ein ewiges Leben bietet uns die Möglichkeit, über Leben und Tod nachzusinnen und über die Angst und das Grauen vor dem Tod zu triumphieren. Wenn der Mensch eine spirituelle Sicht von Leben und Tod verinnerlichen kann, besitzt er die Kraft, die Verzweiflung über diese drei Arten des Leids zu überwinden und dem letzten Kapitel seines Lebens mit heiterer Gelassenheit und dem Gefühl der Erfüllung entgegenzusehen.

Bei Patienten, die sich im Endstadium einer Krankheit befinden, wird die Phase vor dem Tod durch die Fortschritte in der modernen Medizin beträchtlich verlängert. Folglich ist die Suche nach Möglichkeiten, Sterbenden den Abschied zu erleichtern, ein Hauptanliegen der zeitgenössischen Medizin. Deshalb rückt die Palliativpflege immer mehr in den Blickpunkt der Aufmerksamkeit.

Wenn bei einer unheilbaren Krankheit das Ende naht, sind die Betroffenen bestrebt, Stolz, Selbstachtung, ein gewisses Mitspracherecht und ihre persönliche Würde zu bewahren. Das Bewusstsein für die Rechte des Patienten, das Recht zu sterben eingeschlossen, wächst unbestritten. Ohne die Möglichkeiten, die heute von der medizinischen Wissenschaft geboten werden, wären diese Rechte nichts als graue Theorie. Die medizinische Wissenschaft hat große Fortschritte bei der Entwicklung von Therapien zu verzeichnen, die Schmerzen lindern und die Agonie der Kranken beseitigen. Das Leben wird durch hochleistungsfähige Technologien beträchtlich verlängert. Die Kehrseite der Medaille besteht darin, dass sie Patienten manchmal in einem unwiderruflichen vegetativen Zustand am Leben erhält. Dadurch ergibt sich die moralische Frage: Kann man bei einem Patienten, der sich im Koma oder in einem komatösen Zustand befindet, ohne Hoffnung auf Genesung, angeschlossen an ein Beatmungsgerät, Nahrungssonden und diverse andere Maschinen, wirklich noch von menschlicher Würde sprechen?

In Würde sterben ist ein unabdingbarer Bestandteil der Eigenverantwortung jedes einzelnen Menschen. Das menschliche Leben ist an sich würdevoll, eine Wahrheit, die von Patienten, Angehörigen und der Gesellschaft generell respektiert werden sollte. Daraus folgt zwangsläufig, dass die Beziehung zwischen Arzt und Patient auf gegenseitiger Achtung beruhen muss. Heute ist es jedoch extrem schwierig, diese Würde in Beziehungen zu definieren, die von Technologien beherrscht werden, mit denen die Fortschritte in der medizinischen Ethik nicht mithalten können. Es ist daher wichtig, alle Themen rund um den würdevollen Tod von Menschen zu überdenken, die nur mit künstlichen Mitteln am Leben erhalten werden.

Mein Mentor Josei Toda starb mit Würde. Noch im Krankenbett ermutigte er andere und beantwortete Fragen über den Buddhismus. Bis zum letzten Atemzug stand er Menschen, die Probleme hatten, mit seinem Rat zur Seite. Sein ganzes Leben lang hatte er im wahrsten Sinne des Wortes Gesundheit ausgestrahlt, auch nachdem er krank wurde. Wahre Gesundheit bedeutet nicht die Abwesenheit von Krankheit. Sie ist vielmehr ein Lebenszustand, der durch Offenheit für die Herzen und Gedanken anderer und für die Umgebung geprägt ist. Sie beinhaltet die fortwährende Bereitschaft, die eigene Schaffenskraft in den Dienst der Gesellschaft zu stellen.

Ein gewaltsamer oder plötzlicher Tod

Am 11. September 2001 verloren Tausende ihr Leben auf eine Weise, die Millionen von Menschen zutiefst erschütterte. Ich hörte die Nachricht mit Entsetzen und Kummer, betete für die Opfer und dachte an eine Passage aus dem Lotos-Sutra: »Nun ist diese dreifache Welt mein ganzes Reich [Shakyamunis] und alle darin befindlichen Lebewesen sind meine Kinder. Nun sieht sich dieser Ort vielen Kümmernissen und Prüfungen gegenüber. Ich bin die einzige Person, die andere retten und schützen kann.«[15]

Unter den Passagieren in einem der entführten Flugzeuge befand sich auch ein Nichiren-Buddhist und Freund von mir. Seine Familie, die ebenfalls dem Nichiren-Buddhismus angehört, schrieb mir, sie sei durch die Tragödie am Boden zerstört gewesen; doch inzwischen habe man sich mit der Situation auseinandergesetzt und festgestellt, dass sich der Glaube noch vertieft und ihrem Leben zusätzliche Stärke verliehen habe.

Wer an das Mystische Gesetz glaubt, hat nicht zwangsläufig ein langes Leben vor sich, das von Schicksalsschlägen verschont bleibt. Der Tod ist eine Gewissheit. Deshalb lautet die Frage nicht, ob uns ein langes oder kurzes Leben beschieden ist, sondern ob wir zu Lebzeiten eine Verbindung mit dem Mystischen Gesetz eingehen – das immerwährende Elixier, das uns bei allen Widrigkeiten des Lebens Stärke verleiht. Davon hängt ab, ob wir – rückblickend – die Möglichkeiten in unseren Leben bestmöglich ausgeschöpft haben. Wenn wir uns stets bemühen, unsere Buddhanatur zu enthüllen und anderen mit dem grenzenlosen Mitgefühl eines Bodhisattva zu begegnen, verwandelt sich alles, was uns im Leben widerfährt, in einen Ansporn, der uns der Erleuchtung näher bringen kann. Katastrophen sind folglich nicht nur Schicksalsschläge, sondern auch Chancen, und ein kurzes Leben kann genauso fruchtbar sein wie ein langes. Mit einem starken Glauben können wir in jeder Erfahrung, gleich ob gut oder schlecht, eine weit reichende Bedeutung finden.

Der Buddhismus macht deutlich, dass die Widrigkeiten des Lebens eine wichtige Rolle spielen, um die negativen Auswirkungen des individuellen Karmas auszulöschen. Auch Shakyamuni erlitt in seinen letzten Lebensjahren einen grausamen Schicksalsschlag, als König Virudhaka von Kosala das Massaker an der Shakya-Sippe befahl. Obwohl die historischen Berichte voneinander abweichen, scheint es, als sei die ganze Shakya-Sippe auf Virudhakas Geheiß buchstäblich ausgerottet worden. Das Gemetzel zählt zu den Neun Großen Prüfungen, die dem Buddha auferlegt wurden.

Einige der herausragendsten Schüler Shakyamunis mussten in Folge ihrer Ausübung des Buddhismus ebenfalls viel Leid erdulden. Noch zu Lebzeiten des Buddha prügelte Devadatta die buddhistische Nonne Utpalavarna zu Tode, als sie ihm vorwarf, er habe einen Felsbrocken von der Spitze des Adlergipfels heruntergerollt, um den Erleuchteten zu zermalmen. Als Maudgalyana, dem Vernehmen nach der erste buddhistische Schüler, der über transzendentale Kräfte verfügte, im Zuge seiner religiösen Ausübung als Bettelmönch durch Rajagriha zog, wurde er vom aufgebrachten Mob gelyncht. Obwohl Shakyamuni viele persönliche Schicksalsschläge erlitt und seine Anhänger verfolgt wurden, unterwies er die Menschen unverdrossen, wie sie sich vom Leid befreien und auf den Weg zur Buddhaschaft gelangen konnten. Durch Shakyamunis Entschlossenheit, seine Lehren trotz aller Hindernisse und Tragödien zu verbreiten, hatte der Buddhismus in Indien und China zeitweilig großen Zulauf und wurde schließlich zur Weltreligion.

Der Tod des Geistes

Im Nirwana-Sutra heißt es: »Bodhisattvas, habt keine Furcht in euren Herzen vor solchen Kreaturen wie wilden Elefanten. Es sind vielmehr die schlechten Freunde, die ihr fürchten solltet! Wenn ihr von einem wilden Elefanten getötet werdet, werdet ihr nicht in einen der drei schlechten Pfade zurückfallen. Doch wenn schlechte Freunde euren Tod herbeiführen, werdet ihr gewiss in einen von ihnen zurückkehren.«[16]

Damit ist gemeint, dass wir dem Leiden nicht entgehen können, solange wir in menschlicher Gesellschaft leben. Doch selbst wenn ein unerwarteter Unfall – hier durch die wilden Elefanten symbolisiert – unseren Tod verursachen sollte, müssen wir nicht verzagen. Wenn wir hingegen durch negative Einflüsse ins Wanken geraten und von dem Bemühen ablassen, unser Leben zu verbessern und anderen zu helfen, wenn wir also vom Weg zur Buddhaschaft abweichen, werden wir in die drei niederen Welten – Hölle, Hunger und Animalität – zurückfallen.

Der Buddhismus unterscheidet folglich zwischen dem Tod des Körpers und dem Tod des Geistes, der eintritt, wenn wir den selbstmotivierten Buddha-Weg verlassen. Nach der buddhistischen Auffassung von der Ewigkeit des Lebens hat der physische Tod keine unmittelbare Auswirkung auf das wahre Glück. Solange wir uns zu Lebzeiten an die buddhistischen Prinzipien halten, können wir die Dauer unserer Zwischenexistenz auf ein Mindestmaß beschränken und in diese Welt zurückkehren, um den Weg der Ausübung des Buddhismus fortzusetzen. Zu fürchten ist aus buddhistischer Sicht also nicht der physische Tod, sondern der Tod in unseren Herzen, der die Suche nach dem Weg der fundamentalen Erleuchtung, dem Verschmelzen mit dem Gesetz beendet.

Leben und Tod sind Teil der Ewigkeit

Shakyamuni betrachtete seinen Tod als Mittel zum Zweck, das ihm bei der Verwirklichung seines vorrangigen Zieles half: der Errettung aller Menschen. Er erklärte seinen Anhängern, dass sie sich auf ihn verlassen würden statt auf ihre eigenen Fähigkeiten, wenn er für immer bliebe. Deshalb würde der Buddha nicht ewig in dieser Welt verweilen, sondern in gewissen Zeitabständen kommen und gehen. Er forderte sie auf, das Mitgefühl, die Weisheit und die Barmherzigkeit eines Buddha durch seine Lehren und ihren eigenen Eifer anzustreben.

Der Tod jedes Menschen ist gleichermaßen Mittel zum Zweck – das heißt, eine Voraussetzung für die Wiedergeburt. Wenn wir altern, werden wir schwach und hinfällig und sterben schließlich. Doch wir sterben nicht um nichts und wieder nichts, sondern um ein neues Leben zu beginnen. Der grundlegende Zweck des Todes ist also die Geburt, sie ermöglicht uns, frisch und gestärkt in die nächste Phase unseres ewigen Lebenszyklus einzutreten.

Die Inschrift auf einer Bronzetafel an der Schlafzimmerwand des Hauses, in dem Leonardo da Vinci, Genie und Inbegriff der Renaissance, mutmaßlich starb, hüllt den Tod in ein poetisches Licht: »Ein ausgefülltes Leben ist lang, ein ausgefüllter Tag bringt einen gesunden Schlaf und ein erfülltes Leben bringt einen friedlichen Tod.« Leonardos

Anschauung entspricht der buddhistischen Lehre, dass der Tod nichts weiter als ein so genanntes Hilfmittel ist – und das Leben weitergeht. Der Tag beginnt damit, dass wir gestärkt erwachen. Am Abend begeben wir uns zur wohlverdienten Ruhe. Erfrischt vom Schlaf, wachen wir am nächsten Morgen mit neuer Energie auf. Ähnlich verhält es sich mit der Ewigkeit des Lebens: Der Tod ist nur der erste Schritt auf dem Weg in eine neue Existenz.

Im sechzehnten Kapitel des Lotos-Sutras heißt es: »Es gibt keine Ebbe oder Flut bei Leben und Tod.«[17] Nichiren deutete diesen Satz wie folgt:

> »Leben und Tod mit Grauen zu betrachten und zu versuchen, sich vor ihnen zu verstecken, ist Selbsttäuschung oder teilweise Erleuchtung. Leben und Tod klar als Essenz des ewig währenden Lebens wahrzunehmen, ist Erkenntnis oder vollkommene Erleuchtung. Nun erwachen Nichiren und seine Schüler, die Nam-myoho-renge-kyo chanten, zur Ebbe und Flut von Geburt und Tod als Werke, die der Ewigkeit des Lebens innewohnen.«[18]

Diese Passage erläutert eine der tiefgründigsten buddhistischen Lehren, die Anschauung, dass Geburt und Tod ein unabdingbares Element der Ewigkeit des Lebens sind. Das bedeutet, dass unser Leben weder durch einen Schöpfergott noch durch den Zeugungsakt unserer Eltern entstanden ist, sondern schon immer im Universum existiert hat. »Ewigkeit« heißt, dass unser Leben innerhalb des Universums kontinuierlich fortgesetzt wurde und fortgesetzt wird – ein Dasein ohne Anfang oder Ende, nicht befristet, sondern fortlaufend. Ohne Geburt und Tod kann es kein ewiges Leben geben.

Wenn wir Geburt und Tod als unabdingbare Elemente der Ewigkeit des Lebens sehen, wie Nichiren lehrt, schlagen wir einen neuen Weg ein, gelangen von der Selbsttäuschung zum Erwachen, zur Erkenntnis der Wahrheit. Anders ausgedrückt, wir gelangen von der oberflächlichen Sicht, dass wir Buddhas werden können, sobald wir uns aus dem ewigen Kreislauf der Wiedergeburten befreien, zu der tief greifenden Einsicht, dass die Buddhaschaft jedem Menschen innewohnt und daher innerhalb des Kreislaufs von Geburt und Tod zugänglich ist und nicht außerhalb. Wenn wir unser Leben auf dem Fundament dieser Anschauung aufbauen, brauchen wir das Leid von Geburt und Tod nicht zu fürchten. Stattdessen können wir Schätze von unermesslichem Wert in unserem Leben sammeln und dem Kreislauf von Geburt und Tod mit endloser Freude entgegensehen.

Die Natur, die Gesellschaft und unsere tagtäglichen Aktivitäten befinden sich in einem stetigen Fluss, verharren niemals im haargenau gleichen Zustand, sondern sind ständig dem Kreislauf von Entstehen und Vergehen unterworfen. Wenn wir erkennen, dass individuelles und universales Leben eine Koexistenz führen und Geburt und Tod einander abwechselnde Aspekte des ewigen Lebens sind, verstehen wir nicht nur unser eigenes Leben besser, sondern auch das der Menschen in unserer unmittelbaren Umgebung und die Welt insgesamt. Wir entdecken ein Selbst in uns, das von den wechselhaften Realitäten des menschlichen Lebens und der Gesellschaft unberührt bleibt, und diese Entdeckung befähigt uns, die Angst vor dem Tod zu besiegen. Es gibt nichts Schöneres für einen Menschen, als diesen Lebenszustand zu erreichen.

Folgen für unsere gegenwärtige Lebenszeit

Wir kennen nun die buddhistische Auffassung vom ewigen Leben. Doch welchen Wert haben diese Theorien für die Lebenden? Solange unsere Vorstellung vom Tod keine nachhaltige Auswirkung auf unser Verhalten zu Lebzeiten hat, handelt es sich lediglich um Spekulationen über ein Thema, das jeden von uns auf der verborgensten Ebene betrifft. Das Thema Tod erfordert das kontinuierliche Bemühen, sich damit auseinander zu setzen.

Unter denjenigen, die glauben, das Leben sei eine einmalige Angelegenheit, findet man sowohl Hedonisten als auch Pessimisten. Die Hedonisten sind meistens der Überzeugung, der Tod sei endgültig und man müsse das Leben in vollen Zügen genießen, so lange es währt. Die Pessimisten halten dagegen, dass die Freuden im Leben flüchtig und nicht wirklich befriedigend sind; deshalb sei der Tod dem Leben letztlich vorzuziehen.

Einige Menschen versuchen, ihr gegenwärtiges Leben so sinnvoll und ehrenhaft wie möglich zu gestalten, ohne dass sie an ein Leben nach dem Tod glauben. Manche widmen sich gemeinnützigen Aktivitäten, mit denen sie einen Beitrag zum Wohl der Menschheit leisten möchten. Andere streben nach Unsterblichkeit, indem sie Werke schaffen, die ihre eigene Lebenszeit überdauern.

Natürlich gibt es immer Menschen, die nicht an die Ewigkeit glauben und trotzdem bestimmte spirituelle Ziele verwirklichen, doch dabei handelt es sich um eine kleine Minderheit. Gewöhnliche Sterbliche neigen dazu, die Angst vor dem Tod entweder zu verdrängen oder sich ständig mit Mitteln und Möglichkeiten auseinander zu setzen, um ihn hinauszuzögern. Philosophien, die den Menschen ein ausgefülltes und sinnvolles Leben im Hier und Jetzt versprechen, obwohl sie nicht an ein Leben nach dem Tod glauben, sind durchaus lobenswert, doch sie können nicht viel für diejenigen tun, die von der Angst vor dem Tod beherrscht werden.

Ob die weit verbreitete Auffassung, Unsterblichkeit sei mit der Wiederauferstehung im Himmelreich verbunden, das Leben der Menschen auf der Erde wirklich zu bereichern vermag, sei dahingestellt. Wahrscheinlich ist es eher umgekehrt, da die Hoffnung auf ein künftiges Paradies oftmals der Resignation angesichts der Schwierigkeiten im derzeitigen Leben Vorschub leistet.

Einspruch fordert vor allem die Vorstellung heraus, dass alle Lebewesen im Reinkarnationszyklus einem bis in alle Ewigkeit festgelegten Muster unterliegen. Mit anderen Worten, ein Mann würde immer als Mann wiedergeboren und ein Hund als Hund. Ungeachtet aller Bemühungen ließe sich dieses grundlegende Schicksal niemals verändern. Die buddhistische Theorie von Ursache und Wirkung lehnt eine solche Denkweise ab.

Es ist ein Fehler, den Reinkarnationszyklus als geschlossenen Kreislauf innerhalb eines einzigen Bereichs zu beschreiben. Er stellt vielmehr einen dreidimensionalen offenen Kreis dar, eine Spirale, die aufwärts oder abwärts führen kann. Während das Leben fortwährend den Zyklus von Geburt und Tod wiederholt, breitet es sich frei und dynamisch aus, immer mit dem unerschöpflichen Potenzial der Selbstverbesserung ausgestattet.

Lebende Organismen wechseln bis in alle Ewigkeit zwischen Leben und Tod, die nichts weiter als zwei Phasen der Existenz sind, hin und her! Die Ursachen, die ein Mensch in der Gegenwart schafft, manifestieren sich irgendwann in der Zukunft als Wirkungen. Wenn wir dieses einfache Gesetz auf unser Leben anwenden, können wir eine konstruktive, hoffnungsvolle Einstellung zu unseren tagtäglichen Aktivitäten entwickeln und den wahren Wert des Lebens in dieser gegenwärtigen Welt erkennen. Die Zukunft existiert nicht getrennt von der Gegenwart und unser Schicksal wird auch nicht auf eine einzige Ebene beschränkt. Was und wie wir in künftigen Leben sein werden, hängt von unserem Verhalten im Hier und Jetzt ab. Jeder Gedanke und jede Handlung prägt unsere Zukunft, sowohl im Leben als auch im Tod. Das Kausalgesetz ist daher für jedes Leben gültig, weil es den ewigen Fluss des kosmischen Lebens durchdringt und formt.

Welche praktischen Auswirkungen hat diese Philosophie? Wie beeinflusst sie unser Verhalten und unsere Einstellung?

Erstens verleiht sie uns den Mut, Leben und Tod ins Gesicht zu sehen. Sie hilft uns, den Tod nicht als erschreckende, unbekannte Größe zu begreifen, sondern als eine normale Phase der Existenz, die sich in einem endlosen Kreislauf mit dem Leben abwechselt.

Zweitens lehrt sie uns, unser gegenwärtiges Leben zu schätzen und es so sinnvoll wie möglich zu gestalten. Wenn wir tief in unserem Innern überzeugt sind, dass unser gegenwärtiges Verhalten unsere künftigen Existenzen prägt, sind wir bestrebt, uns stetig weiterzuentwickeln und das Beste aus dem zu machen, was jeder einzelne Tag bietet.

Drittens zeigt sie uns, dass es nur eine Möglichkeit gibt, dem Potenzial der Menschheit gerecht zu werden, nämlich ein Leben zu führen, das von Gerechtigkeit, Güte, Barmherzigkeit und Mitgefühl gekennzeichnet ist. Wir müssen uns bewusst machen, dass jede Aktivität eine Quelle des Wachstums und der inneren Selbsterneuerung sein kann. Es ist tröstlich zu wissen, dass unser Glück oder das gute Karma, das wir durch unser Verhalten ansammeln, vom

Tod unberührt bleibt – es ist ein unabdingbarer Bestandteil des Lebens und stärkt unser ewiges Selbst.

Und schließlich befähigt uns diese Denkweise, triebgesteuerte Begierden in neue, zuträgliche Bahnen zu lenken, um die Qualität unseres Lebenszustands zu verbessern. Wir lernen, die Fußangeln von Hedonismus und Pessimismus zu umgehen und Freude und Wahrheit im Mitgefühl zu finden, statt uns an die flüchtige Hoffnung auf eine Wiederauferstehung im Paradies zu klammern.

Denjenigen, die nur mit den Hinayana-Konzepten vertraut sind, mag der Buddhismus pessimistisch oder nihilistisch erscheinen, einzig darauf bedacht, die Menschen auf den Tod vorzubereiten. Der Mahayana-Buddhismus zielt indes darauf ab, den Menschen Hilfestellung für ein erfülltes Leben zu geben. Weit entfernt von jeder Schwarzmalererei, bestätigt und feiert er das Leben. Das liegt daran, dass die buddhistische Philosophie von der Ewigkeit des Lebens nicht als Hilfsmittel gedacht ist, um Menschen zu überzeugen, dass sie sich fatalistisch in ihre Sterblichkeit fügen sollten. Sie ist vielmehr eine realistische und unerschütterliche Lebensanschauung, entwickelt in zahllose Kämpfen gegen das Leiden der Geburt, des Alterns, der Krankheit und des Todes. Sie lehrt, dass wir uns mit Überzeugung und Hoffnung den harschen Realitäten des Lebens stellen sollten. Sie trägt uns auf, alle unsere Handlungen und Gedanken dem Wohl anderer zu widmen, weil das Mitgefühl die ultimative Quelle des kosmischen Lebens ist. Wenn wir uns dieser Philosophie verschreiben, können wir jede Schwierigkeit in eine Quelle der Kraft verwandeln, die Freude in unser Leben bringt.

Zukunftsperspektive

Der französische Philosoph Montaigne sagte einmal: »Philosophieren bedeutet, sterben zu lernen.« Ähnlich legt uns der Buddhismus nahe: »Lernt zuerst etwas über den Tod und danach über andere Dinge.« Aus beidem lässt sich schließen, dass das Wissen um den Tod eine Bereicherung für das Leben ist.

Welche Bedeutung wir Leben und Tod beimessen hängt einzig und allein davon ab, ob wir die richtige Perspektive entwickeln. Goethe erklärte, dass diejenigen, die keine Hoffnung auf ein künftiges Leben haben, schon in diesem Leben tot sind.[19]

Der Buddhismus verleiht uns Elan und Hoffnung. Wird der Tod, der jeden ereilt, eine Phase sein, der wir würdevoll und beherzt begegnen? Oder eine jämmerliche Endstation? Das hängt davon ab, wie wir unser Leben im Hier und Jetzt gestalten, in jedem Augenblick. In diesem Sinne ist der Tod in der Gegenwart enthalten. Das führt uns zum nächsten Kapitel über das grenzenlose Potenzial eines einzigen Lebensmoments.

Das grenzenlose Potenzial

Probleme sind, wie wir gesehen haben, nicht die grundlegende Ursache für ein leiderfülltes Dasein. Die wahre Ursache ist der Mangel an innerer Kraft und Weisheit, um sie zu überwinden. Zum Glück verfügen wir über beides in unerschöpflicher Menge. Der Buddhismus zeigt uns, wie wir diese in uns schlummernden Eigenschaften zur Entfaltung bringen.

Auf dem Tiefpunkt der Verzweiflung oder mit einem unlösbar scheinenden Problem kontrontiert, kann es schwer fallen zu glauben, dass unser Leben ein schier grenzenloses Potenzial besitzt. Doch ist dies der Kerngehalt einer der wichtigsten buddhistischen Lehren, des Konzepts »Ein einziger Lebensmoment besitzt dreitausend Bereiche«.

Eine umfassende Lebensanschauung

Die Entwicklung der wissenschaftlich geprägten Zivilisation des Westens wurde vom Humanismus abgefedert – vielleicht sogar beherrscht –, ein Denkansatz, der die Überlegenheit des Menschen als rationales Wesen hervorhebt. Doch der Humanismus wurzelt nicht immer in einer umfassenden Lebensanschauung. Schlussendlich ist die Sichtweise, der Mensch sei der Mittelpunkt des Universums, ebenso beschränkt wie borniert. Obwohl das Selbstgefühl oder Ego für ein erfülltes Leben unerlässlich ist, kann die Vorstellung, man selbst sei das A und O der Existenz, nach buddhistischer Auffassung einengend und sogar gefährlich sein. Die Befreiung vom Leiden ruht in der Erkenntnis, dass es über das begrenzte Ich hinaus ein weit umfassenderes Leben gibt.

Unsere Weltsicht ist davon geprägt, dass wir uns unserer Person bewusst sind. Die Vorstellung, dass im Universum das »Ich« und andere Phänomene voneinander getrennt sind – dass es eine Innenwelt und eine Außenwelt gibt –, entsteht durch eben diese Bewusstheit. Sie führt gleichermaßen zur Wahrnehmung anderer vermeintlicher Dualitäten: zum Beispiel die Dualität von Körper und Geist, wobei nur der Geist, nicht aber der Körper als das wahre Selbst gilt; die Dualität von materiellen und spirituellen Belangen; und die Dualität von Mensch und Natur. Die Entwicklung der modernen Zivilisation unter dem Zwang dieser dualistischen Denkweise ist die Wurzel vieler Konflikte, unter denen wir gegenwärtig leiden.

Der Buddhismus lehrt, dass unser Leben nicht auf das beschränkt ist, was wir gemeinhin als unsere persönliche Identität wahrnehmen, sondern andere Menschen, die Welt und das ganze Universum einbezieht. Dieser Gedanke wird in dem Konzept »Ein einziger Lebensmoment besitzt dreitausend Bereiche«, das auf das grenzenlose, unerschöpfliche Potenzial unseres Lebens hinweist, besonders anschaulich. Einige buddhistische Schlüsselprinzipien – beispielsweise die Einheit von Körper und Geist oder die Einheit vom Lebewesen und seiner Umgebung – leiten sich aus diesem Konzept ab. Das »Dreitausend Bereiche«-Konzept stellt die Dualität in einen größeren Zusammenhang, der scheinbare Gegensätze harmonisch miteinander vereint und damit zur Lösung von Problemen beiträgt, die aus der dualistischen Denkweise erwachsen.

Das philosophische System der »Dreitausend Bereiche« geht auf T'ien-t'ai zurück. Es basiert auf dem Lotus-Sutra und beinhaltet eine Weltsicht, welche die einander bedingende Beziehung zwischen der Welt der Phänomene und der letztendlichen Wirklichkeit des Lebens erklärt. Das bedeutet, dass der Zustand der Buddhaschaft in allen Lebewesen enthalten ist und der Unterschied zwischen einem gewöhnlichen Sterblichen und einem Buddha nur auf der Ebene der Phänomene existiert. Im Japanischen wird das Konzept von den Dreitausend Bereichen *ichinen sanzen* genannt. Wörtlich übersetzt bedeutet *ichinen* »ein Gedanke« oder »ein Geist«; damit ist der wahre Aspekt des Lebens oder die letztendliche Wirklichkeit gemeint, die in unserem Alltag mit jedem Augenblick in Erscheinung tritt. *Sanzen* bedeutet dreitausend und bezieht sich auf die Fülle der unveränderlichen Gesetze, denen alle Phänomene unterliegen und durch die sich die letztendliche Wirklichkeit manifestiert.

Die Zahl dreitausend leitet sich aus der Multiplikation der Prinzipien oder Elemente her, aus denen sich *ichinen sanzen* zusammensetzt (und auf die wir an späterer Stelle noch genauer eingehen werden): die Zehn Welten oder Lebenszustände, wobei jede Welt auch die anderen neun einbezieht und somit insgesamt hundert Welten repräsentiert; die zehn Faktoren, mit der jede dieser zehn Welten ausgestattet ist; und die drei Bereiche der Existenz, in denen jeder dieser tausend Faktoren wirkt. Die Zahl, die sich aus dieser Multiplikation ergibt, beläuft sich auf dreitausend.

Obwohl das Dreitausend Bereiche-Konzept eine detaillierte und vielschichtige Analyse jedes Lebensmoments darstellt, war Nichiren überzeugt, dass jeder dieses Konzept begreifen kann, das er in dem Begriff Nam-myoho-renge-kyo zusammenfasste oder verdichtete. Das Konzept der Dreitausend Bereiche hilft uns, den philosophischen und kulturellen Hintergrund von Nichirens Lehren besser zu verstehen und zu erkennen, warum das Rezitieren von Nam-myoho-renge-kyo ein hochwirksames Mittel des praktizierten Buddhismus ist.

Das Konzept der Dreitausend Bereiche zeigt, dass alle Phänomene, ohne Ausnahme, in jedem Augenblick des Lebens existieren und jeder Augenblick folglich ein unbegrenztes Potenzial besitzt.

Nichiren erklärte, dass das Leben eines Menschen in jedem Augenblick das gesamte Universum durchdringt und gleichzeitig alle Gesetze und Phänomene des Universums in sich birgt. Deshalb hat das Leben des Menschen buchstäblich die gleichen Ausmaße wie das Universum. »Ein einziger Lebensmoment besitzt dreitausend Bereiche« bietet ein konzeptionelles Rahmenwerk, um diesen Standpunkt zum Ausdruck zu bringen.

Die Dreitausend Bereiche

Die Zahl ergibt sich aus folgender Rechnung:

10 (Zehn Welten) x 10 (Zehn Welten) x 10 (Zehn Faktoren) x 3 (Drei Bereiche)

Das Leben manifestiert sich in jedem Augenblick in einer dieser Zehn Welten. Jede einzelne Welt verfügt über das Potenzial aller zehn Welten. Dieser »gegenseitige Besitz« repräsentiert hundert mögliche Welten.
Jede dieser hundert Welten besitzt zehn Faktoren, so dass sich daraus tausend Faktoren oder Potenziale ergeben, die in den drei Bereichen der Existenz wirken, sich also insgesamt auf dreitausend Bereiche belaufen.

Ewigkeit und Buddhaschaft existieren in jedem Moment

Die physische Welt hält uns ständig vor Augen, dass selbst unendlich kleine Dinge ein unendlich großes Potenzial besitzen. Viele Physiker glauben, das gesamte Universum sei aus einem unbeschreiblich kleinen »kosmischen Nukleus« entstanden, etwa von der Größe eines subatomaren Partikels. Die Verschmelzung winziger Atomkerne kann die ungeheure Energie der Wasserstoffbombe erzeugen. Mehrere Hundertmillionen Informationseinheiten sind in einem Gen gespeichert, das zu klein ist, um unter dem Mikroskop sichtbar zu werden. Und das menschliche Gehirn enthält mutmaßlich an die fünfzehn Milliarden Nervenzellen, Neuronen genannt, von denen jede ihre Dendriten (fein verästelte Protoplasmafortsätze) ausbreitet, um bis zu zehntausend Verbindungen (Synapsen) mit anderen Neuronen zu knüpfen. Aufgrund dieses Netzwerks von unvorstellbaren Ausmaßen können wir mit Fug und Recht behaupten, dass das Potenzial des menschlichen Gehirns buchstäblich grenzenlos ist.

Was das Leben angeht, so könnte man es sich in jedem Moment als Querschnitt eines Kontinuums vorstellen, das sich von der unendlichen Vergangenheit in die unendliche Zukunft erstreckt. Der Lebensmoment eines Menschen lässt sich mit einem Fernsehbild vergleichen. Im Bruchteil einer Sekunde flimmern hintereinander dreißig Standbilder über den Bildschirm und verschmelzen miteinander zu einem zusammenhängenden, sich scheinbar bewegenden Bild. Doch die Dauer eines Moments, wie er in den buddhistischen Schriften definiert wird, ist wesentlich kürzer als die Dauer eines Fernsehbilds. Im *Great Commentary of the Abhidharma* heißt es, dass es »fünfundsechzig

Momente in einem einzigen Fingerschnipsen« gibt: Ein Moment im Buddhismus ist daher unvorstellbar kurz. Die individuelle Lebensspanne ist eine Ansammlung solcher flüchtigen Momente, die von der Vergangenheit durch die Gegenwart hindurch in die Zukunft fließen. Da die Ewigkeit eine ungebrochene Kette solcher Momente darstellt – und jeder Moment die Verdichtung einer ganzen Lebenszeit repräsentiert –, ist unser Lebenszustand in gleich welchem Augenblick von allerhöchster Wichtigkeit, denn er bestimmt die Grundtendenz oder den grundlegenden Kurs, den unser Leben nimmt. Zu lernen, jeden Augenblick mit Bravour zu meistern, sollte folglich ein vorrangiges Anliegen sein.

Einer der zehn Ehrentitel des Buddha lautet »Der So Gekommene«(Sanskrit: Tathagata); damit ist ein Mensch gemeint, der aus der Welt der Wahrheit gekommen ist. Tathagata wird auch mit »Einer, der aus der Wahrheit von Augenblick zu Augenblick erscheint« übersetzt, was bedeutet, dass der Buddha in jedem Moment die letztendliche Wahrheit manifestiert. Außerdem kann mit »Der So Gekommene« oder Buddha auch gemeint sein, dass sich die letztendliche Wirklichkeit in jedem einzelnen Augenblick als Welt der Phänomene manifestiert. Obwohl der Augenblick im Fluss des Lebens untertaucht, reicht das Leben in jedem Augenblick über den zeitlichen Rahmen hinaus. Jeder Moment umfasst die letztendliche Wirklichkeit, die in Vergangenheit, Gegenwart und Zukunft unverändert bleibt. Ein solches Konzept ist schwer zu verstehen und reicht über das Begriffsvermögen gewöhnlicher Sterblicher hinaus.

Josei Toda zitierte bei Diskussionen über dieses Konzept oft einen Abschnitt aus dem Sutra der »Unermesslichen Bedeutungen«, einen Prolog zum Lotos-Sutra: »Es ist weder existent noch nicht existent, weder verursacht noch bedingt, weder er selbst noch ein anderer, weder eckig noch rund, weder kurz noch lang, weder erscheinend noch verschwindend, weder geboren noch ausgelöscht, weder geschaffen noch auftauchend, weder bewirkt noch erzeugt (...) weder blau noch gelb, weder rot noch weiß, weder karmesin noch purpur noch irgendeine andere Farbe.«

Diese Ansammlung von unzutreffenden Beschreibungsversuchen soll zeigen, dass die letztendliche Wirklichkeit über unser Begriffs- und Vorstellungsvermögen hinausgeht. Zwar können wir unsere physischen und mentalen Aktivitäten mit Hilfe der Biologie, Biochemie, Physiologie und Psychologie bis zu einem gewissen Grad beobachten, doch diese Disziplinen befassen sich lediglich mit den Phänomenen, die ein Ausdruck des Lebens sind, nicht aber das Leben selbst. Die wahre Natur oder letztendliche Wirklichkeit des Lebens ist unfassbar und unsichtbar, unangetastet von Zeit und Raum, und doch manifestiert sie sich in jedem Moment als die Welt der Phänomene.

Wir unterliegen sowohl auf physischer als auch auf mentaler Ebene einem stetigen Wandel. Unser physischer Körper besteht aus Abermillionen Zellen, die ständig absterben und durch neue ersetzt werden. Auch der Geist verändert sich in Folge unserer Gefühle und Gedanken. Im Laufe der Zeit wiederholen wir fortwährend den Zyklus von Tod und Wiedergeburt, vom Vergehen und Entstehen. Der sich fortwährend wandelnde Zustand von Körper und Geist ist das Werk einer grundlegend unwandelbaren Wirklichkeit. Die buddhistische Weltsicht geht über die begrenzten Beschreibungsversuche von Geburt und Tod hinaus. Sie stützt sich auf eine unveränderliche ewige Wahrheit, die in allen Dingen zum Ausdruck kommt – im Selbst und in Anderen, im Materiellen und Immateriellen, in fühlenden und nicht-fühlenden Wesen. Sie manifestiert sich abwechselnd in einer aktiven Phase, die wir »Leben« nennen, und verbirgt sich in der latenten Phase, die wir als »Tod« bezeichnen.

Um diese Sichtweise zu veranschaulichen, zitierte Toda oft aus dem sechzehnten Kapitel des Lotos-Sutra:

> »Um die Lebewesen zu erretten, scheine ich als Hilfsmittel ins Nirwana einzutreten, doch in Wahrheit trete ich nicht ins Verlöschen ein. Ich bin immer hier und predige das Gesetz.«[1]

Mit anderen Worten: Der Tod des Buddha, ein Ausdruck seines unendlichen Mitgefühls, spornt die Menschen an, ihre eigene Buddhaschaft zu entfalten, doch die letztendliche Wahrheit, die der Buddha erkannte – die Buddhaschaft – ist ewig und unwandelbar.

In einer anderen Passage aus diesem Kapitel, die uns hilft, den Blick über die Endlichkeit hinaus in die Welt des Ewigen zu lenken, heißt es: »Der Tathagata erkennt den wahren Aspekt der dreifachen Welt genau so, wie er ist. Es gibt bei Geburt und Tod keine Ebbe und Flut und es gibt auf dieser Welt keine Existenz und kein späteres Eintreten in das Nirwana«.[2] Der »wahre Aspekt« bezieht sich sowohl auf das Unvergängliche als auch auf das Vergängliche: Geburt und Tod sind Werke oder Schöpfungen des Lebens, das ewig währt. Toda erklärte diese Anschauung, indem er das obige Zitat auf unser individuelles Leben übertrug:

> »Nirwana, das heißt, unser Tod, ist ein Hilfsmittel für unsere Wiedergeburt. Mit fortschreitendem Alter ist es uns bestimmt, schwach und krank zu werden und schließlich zu sterben. Mit dem Tod wird unser physischer Körper der Auflösung preisgegeben, doch unser Leben verschmilzt wieder mit dem Leben des Univer-

sums. In diesem latenten Zustand lädt es sich sozusagen mit neuer Energie für die Wiedergeburt auf. Auf diese Weise wiederholen wir den Kreislauf von Geburt und Tod, gestützt auf das Gesetz, das alle Lebewesen und Phänomene im Universum durchdringt. Der Tod lässt sich folglich mit der Funktion des Schlafes vergleichen. Er ist ein Hilfsmittel, um unsere Erschöpfung zu vertreiben und unser Leben für die nächste Existenz zu verjüngen.«

Geburt und Tod sind ein natürlicher Ausdruck der ewigen Wirklichkeit des Lebens und diese ewige Wirklichkeit ist gleichzeitig das sich stetig verändernde Phänomen von Geburt und Tod. Die Befreiung vom Leiden, das die Veränderung mit sich bringt, erleben wir erst dann, wenn wir die zeitlose Wahrheit erkennen, die das Fundament jedes Lebensmoments bildet. Dann werden wir, wie Nichiren schrieb, »den Kreislauf von Geburt und Tod sicher auf dem Grundstein der uns innewohnenden erleuchteten Natur erfahren.« Hier bezog er sich auf einen ewig währenden Zustand der vollkommenen Freiheit. »Sicher auf dem Grundstein der uns innewohnenden erleuchteten Natur« bedeutet, dass wir dem Kreislauf von Geburt und Tod auf der allerhöchsten Lebensebene des Mystischen Gesetzes unterworfen sind.

Dem Kreislauf von Geburt und Tod in den Neun Welten unterworfen zu sein bedeutet, sich leidvoll einen Weg durch die Schwierigkeiten und Härten des Lebens zu bahnen. Das ist fast so, als würden wir mit einem uralten Vehikel über eine Schotterpiste holpern: entweder bleiben wir in einem Schlagloch stecken und kommen nicht voran oder wir verursachen einen Unfall und verletzen uns. Das Leben in der Welt der Buddhaschaft ist dagegen wie die Fahrt in einem hochleistungsfähigen Fahrzeug auf einer gut ausgebauten Autobahn, bei der wir die herrliche Landschaft ringsum genießen können.

Obwohl es scheint, als vergingen die Augenblicke im Leben wie im Fluge, erkennen wir auf einer tieferen Ebene, dass sie im Großen und Ganzen die letztendliche Wirklichkeit bilden. Jeder einzelne Moment reicht über die Grenzen von Zeit und Raum hinaus, um gleichzeitig eins zu sein mit der kosmischen Kraft – der letztendlichen Wirklichkeit oder wahren Essenz des Universums. Alle Lebensformen sind im unermesslich weiten Geflecht des kosmischen Lebens miteinander verwoben, stehen in einer Wechselbeziehung zueinander, ohne jemals ihre Einzigartigkeit zu verlieren. Nichikan, ein namhafter Priester und Gelehrter aus dem achtzehnten Jahrhundert, brachte diesen Gedanken folgendermaßen zum Ausdruck:

> »Im Licht des Lotos-Sutra hat die Redewendung ›Ein einziger Lebensmoment besitzt dreitausend Bereiche‹ zwei Bedeutungen: einschließen und durchdringen. Zum einen ist das gesamte Universum in jedem Moment eingeschlossen und zum anderen durchdringt jeder Moment das gesamte Universum. Jeder Moment ist ein Staubkorn, das Elemente aller Länder im Universum besitzt, oder ein Wassertropfen, dessen Wesenskern sich in keiner Weise vom weiten Ozean selbst unterscheidet.«

Wenden wir uns nun den Beziehungen zu, die zwischen den Komponenten jedes einzelnen Lebensmoments bestehen. Diese Komponenten sind die Zehn Welten, deren gegenseitiger Besitz, die Zehn Faktoren und die Drei Bereiche.

Die Zehn Welten

Die erste Komponente der Dreitausend Bereiche ist das Konzept der Zehn Welten, das unsere Lebenszustände oder Lebensumstände in jedem x-beliebigen Augenblick erläutert. T'ien-t'ai schrieb: »Das Leben ist in jedem Moment mit den Zehn Welten ausgestattet.« Das bedeutet, in jedem Augenblick des Lebens ist das Potenzial der Zehn Lebenszustände enthalten: Hölle, Hunger, Animalität, Ärger, Menschlichkeit, Himmel, Lernen, Erkenntnis, Bodhisattva und Buddhaschaft. Diese Theorie beschreibt die subjektiven Empfindungen des Selbst auf der grundlegendsten Ebene. Früher dachte man, es handle sich dabei um zehn voneinander getrennte Orte, an denen der Mensch wiedergeboren wird, und dass jeder Ort durch die Beschaffenheit der individuell angesammelten karmischen Auswirkungen geprägt ist. Im Nichiren-Buddhismus versteht man unter den Zehn Welten Lebenszustände, die jedem Menschen innewohnen.

Hölle

Die Welt der Hölle leitet sich von der Sanskrit-Bezeichnung *naraka* her, was soviel wie unterirdischer Kerker bedeutet. Der abgewandelte Begriff *naraku* hat in dem noch heute gebräuchlichen japanischen Ausdruck »in einen Abgrund fallen« überlebt. Das japanische Wort für Hölle setzt sich aus den beiden Schriftzeichen »Erde« und »Kerker« zusammen. Erde bezeichnet die niedrigste Ebene; und Kerker weist darauf hin, dass jemand angekettet und seiner Bewegungsfreiheit beraubt ist.

Die Hölle ist der schlimmste Zustand, in dem einem Menschen durch das Leiden Hände und Füße gebunden

Die Zehn Welten

Ein Mensch kann zehn potenzielle Lebenszustände manifestieren oder erfahren.

Hölle

Hunger
(hungrige Geister) **Die Drei Bösen Pfade**

Die Vier Bösen Pfade

Animalität
(Instinkte)

Die Sechs Pfade

Ärger
(asuras)

Die Neun Welten

Menschlichkeit
(menschliche Wesen)

Himmel
(himmlische Wesen)

Lernen
(Shravaka)

Die Zwei Fahrzeuge

Erkenntnis
(Praíekabuddhas) **Die Vier Edlen Welten**

Bodhisattva

Buddha

sind. Obwohl es in der Welt der Hölle viele Abstufungen gibt, ist das Leben in diesem Zustand immer eine Qual: Alles, was man sieht, verstärkt nur noch das Gefühl des Elends. Die Lebenskraft der Menschen ist in diesem Zustand extrem schwach.

Nichiren schrieb: »Wut ist die Welt der Hölle.«[3] Ärger und Wut werden zur Quelle der Selbstzerstörung. Ärger gehört, wie an früherer Stelle erläutert, zu den Drei Giften. Diejenigen, die leiden – gleich ob unter Familienzwist, Krankheit oder flammender Eifersucht –, befinden sich in einem Gefühlsaufruhr und sind blind für die wahre Ursache des Leidens, die in ihrem eigenen Leben wurzelt. Manche Menschen richten ihre Wut gegen sich selbst und ihre Unfähigkeit, die Situation zu ändern. Diese ohnmächtige Wut gleicht dem verzweifelten Ächzen eines Lebewesens, das keinen Ausweg aus seinem Dilemma sieht.

Hunger

Die nächste Welt ist die Welt des Hungers oder der hungrigen Geister. Der Begriff »hungrige Geister« leitet sich von der Sanskrit-Bezeichnung *preta* her, was ursprünglich »die Verstorbenen« bedeutete. Im Buddhismus ist damit eine Welt des Elends gemeint, wie die Hölle, der Tote anheim fallen können. *Preta* bedeutet auch »Geister der Ahnen«. In Indien glaubte man, dass die Geister der Ahnen hungrig waren und der Nahrung bedurften, daher der Name »hungrige Geister«.

Hunger ist gekennzeichnet durch ein unstillbares Verlangen nach Nahrung, Profit, Macht, Anerkennung oder

Ruhm. In diesem Zustand ist jemand nie wirklich zufrieden. Nichiren erklärte, die Welt des Hungers sei geprägt durch Gier, das ebenfalls eines der Drei Gifte ist. Diejenigen, die sich in der Welt des Hungers befinden, werden Sklaven ihrer Begierden, die sie daran hindern, wahre innere Freiheit zu spüren und letztlich nichts als Leid erzeugen.

Die Wünsche und Bedürfnisse der Menschen sind grenzenlos. Da ist das grundlegende Bedürfnis zu leben, das instinktgesteuerte Bedürfnis nach Nahrung, das materialistische Bedürfnis nach Besitz, das psychologische Bedürfnis nach Aufmerksamkeit. Ohne Bedürfnisse könnten wir nicht leben. In vielen Fällen liefern diese Bedürfnisse die Energie, mit der wir das Ziel der Selbstverbesserung ansteuern und verwirklichen. Deshalb heißt es von der Welt des Hungers: »Dieser Pfad ist mit den anderen Pfaden verbunden und führt sowohl zum Guten als auch zum Bösen.«[4] Entscheidend ist also, welchen Gebrauch wir von unseren Bedürfnissen machen. Diejenigen, die sich im Zustand des Hungers befinden, setzen sie nicht ein, um etwas von echtem Wert zu schaffen; sie fühlen sich vielmehr hin- und hergerissen, leiden und fügen anderen Schmerz oder Schaden zu.

Animalität

Die dritte Welt, die Welt der Animalität – auch Welt der Tiere genannt –, bezeichnet einen Zustand, in dem Instinkte und Triebe die Oberhand haben. Hier herrscht das Gesetz des Dschungels. Menschen, die sich in diesem Zustand befinden, fürchten die Starken, während sie die Schwächeren verachten und ausbeuten. Ihnen mangelt es an Vernunft, Moral und Weisheit, um sich selbst Zügel anzulegen. Sie tragen Scheuklappen und haben den Blick für die grundlegenden Prinzipien verloren, die allen Dingen zugrunde liegen. Die Welt der Animalität ist laut Nichiren durch Dummheit oder Verblendung geprägt, das dritte der Drei Gifte.

Wenn den Menschen ein gesunder Maßstab fehlt, um zwischen Gut und Böse zu unterscheiden, ein unerschütterliches moralisches oder ethisches Fundament, handeln sie triebgesteuert und ohne Schamgefühl. Sie haben das verloren, was ihre Menschlichkeit ausmacht. Dostojewski sagte einmal, es sei eine Ungerechtigkeit und Beleidigung für die Tiere, von bestialischer Grausamkeit zu sprechen; ein Tier könne niemals so gekonnt grausam sein wie der Mensch.[5]

Die Welten der Hölle, des Hungers und der Animalität werden unter der Bezeichnung die Drei Bösen Pfade zusammengefasst.

Ärger

Der Name der vierten Welt, Ärger, leitet sich von der Sanskrit-Bezeichnung *asura* her. Im alten Indien stellten die *asura* eine Gruppe wohlwollender Gottheiten dar. In der späteren Mythologie erhielten sie den Nimbus kriegerischer Dämonen, die ununterbrochen mit den Göttern kämpfen.

Die Welt des Ärgers ist durch Eigensinn, Schmeichelei und Unaufrichtigkeit gekennzeichnet. Die wahren Gefühle sind freilich oftmals hinter einer Fassade der Loyalität verborgen. Dieser Zustand, in dem das Ego dominiert, wird manchmal als Welt der Animosität bezeichnet, weil er von einer hartnäckigen, wenn auch nicht immer offenkundigen Feindseligkeit geprägt ist. Getrieben von dem zwanghaften Bedürfnis, stets besser zu sein als andere, täuschen die Menschen, die sich im Zustand des Ärgers befinden, Wohlwollen oder Höflichkeit vor und schmeicheln anderen sogar, obwohl sie diese innerlich verachten.

Ärger ist im Wesentlichen ein Zustand der Überheblichkeit. Menschen in der Welt des Ärgers gehen von der trügerischen Annahme aus, dass sie anderen überlegen sind und konzentrieren ihre Energie auf den Erhalt und die Förderung dieser Vorstellung. Um sicherzugehen, dass andere eine gleichermaßen verklärte Wahrnehmung haben, können sie es nicht riskieren, ihre wahren Gefühle zu offenbaren. Sie geben sich angepasst bis kriecherisch, während sie in Wirklichkeit nur den brennenden Wunsch verspüren, alle anderen in den Schatten zu stellen. Da inneres Empfinden und äußeres Erscheinungsbild voneinander abweichen, kommen ihre Worte nicht von Herzen.

Dieses Verhalten ist im Allgemeinen ausgeklügelter als das der Menschen in der Welt der Hölle, des Hungers oder der Animalität. Nach außen hin scheint es, als wären Menschen im Zustand des Ärgers moralisch gefestigt, wohlwollend, gerecht, anständig, weise und treu. Sie geben sich die größte Mühe, diesen Eindruck bei anderen zu hinterlassen. Manche reden sich diese Eigenschaften so lange ein, bis sie selbst daran glauben, obwohl ihre »Bescheidenheit« auf reinem Hochmut basiert.

Der Buddhismus lehrt, dass nur das Herz zählt. Bei zwei Menschen, die vergleichbaren Aktivitäten nachgehen, unterscheiden sich die Ergebnisse erheblich, wenn der eine Werte anstrebt, die über das Selbst hinausgehen – wie das Gute, das Schöne oder das Wohl anderer –, während die Triebfeder des Anderen ausschließlich das Ego ist.

Die Welten der Hölle, des Hungers, der Animalität und des Ärgers werden kollektiv als die Vier Bösen Pfade bezeichnet.

Wie lässt sich diese Grundtendenz zur Welt des Ärgers überwinden? Indem wir sie als Sprungbrett für den Eintritt in die fünfte Welt benutzen: die Menschlichkeit oder die Welt der menschlichen Wesen. Wenn wir lernen, die Energie, die wir früher darauf gerichtet haben, über andere zu siegen, in sinnvollere Bahnen zu lenken, nämlich in das Bemühen, über unsere eigenen Schwächen zu siegen, betreten wir die Welt der Menschlichkeit.

Menschlichkeit

Im Zustand der Menschlichkeit streben wir mit Hilfe der Vernunft nach Kontrolle über unsere Wünsche, Begierden und Impulse. Wir sehnen uns nach einem hochwertigen Lebenszustand, in dem Bewusstsein, dass uns nicht die Geburt zu Menschen macht, sondern dass sich wahre Menschlichkeit allein in dem unablässigen Bemühen zeigt, in Harmonie mit unserer Umgebung und anderen Menschen zu handeln.

Genau genommen ist die Welt der Menschlichkeit der erste Schritt zur Selbstdisziplin oder Meisterung, die ihren Höhepunkt im Zustand des Bodhisattva und der Buddhaschaft findet, also in der neunten und zehnten Welt. In Sanskrit wird der Mensch als *manusya* bezeichnet, als »Einer, der denkt«. Folglich ist das Denkvermögen der Schlüssel zum Zustand der Menschlichkeit. Ohne sich ständig mit anderen messen zu wollen gehen die Menschen in dieser Welt ihren eigenen Weg.

Was die Struktur der Zehn Welten angeht, so befindet sich die Menschlichkeit in der Mitte, unmittelbar über den Vier Bösen Pfaden. Nichiren erklärte, da uns das seltene Glück beschieden sei, als Menschen geboren zu werden, sollten wir stets danach streben, einen höheren Lebenszustand zu erreichen. Im Buddhismus wird der menschliche Körper »das auserwählte Gefäß der edlen Pfade« genannt; gemeint ist das Gefäß des Mystischen Gesetzes, das für die Ausübung des Buddhismus unentbehrlich ist. Wenn wir dieses Gefäß mit dem Leben in der Welt der Buddhaschaft füllen, erkennen wir, was es wirklich heißt, als Mensch geboren zu werden.

Himmel

Die sechste Welt ist die des Himmels. Dieser Zustand ist durch die Freude oder Befriedigung gekennzeichnet, die wir beispielsweise verspüren, wenn sich ein lang gehegter materieller, physischer oder spiritueller Wunsch erfüllt oder wir nach langer Leidenszeit endlich schmerzfrei sind. Trotz aller Intensität ist diese Freude kurzlebig und in hohem Maß von äußeren Einflüssen abhängig.

Die Freude in der Welt des Himmels ist genauso vergänglich wie ein Traum oder eine Fata Morgana. Das Leben, das jemand führt, der einem solchen Trugbild nachjagt, ist selbst ein Trugbild. Der Zweck der buddhistischen Praxis besteht darin, einen auf immer unzerstörbaren Glückszustand zu schaffen: kein flüchtiges Glücksgefühl, das wie eine Blume welkt und vergeht, sondern einen inneren Palast des Glücks, der alle Zeiten überdauert. Dieses Kleinod, dieser Schatzturm, der sich in schwindelnde Höhen erhebt, wird auf dem Fundament von Glauben und Ausübung errichtet.

Die ersten sechs Zustände, von der Hölle bis zum Himmel, werden die Sechs Pfade oder die Sechs Niederen Welten genannt. Sie haben eines gemein: Sie werden durch die Erfüllung oder Vereitelung verschiedener Wünsche, Bedürfnisse und Impulse erzeugt. Ihr Auftauchen oder Verschwinden hängt in erster Linie von äußeren Umständen ab. Die meisten Menschen verbringen ihr ganzes Leben damit, zwischen diesen sechs Zuständen hin- und herzuwechseln, ohne jemals zu erkennen, dass sie ein Spielball der eigenen Reaktionen auf ihre Umgebung sind. Glück oder Zufriedenheit sind in diesen Welten äußerst zerbrechlich. Wir merken nicht, dass wir Gefangene dieser sechs Welten sind und machen unser Glück – ja sogar unsere ganze Identität – an äußeren Faktoren fest, ein Modus, in dem wir unser Leben nicht verändern können.

Erst wenn uns bewusst wird, dass alle Erfahrungen auf den Sechs Pfaden unbeständig und von kurzer Dauer sind, beginnen wir, nach einer beständigen, dauerhaften Wahrheit zu suchen. Im Verlauf dieser Suche treten wir in die beiden nächsten Welten ein, die Welt des Lernens und die Welt der Erkenntnis. Man bezeichnet sie, gemeinsam mit der neunten und zehnten Welt, Bodhisattva und Buddhaschaft, als die Vier Edlen Welten. Im Gegensatz zu den Sechs Pfaden, die durch die Anhaftung an selbstsüchtige Begierden geprägt sind, lassen sich diese vier Welten nur durch bewusstes und fortwährendes Bemühen erreichen.

Lernen

In der siebten Welt, dem Zustand des Lernens, erlangen wir die Erkenntnis über die Unbeständigkeit aller Dinge und die Unsicherheit der Sechs Pfade. Wir streben nach Selbsterneuerung und Selbstentwicklung, indem wir offen sind für die Ideen, Erkenntnisse und Erfahrungen anderer und bereit sind, daraus zu lernen. Dieser Zustand wird auch die Welt der »Stimmen-Hörer« genannt, womit ursprünglich diejenigen gemeint waren, die zu Lebzeiten des Buddha seiner Predigt über die Vier Edlen Wahrheiten lauschten und den Achtgliedrigen Pfad praktizierten, um sich von irdischen Begierden zu befreien.

Erkenntnis

Die achte Welt ist die Welt der Erkenntnis, in der man die Ursachen erkennt. Sie ist geprägt von Menschen, die unabhängig voneinander zu einem Verständnis der buddhistischen Wahrheit gelangen. Sie ähnelt dem Zustand des Lernens, außer, dass die Wahrheit hier nicht durch Verinnerlichung der Lehren anderer, sondern durch unmittelbare, eigene Erkenntnis gesucht wird.

Die Welt des Lernens und die Welt der Erkenntnis werden die Zwei Fahrzeuge genannt. In diesen beiden Zuständen gewinnen wir durch die Erkenntnis über die Unbeständigkeit aller Dinge ein gewisses Maß an Unabhängigkeit von der Anhaftung an die Vergangenheit und an unsere festgefügten Vorstellungen. Wir fühlen uns nicht mehr auf Gedeih und Verderb unseren eingeschliffenen Reaktionen auf die Umgebung ausgeliefert, sondern streben aktiv nach Selbstverbesserung. Wir sind gerüstet, der Realität des Todes gegenüberzutreten und nach dem Ewigwährenden zu suchen, im Gegensatz zu den Menschen in der Welt des Himmels, die ihre Augen vor den harschen Tatsachen des Lebens durch allerlei Ablenkungen verschließen. Der Nachteil besteht darin, dass wir in der Welt der Zwei Fahrzeuge eher dazu tendieren, unser Augenmerk auf Selbstvervollkommnung statt auf das Wohl anderer zu richten.

Bodhisattva

Im Gegensatz zur Welt der Zwei Fahrzeuge, in der die Menschen ein theoretisches Verständnis der universalen Wahrheit suchen, ist die neunte Welt, die des Bodhisattva, von praktischem Mitgefühl und altruistischem Verhalten geprägt. Auch wenn diejenigen, die sich in diesem Zustand befinden, für sich selbst nach höchster Erleuchtung streben, sind sie entschlossen, anderen dabei zu helfen, diese Erkenntnisebene gleichermaßen zu erreichen. Als Bodhisattva, ein Wort aus dem Sanskrit, das sich aus *bodhi* (Erleuchtung) und *sattva* (Wesen, Sein) zusammensetzt, bezeichnet man einen Menschen, der Erleuchtung sucht und sich gleichzeitig bemüht, andere zur Erleuchtung zu führen. In diesem Zustand sind wir uns des Bandes bewusst, das uns mit allen anderen Menschen verknüpft. Wir erkennen, dass Glück, das wir mit niemandem teilen, unvollkommen und daher eine Selbsttäuschung ist, und deshalb widmen wir uns der Aufgabe, das Leiden anderer zu lindern – selbst auf Kosten unseres eigenen Lebens. Nichiren sagte: »Freude bedeutet, das nicht nur wir, sondern auch andere Freude empfinden.«[6]

Die Zustände von der Hölle bis zum Bodhisattva, die Neun Welten genannt, repräsentieren den unerleuchteten Zustand gewöhnlicher Sterblicher, im Gegensatz zu den Zehn Welten, die die Buddhaschaft einschließen.

Buddhaschaft

Die Welt der Buddhaschaft – die zehnte Welt – ist ein Zustand des unendlichen Mitgefühls, der absoluten, unerschütterlichen Reinheit des Lebens und der vollkommenen Freiheit, in der wir die Weisheit erlangt haben, die letztendliche Wirklichkeit unseres Lebens zu erkennen. Wir erreichen diesen Zustand, indem wir die uns innewohnende Buddhanatur manifestieren. Entsprechend der buddhistischen Lehre können wir nur dann, wenn wir die Buddhaschaft zum Fundament unseres Lebens gemacht haben, unsere gesamte Existenz umgestalten und alle physischen und mentalen Aktivitäten in den Neun Welten bündeln, um sie auf altruistische, wertvolle Ziele zu richten.

Wenn man Buddhaschaft aus dem Blickwinkel des Konzepts vom »gegenseitigen Besitz der Zehn Welten« betrachtet, so ist auch dieser Zustand nicht völlig frei von den Leiden und Unzulänglichkeiten gewöhnlicher Sterblicher. Unsere Buddhaschaft manifestieren heißt nicht, dass wir dadurch einen Sonderstatus erlangen oder Immunität genießen. Wir müssen nach wie vor die negativen Auswirkungen des Lebens besiegen und versuchen, Probleme in Ursachen umzuwandeln, in einen Impuls für unsere weitere Entwicklung. Buddhaschaft ist ein Zustand, in dem wir uneingeschränkten Zugriff auf grenzenlose Weisheit, Mitgefühl, Mut und andere Eigenschaften haben, die dem Leben zu eigen sind, ein Zustand, in dem wir in Harmonie mit uns selbst, mit anderen und mit der Natur leben. Nichiren erklärte, Buddhaschaft sei der Lebenszustand, der sich am Schwersten veranschaulichen lasse, doch er schrieb auch: »Dass gewöhnliche Sterbliche, die im Späten Tag des Gesetzes geboren werden, an das Lotos-Sutra glauben können, beruht auf der Tatsache, dass die Welt der Buddhaschaft in der Welt der Ruhe (der Menschen) enthalten ist.«[7]

Ein Beispiel: wenn wir die Neun Welten mit einem Aufenthalt in geschlossenen Räumen vergleichen, dann ist Buddhaschaft der Aufenthalt in der unendlichen Weite der freien Natur, wo klar und hell die Sonne scheint. Auch in den geschlossenen Räumen der Neun Welten sind wir Teil des Makrokosmos, der die Welt der Buddhaschaft repräsentiert. Wir spüren den Ewigkeitsaspekt unseres Lebens, können unsere Umgebung jedoch nicht richtig wahrnehmen, weil wir eingeschlossen sind, umgeben von den undurchdringlichen Mauern der Selbsttäuschung. Wenn wir diese Mauern mit Hilfe des Glaubens niederreißen, steht es uns frei, die frische Luft und den Sonnenschein des Mystischen Gesetzes zu genießen, welches das ganze Universum durchdringt. Dann macht es keinen Unterschied mehr, ob wir uns innerhalb oder außerhalb des Raumes aufhalten.

Die Wirkungsweise unseres Lebenszustandes hat etwas Tiefgründiges, Mystisches. Wie wir unser Leben wahrnehmen – unsere Eindrücke von der Welt, die uns sowohl räumlich als auch zeitlich umgibt – hängt davon ab, in welcher der Zehn Welten wir uns gerade befinden. Ungeachtet dessen, ob es uns bewusst ist oder nicht, wird dieser Lebenszustand weitgehend durch unsere Aktivitäten, Gedanken, Beziehungen, Lebenswege und Gefühle geprägt. Der Lebenszustand ist nicht nur dem einzelnen Menschen zu Eigen, sondern auch einer ganzen Gesellschaft.

Im Buddhismus spielen ethnische Zugehörigkeit, Rasse, Bildungsniveau oder sozialer Status keine Rolle. Der Blick richtet sich ausschließlich nach innen, auf den Zustand des Herzens, den Lebenszustand des Individuums. Menschliche Größe ist kein Produkt von Macht und Einfluss. Das Leben vieler mächtiger Menschen wird von der Welt des

Hungers und der Welt der Animalität zerstört. Auf der anderen Seite gibt es ganz normale Bürger, denen die Freuden in der Welt des Bodhisattva und der Buddhaschaft zuteil werden.

Das auf tiefem Mitgefühl beruhende Bestreben, anderen bei der Entwicklung der ihnen innewohnenden Buddhaschaft zu helfen, ist der Schlüssel zum Verständnis der Zehn Welten.

Der gegenseitige Besitz der Zehn Welten

Nichiren schrieb: »Das Konzept von *Ichinen Sanzen* (dreitausend Bereiche in einem Lebensmoment) beginnt mit dem Verstehen des gegenseitigen Enthaltenseins der Zehn Welten oder ›Lebenszustände‹.«[8] Der gegenseitige Besitz der Zehn Welten beschreibt die dynamische Struktur des Lebens in allumfassender Weise. Sich gegenseitig besitzen oder einschließen bedeutet, dass jede der Zehn Welten alle anderen Welten in sich birgt. Das heißt, dass uns alle zehn Zustände innewohnen und wir von einem zum anderen überwechseln können. Das Leben ist also nicht auf einen bestimmten Zustand festgelegt, sondern kann jeden Zustand in gleich welchem Augenblick manifestieren. Folglich ist es möglich, unseren Lebenszustand jederzeit zu verändern, denn die Neun Welten sind immer latent vorhanden, auch wenn wir uns in einer bestimmten Welt »niedergelassen haben«.

Gegenseitiger Besitz erklärt, wie sich der Wechsel zwischen latentem und manifestem Lebenszustand vollzieht. In der einen Minute können wir im siebten Himmel schweben, in der nächsten ändert sich unsere Umgebung und wir stürzen in einen tiefen Abgrund, leiden Höllenqualen. Das bedeutet nicht, dass der Himmel in unserem Innern aufgehört hat, zu existieren – er ist lediglich von einem manifesten in einen latenten Zustand übergegangen und kann jederzeit, mit dem entsprechenden äußeren Reiz, wieder aus seinem »Dornröschenschlaf« erweckt werden. Die Zehn Zustände von der Hölle bis zur Buddhaschaft werden durch unsere Beziehung zur Außenwelt aktiviert und kommen sowohl in den physischen als auch in den spirituellen Aspekten jeder unserer Handlungen zum Ausdruck. Obwohl sich die Zehn Welten voneinander unterscheiden, verfügen sie gleichermaßen über die Möglichkeit, zwischen Latenz und Manifestation hin- und herzuwechseln.

Welche der Zehn Welten sich gerade manifestiert, hängt nicht nur von äußeren Einflüssen, sondern auch von den eigenen Grundtendenzen ab. Der gleiche äußere Einfluss bringt bei zwei Menschen nicht unbedingt die gleiche Welt zum Vorschein.

Natürlich verändern sich unsere Lebensumstände von einem Augenblick zum nächsten, doch insgesamt gibt es immer einen bestimmten Zustand oder eine Reihe von Mustern, die unseren Aktivitäten zugrunde liegen und zu denen wir mit an Sicherheit grenzender Wahrscheinlichkeit immer wieder zurückkehren. Das Leben einiger Menschen dreht sich ständig um die Drei bösen Pfade, andere wechseln fortwährend zwischen den Sechs Niederen Welten hin und her und manche sind vor allem an der Suche nach der Wahrheit interessiert, ein Kennzeichen der Zwei Fahrzeuge.

Der gegenseitige Besitz der Zehn Welten veranschaulicht die grundlegende Gleichheit und das unbegrenzte Potenzial jedes einzelnen Menschen. Dieses Konzept besagt, dass alle Menschen die Möglichkeit haben, ihre Grundtendenzen auf eine höhere Ebene zu stellen. Durch ständiges Bemühen in der buddhistischen Ausübung können wir nach und nach den höchsten Zustand der Buddhaschaft erlangen und ihn zum Fundament unseres Lebens machen. Buddhaschaft ist keine abstrakte Idee, sondern enthüllt sich greifbar in unserem tagtäglichen Verhalten als Mensch. Die Buddhaschaft ist unsere ursprüngliche Natur, zu der wir, so Nichiren, durch das Rezitieren von Nam-myoho-renge-kyo Zugang erhalten.

Die Verbesserung unserer Grundtendenzen ist ein Prozess, bei dem sich unsere Wahrnehmungen und Werthaltungen verändern. Nichiren schrieb: »Hungrige Geister nehmen den Ganges-Fluss als Feuer wahr, menschliche Wesen als Wasser und himmlische Wesen als *amrita* [göttlicher Nektar]. Obwohl das Wasser das gleiche ist, erscheint es unterschiedlich, je nach karmischer Belohnung, die wir in der Vergangenheit erwirkt haben.«[10] Das heißt, dass die Wahrnehmung jedes einzelnen Menschen von dem jeweiligen Zustand geprägt ist, in dem er sich befindet. Wenn wir also den Zustand der Buddhaschaft als unverrückbares Fundament unseres Lebens entwickeln, werden wir grenzenlose Freude und vollkommene Freiheit erleben.

Aus der Warte des gegenseitigen Besitzes der Zehn Welten bedeutet das Erlangen der Buddhaschaft nicht, dass die niederen Neun Welten ausgelöscht sind, sondern dass wir das Beste aus ihnen machen. Die Lehre vom gegenseitigen Besitz zeugt daher von großer Aufgeschlossenheit und Toleranz.

Buddhistische Schulen, die das Konzept vom gegenseitigen Besitz nicht akzeptieren, sind der Meinung, dass man den Zustand der Buddhaschaft nur erreichen kann, wenn man die anderen neun Welten auslöscht. Sie versuchen, diejenigen Aspekte der menschlichen Existenz abzuschleifen, die sie als schlecht oder böse erachten. Sie fordern strikte Selbstdisziplin und verurteilen menschliche Unzulänglichkeiten. Das führt zu der Vorstellung, man müsse das Bewusstsein ausschalten und den Körper kasteien – mit anderen Worten, sich selbst mit Gewalt von allen irdischen Begierden und Anhaftungen lösen.

Selbstreflexion ist zweifellos wichtig, doch wenn sie nicht auf positive, wachstumsfördernde Weise erfolgt, wird das Leben der Menschen eingeengt und starr, so dass sie es letztlich als sinnlos empfinden.

Ein japanisches Sprichwort besagt, dass es den Tod der Kuh bedeuten könnte, wenn man versuchen würde, ihre Hörner gerade zu biegen. Statt Schwächen anzuprangern, ist es zuträglicher, Menschen zu ermutigen, ihnen Hoffnung zu geben und sie zu befähigen, sich Ziele zu setzen. Dadurch ist beispielsweise auch denen geholfen, die ungeduldig sind und es kaum erwarten können, positive Veränderungen in die Wege zu leiten.

Das gilt sowohl für das eigene Wachstum als auch für das Wachstum anderer. Es ist wichtig, ganz und gar wir selbst zu sein, authentisch zu bleiben. Wir müssen keine Fassade errichten, hinter der wir verbergen, wer und wie wir wirklich sind. Da wir Menschen sind, wird es immer Zeiten geben, in denen wir das Bedürfnis haben, zu weinen oder zu lachen, und Situationen, in denen wir wütend oder verwirrt reagieren. Auch wenn wir als gewöhnliche Sterbliche solchen Schwächen unterworfen sind, können wir die Welt der Buddhaschaft durch die Ausübung des Nichiren-Buddhismus zur Grundtendenz unseres Leben machen. Dann akzeptieren wir, dass wir Wut empfinden, wenn sie angemessen ist; dass wir leiden, wenn es erforderlich ist; und dass wir lachen, wenn ein Lachen fällig ist.

Nichiren schrieb: »Leiden Sie, worunter man leiden muss, und freuen Sie sich, worüber man sich freuen kann.«[11] Wenn wir ein kraftvolles, facettenreiches Leben führen, können wir jeden Tag mit Elan in Angriff nehmen, dem vollkommenen Glück ein Stück näher rücken und anderen helfen, den gleichen Weg einzuschlagen.

Die Zehn Faktoren

Die nächste Komponente der Dreitausend Bereiche ist das Konzept der Zehn Faktoren. Es stellt ein Rahmenwerk dar, um diejenigen Aspekte des Lebens zu ergründen, die innerhalb der unbeständigen Welt der Phänomene unverändert bleiben. Während die Zehn Welten die unterschiedlichen Ausdrucksmöglichkeiten des Lebens beschreiben, zeigen die Zehn Faktoren Aspekte der Existenz auf, die dem Leben in jedem Zustand zugrunde liegen, von der Hölle bis zur Buddhaschaft. Das Leben in jeder der Zehn Welten besitzt diese Zehn Faktoren gleichermaßen. Das Konzept der Zehn Faktoren veranschaulicht außerdem den Wechsel des Lebens von einer der Zehn Welten zur anderen.

Das Lotos-Sutra listet die Zehn Faktoren in folgendem Abschnitt auf: »Das wahre Wesen aller Phänomene kann nur unter Buddhas verstanden und mitgeteilt werden. Diese Wirklichkeit besteht aus Erscheinung, Natur, Wesen, Kraft, Einfluss, innerer Ursache, Beziehung, latenter Wirkung, manifester Wirkung und deren Konsistenz von Anfang bis Ende.«[12]

Da die Zehn Faktoren allen Lebewesen und Phänomenen zu Eigen sind, kann es keinen grundlegenden Unterschied zwischen einem Buddha und einem gewöhnlichen Sterblichen geben.

Erscheinung

Der erste der zehn Faktoren ist die Erscheinung. Sie bezieht sich auf Merkmale, die von außen sichtbar sind, wie Farbe, Form, Gestalt und Verhalten. In Bezug auf den Menschen ist die Erscheinung die manifeste, oberflächliche Seite unserer Existenz, beispielsweise das äußere Erscheinungsbild oder der Körper und seine verschiedenen Funktionen.

Natur

Der zweite Faktor, die Natur, ist die von außen nicht sichtbare, sondern einem Ding oder Lebewesen innewohnende Beschaffenheit, Disposition oder das Potenzial. T'ien-t'ai beschrieb die Natur als etwas Unveränderliches und Unersetzbares. Die Natur des Feuers z.B. ist unveränderlich und könnte nicht durch die des Wassers ersetzt werden. Er sprach außerdem von einer »wahren Natur«, die er als letztendliche Wahrheit oder Buddhanatur betrachtete. In Bezug auf den Menschen entspricht die Natur den unsichtbaren Aspekten des Lebens, wie Geist und Bewusstsein.

Wesen

Der dritte Faktor ist das Wesen, die Essenz des Lebens, die Erscheinung und Natur durchdringt und beinhaltet. Das Wesen bewahrt die Individualität und manifestiert sich als äußere Erscheinung und als innere Natur, ist jedoch an sich weder das eine noch das andere.

Diese drei Faktoren beschreiben, was das Leben ist, die nächsten sechs zeigen dessen dynamische Funktionen.

Kraft

Kraft, der vierte Faktor, bezieht sich auf die im Leben vorhandene Handlungsfähigkeit, die potenzielle Stärke oder Energie, die unerlässlich ist, um etwas zu erreichen. Das Leben in der Welt der Menschlichkeit hat beispielsweise die Kraft, ethische Normen aufrechtzuerhalten, und das Leben in der Welt des Bodhisattva besitzt die Kraft, das Leiden anderer zu lindern.

Die Zehn Faktoren

Dies sind Existenzmuster, die allen Phänomenen in jeder der Zehn Welten zu Eigen sind.

Erscheinung Natur Wesen	**beschreiben die Realität des Lebens**	
Kraft Einfluss		**beschreiben Funktionen und Wirkungsweise des Lebens**
Innere Ursache Äußere Ursache Latente Wirkung Manifeste Wirkung	**beschreiben das Gesetz von Ursache und Wirkung**	
Übereinstimmung von Anfang bis Ende		

Einfluss

Der fünfte Faktor, Einfluss, repräsentiert die Vorgänge, die man in Bewegung setzt, wenn die Kraft, die dem Leben innewohnt, aktiviert wird. Gleich ob gut oder schlecht, Einfluss übt man durch Gedanken, Worte und Taten aus.

Kraft und Einfluss beschreiben die Wirkungsweise des Lebens in Bezug auf den Raum, während die anderen mit der Kausalität und den Funktionen des Lebens in Bezug auf die Zeit zu tun haben. Kraft und Einfluss setzen die Existenz eines Objekts voraus, auf das die Bewegung oder der Vorgang abzielt. Wenn dynamische Faktoren, wie Kraft und Einfluss, damit einhergehen, kann man sich dieses Wesen als autonomes Selbst vorstellen, das in einer Wechselwirkung zu anderen Wesen steht.

Die nächsten vier Faktoren erklären, wie bestimmte Vorgänge den Anstoß geben, von einer der Zehn Welten zur anderen überzuwechseln.

Innere Ursache

Der sechste Faktor, die innere Ursache, ist die im Leben latent vorhandene Ursache, die eine Wirkung der gleichen Art hervorruft, sei es gut, schlecht oder neutral.

Äußere Ursache

Beziehung, der siebte Faktor, bezieht sich auf die Beziehung, die zwischen Auslösern (oder zusätzlichen Ursachen) und inneren Ursachen besteht. Zu den Auslösern gehören verschiedene Gegebenheiten, innere wie äußere, die innere

Ursachen ins Rollen bringen und eine bestimmte Wirkung herbeiführen. Ein Beispiel: Ein Mensch, der scheinbar grundlos geschlagen wird, gerät unwillkürlich in Wut. Die Tatsache, dass er Prügel bezieht, ist der Auslöser, genau wie die Neigung, leicht in Wut zu geraten, eine innere Grundtendenz im Leben dieses Menschen darstellt.

Latente Wirkung

Bei der latenten Wirkung, dem achten Faktor, geht es um eine unterschwellige Wirkung, die entsteht, wenn eine innere Ursache durch die Beziehung zu verschiedenen Umständen aktiviert wird. Wut, die in einem Menschen mit zeitlicher Verzögerung hochsteigt, nachdem er geschlagen wurde, ist ein anschauliches Beispiel für eine latente Wirkung.

Manifeste Wirkung

Die manifeste Wirkung, der neunte Faktor, ist das konkrete unmittelbare Ergebnis, das schließlich als Ausdruck einer latenten Wirkung sichtbar wird.

Diese vier Faktoren – innere Ursache, Beziehung, latente Wirkung und manifeste Wirkung – verdeutlichen den Mechanismus von Ursache und Wirkung generell.

Übereinstimmung von Anfang bis Ende

Übereinstimmung von Anfang bis Ende ist der zehnte Faktor, der alle anderen miteinander verbindet. Er sorgt dafür, dass alle neun zuvor genannten Faktoren, von der

Erscheinung bis zur manifesten Wirkung, fortwährend und harmonisch miteinander verknüpft werden. Die neun Faktoren bringen also in jedem beliebigen Moment den gleichen Lebenszustand zum Ausdruck. Für jemanden, der in der Welt der Hölle lebt, ist beispielsweise das düstere und niedergeschlagene Erscheinungsbild eines Menschen typisch, der wie auch immer geartete Höllenqualen leidet. Da seine Natur von Leid und Wut beherrscht wird, neigt er dazu, seine ganze Kraft und seinen Einfluss aufzubieten, um die Menschen in seiner Umgebung gleichermaßen herunterzuziehen oder unglücklich zu machen. Er schafft Ursachen und erzeugt Wirkungen, die für die Welt der Hölle charakteristisch sind.

Ein Mensch, der sich in der Welt des Himmels befindet, besitzt in der Regel ein positive, heitere Ausstrahlung. Von Natur aus guter Dinge, kann er allen Erfahrungen eine gute Seite abgewinnen. Seine Kraft und sein Einfluss wirken ansteckend und versetzen auch die Personen in seiner Umgebung in eine lebensbejahende, frohe Stimmung.

Das Auge des Buddha erkennt diese letztendliche Wahrheit aller Phänomene. Sie besteht darin, dass die Phänomene ausnahmslos das latente Potenzial (Natur und Kraft) und die Möglichkeit zur Veränderung besitzen (innere Ursache, Beziehung, latente Wirkung und manifeste Wirkung). Die Phänomene sind voneinander abhängig, füreinander offen und dennoch übereinstimmend und homogen.

Der Faktor der Übereinstimmung von Anfang bis Ende kann auch von einer höheren Ebene aus betrachtet weden, aus der Sicht der universalen Wahrheit, zu welcher der Buddha erwachte: in diesem Kontext ist das Leben des Buddha (Anfang) und das Leben des Menschen in den Neun Welten (Ende) letztendlich gleich (Übereinstimmung), da beide zum Wesen des Mystischen Gesetzes gehören. Folglich können alle Lebewesen Buddhas werden, sobald sie die letztendliche Wirklichkeit ihres eigenen Lebens erkannt haben, nämlich dass sie selbst Teil des Mystischen Gesetzes sind. Der einzige Unterschied zwischen einem Buddha und einem Menschen in den Neun Welten ist das Wissen oder Nichtwissen um diese Wahrheit.

Die Drei Bereiche der Existenz

Die letzte Komponente der Dreitausend Bereiche ist das Konzept der Drei Bereiche der Existenz. Es betrachtet das Leben von drei verschiedenen Standpunkten und erklärt die Existenz individueller Lebewesen in der realen Welt. Es beschreibt drei Dimensionen, in der sich die Zehn Welten manifestieren: der Bereich der Fünf Komponenten, der Bereich der Lebewesen und der Bereich der Umgebung. Dieses Konzept besagt, dass die fünf Komponenten (Form, Wahrnehmung, Vorstellung, Wille und Bewusstsein), ihre zeitweilige Vereinigung, die in einem Lebewesen resultiert, und die Umgebung, in der sich dieses Lebewesen befindet, stets ein und denselben Lebenszustand manifestieren.

Der Bereich der Fünf Komponenten

Das Konzept vom Bereich der Fünf Komponenten stellt eine Analyse der physischen und psychischen Funktionen des Lebens dar, oder der Beziehung zwischen dem Lebewesen und seiner Umgebung. Die fünf Komponenten sind, wie im dritten Kapitel erläutert, Form, Wahrnehmung, Vorstellung, Wille und Bewusstsein. Form ist der physische Aspekt des Lebens – der Körper und die fünf Sinnesorgane, mit denen wir die Außenwelt wahrnehmen. Wahrnehmung ist die Fähigkeit, externe Informationen mit Hilfe der Sinnesorgane aufzunehmen. Vorstellung bezieht sich auf die Ideen, die wir hinsichtlich unserer Wahrnehmungen entwickeln. Wille ist das Bestreben, die Initiative zu ergreifen, als Reaktion auf Wahrnehmungen und Ideen. Und das Bewusstsein beschreibt Lebensfunktionen, die unsere Erkenntnisfähigkeit betreffen, beispielsweise Werturteile fällen, zwischen Gut und Böse unterscheiden, usw. Außerdem unterstützt und integriert es die vier anderen Komponenten.

Die Drei Bereiche

Dies ist ein Konzept, das das Leben aus drei verschiedenen Perspektiven betrachtet und die Existenz individueller Lebewesen in der realen Welt erklärt. Alle Drei Bereiche manifestieren dieselbe der Zehn Welten zu jedem beliebigen Zeitpunkt.

- Der Bereich der Fünf Komponenten: Eine Analyse der Beschaffenheit eines Lebewesens hinsichtlich der Reaktion auf seine Umgebung.
- Der Bereich der Lebewesen: Das individuelle Lebewesen, entstanden durch die zeitweilige Vereinigung der fünf Komponenten, das jede der Zehn Welten manifestieren oder erfahren kann. Auch ein Kollektiv einzelner Lebewesen, die in einer Wechselbeziehung zueinander stehen.
- Der Bereich der Umgebung: Der Lebensraum oder das Land, in dem Lebewesen verankert sind und Lebensaktivitäten nachgehen.

Was die materiellen und spirituellen Aspekte betrifft, so entspricht die Form dem physischen Aspekt, während die anderen vier Komponenten den spirituellen Aspekt repräsentieren. Gemäß der buddhistischen Überzeugung, dass die spirituellen und materiellen Aspekte des Lebens im Wesentlichen eine Einheit bilden, kann es keine Form ohne Wahrnehmung, Vorstellung, Willen und Bewusstsein geben, und gleichermaßen ist ein Bewusstsein ohne Form, Wahrnehmung, Vorstellung und Willen nicht möglich. Das gilt auch für die drei anderen Komponenten. Die fünf Komponenten sollten also nicht getrennt voneinander, sondern als ein Ganzes verstanden werden, das heißt, im Hinblick auf ihre Wechselbeziehung.

Dieses Konzept verdeutlicht, wie das Leben jeder der Zehn Welten Ausdruck verleiht. Bei einem Menschen in der Welt des Hungers und einem Menschen in der Welt des Himmels unterscheidet sich beispielsweise die Vorstellung von ein und demselben Objekt und ihre Reaktion darauf.

Der Bereich der Lebewesen

Der Bereich der Lebewesen ist leicht verständlich. Alle Lebewesen sind in einer bestimmten Umgebung beheimatet, die ihre Existenz unterstützt. Dieser Bereich schließt daher auch die nicht-fühlenden Lebensformen ein, zum Beispiel Berge, Bäume, Gräser und Flüsse. Darüber hinaus spiegeln sich die Unterschiede im Lebenszustand der Lebewesen in dem Land oder Lebensraum wieder, den sie bewohnen – dieser kann sich als Welt des Ärgers, des Himmels usw. manifestieren.

Während die Zehn Welten und die Zehn Faktoren gemeinsam Aspekte beschreiben, die allen Lebewesen zu Eigen sind, erklärt das Konzept der Drei Bereiche, warum zwei Lebewesen niemals völlig identisch sein können. Wie wir soeben gesehen haben, machen die Zehn Welten die grundlegenden Unterschiede aus, die sich in den drei Bereichen manifestieren. Dazu kommen die individuellen Unterschiede, die im Leben des einzelnen Menschen erzeugt werden, denn die Wirkungsweise der Fünf Komponenten unterscheidet sich von Person zu Person, genau wie das Karma. Beispielsweise können zwei Menschen die gleiche Grundtendenz zum Lernen haben, sich jedoch hinsichtlich ihrer physischen Form, ihrer Wahrnehmungen, der Vorstellungen von ihrer Umwelt und ihrer Reaktion darauf unterscheiden. Und auch die soziale oder physische Umgebung stimmt bei zwei Menschen niemals in allen Einzelheiten überein. Die Drei Bereiche stellen also die reale Welt des Individuums dar.

Die Beziehung zwischen den Komponenten

In Nichirens Schriften findet sich folgender Absatz:

> »Leben ist in jedem Augenblick mit den Zehn Welten ausgestattet. Zu gleicher Zeit sind in jeder einzelnen der Zehn Welten alle anderen enthalten, so dass ein Leben tatsächlich hundert Welten enthält. Jede dieser Welten enthält wiederum dreißig Bereiche, was bedeutet, dass in den hundert Welten dreitausend Bereiche vorhanden sind. Ein einziges Leben besitzt alle dreitausend Bereiche der Existenz. Gibt es kein Leben, so bestehen die dreitausend Bereiche nicht. Gibt es aber das kleinste bisschen Leben, so enthält es alle dreitausend Bereiche…«[13]

Die Zahl dreitausend wurde nicht zufällig gewählt, sondern spiegelt die ungeheure Größe und Vielfalt des Lebens wider.

Schon immer haben Menschen erkannt, dass natürliche Phänomene unbeständig und ungewiss sind, und nach der ewigen, unveränderlichen Wahrheit des Lebens gesucht. Verschiedene Lehrer haben die Beziehung zwischen dieser absoluten Wahrheit und der kurzlebigen Welt erklärt, der wir uns gegenübersehen. Manche waren der Meinung, dass die letztendliche Wahrheit die irdische Welt von einer höheren Ebene aus beherrscht. Andere haben behauptet, dass sie sich jenseits oder hinter der Welt der Phänomene befindet, oder Phänomene in Wirklichkeit ein Trugbild wären, weil nur die letztendliche Wahrheit als real gelten könne. Eine ähnlich dualistische Neigung findet sich auch in einigen buddhistischen Lehren aus der Zeit vor dem Lotos-Sutra, die generell meinten, der menschliche Geist sei das Fundament aller Phänomene und alle Phänomene wären ein Produkt des Geistes. Im Gegensatz dazu geht das Konzept der Dreitausend Bereiche, das auf dem Lotos-Sutra basiert, davon aus, dass der menschliche Geist (oder jeder Augenblick unseres Lebens) und die Phänomene des Universums »zwei, und doch nicht zwei« – oder im Wesentlichen eine Einheit – sind.

Das Konzept der Dreitausend Bereiche bezieht sich nicht auf die objektive Welt außerhalb unseres Lebens, sondern auf unseren subjektiven inneren Zustand. Es betont nicht nur die Bedeutung der mentalen Verfassung im Zuge der Veränderung, sondern die vollständige Verwandlung eines Lebewesens, seine Umgebung eingeschlossen. Die Botschaft des Konzepts der Dreitausend Bereiche lautet, dass wir den festen Entschluss fassen oder den nachhaltigen Wunsch haben sollten, unser größtes Potenzial zu verwirklichen, d. h. unseren Lebenszustand stetig zu verbessern, um den Zustand der Buddhaschaft zu erlangen.

Dieses Konzept zeigt, dass jeder Mensch über das Potenzial verfügt, ein Buddha zu werden, zur Ewigkeit und Grenzenlosigkeit des Lebens zu erwachen. Doch stimmen Wirklichkeit und Idealvorstellung in diesem Punkt nicht immer überein. Im Hinblick auf diesen Unterschied formulierte T'ien-t'ai zwei Sichtweisen der dreitausend Bereiche – die theoretische und die praktische. Mit »theoretisch« ist das Leben gewöhnlicher Sterblicher oder derjenigen Menschen gemeint, die tendenziell von den Kräften der Dunkelheit beeinflusst werden, die Buddhaschaft jedoch latent in sich tragen. »Praktisch« meint ein Leben, in dem die Buddhaschaft voll wirksam und manifest ist.

Im Lotos-Sutra wird in dem Kapitel über die »Hilfsmittel« darauf hingewiesen, dass die ewige Buddhanatur jedem Menschen innewohnt und daher wäre der Zugang zu diesem höheren Wesenskern jederzeit möglich. Diese Theorie wird in dem Kapitel »Lebensspanne des So Gekommenen« erläutert, in dem Shakyamuni zeigte, wie er seine eigene innere Buddhaschaft verwirklichte und durch sein praktisches Beispiel lehrte. Das Kapitel befasst sich allerdings nur mit Shakyamunis Fall. Es gibt keinen direkten Hinweis darauf, dass Menschen, die in unserer heutigen Zeit leben, Buddhaschaft gemäß dem Konzept der Dreitausend Bereiche erlangen können. Das Lotos-Sutra bestätigte theoretisch, dass gewöhnliche Sterbliche in der Lage sind, die ihnen innewohnende Buddhanatur zu aktivieren, doch wie das im Einzelnen geschehen soll, wurde nicht ausdrücklich erwähnt.

Deshalb sind Nichirens Lehren so wichtig, weil sie eine praktische Methode enthalten, um dieses Potenzial zu verwirklichen. Er schrieb: »Nam-Myoho-Renge-Kyo, das

Herz des Juryo-Kapitels, ist die Mutter aller Buddhas in allen Zehn Richtungen und die drei Existenzen von Vergangenheit, Gegenwart und Zukunft hindurch.«[14] Das Rezitieren von Nam-myoho-renge-kyo ist die von Nichiren auferlegte Übung, durch die unsere Buddhaschaft gefördert und zum Vorschein gebracht wird. Folglich können wir die Essenz der dreitausend Bereiche in einem einzigen Lebensmoment manifestieren.

Die Einheit von Körper und Geist

Aus dem Konzept der Dreitausend Bereiche und seinen Komponenten leiten sich weitere wichtige Konzepte her. Zwei der bedeutendsten sind die »Einheit von Körper und Geist« und die »Einheit vom Lebewesen und seiner Umgebung«.

Zusammengenommen repräsentieren die Zehn Faktoren die Einheit von Materie und Geist oder die Einheit von Körper und Geist. Im achten Jahrhundert schrieb der chinesische buddhistische Gelehrte Miao-lo: »Erscheinung existiert nur im Materiellen, Charakter nur in dem, was Geist ist. Wesenheit, Kraft, Einfluss und Beziehung verbinden im Prinzip das Materielle und das Geistige. Innere Ursache und verborgene Wirkung sind rein geistig; sichtbare Wirkung existiert nur im Materiellen.«[15]

Miao-lo beschreibt das äußere Erscheinungsbild als »materiell«, weil es den physischen, nach außen hin sichtbaren Aspekt des Lebens darstellt. Die Natur gilt als »spirituell«, weil sie den unsichtbaren inneren Aspekt verkörpert. Innere Ursache und latente Wirkung repräsentieren ebenfalls die spirituelle Ebene, weil sie auf einer tiefen Ebene innerhalb des Lebens verborgen sind. Die manifeste Wirkung hat eine wahrnehmbare Form und wird deshalb als materiell bezeichnet. Wesen, Kraft, Einfluss und Beziehung ziehen sowohl materielle als auch spirituelle Aspekte des Lebens nach sich. Und die anderen neun Faktoren werden, wie bereits gesagt, durch den Faktor der Übereinstimmung von Anfang bis Ende integriert.

Die »Einheit von Körper und Geist«, eine Übersetzung des Begriffs *shiki shin funi*, bedeutet wörtlich »Körper und Geist sind zwei, und doch nicht zwei«, und »Körper und Geist sind nicht zwei, und doch zwei«. Hier handelt es sich um eine der zehn Einheiten oder Nicht-Dualitäten, die sich aus diesem Konzept von der Untrennbarkeit der geistigen oder latenten und der materiellen oder manifesten Aspekte des Lebens ableiten.

Seit Anfang des zwanzigsten Jahrhunderts ist Wissenschaftlern und Laien gleichermaßen bewusst, dass die verschiedenen wissenschaftlichen Disziplinen einer Vernetzung bedürfen. Diejenigen, die eine solche Integration anstreben, werden bisweilen »Systemwissenschaftler« genannt. Die Pioniere der Systemwissenschaft hofften, Licht in die komplexen Wechselbeziehungen lebender Organismen zu bringen, nicht nur aus der empirischen, sondern auch aus einer streng wissenschaftlichen, sprich theoretisch orientierten Warte. Zu diesem Zweck entwickelten sie spezielle Theorien und Methodologien, deren Anwendbarkeit in verschiedenen Bereichen des Wissens nachgewiesen wurde. Diese vernetzte Herangehensweise, die den wechselseitigen Einfluss der Phänomene unterstreicht, wurde in vielen Tätigkeitsfeldern praktiziert, wie Unternehmensführung, Soziologie, Umwelt-Engineering und Ingenieurtechnik.

Den Buddhismus (und vor allem das Konzept der Dreitausend Bereiche) könnte man als »Systemwissenschaft« bezeichnen, weil er den Blick auf die Gesamtheit der Lebensphänomene richtet. Die buddhistische Lehre, dass Körper und Geist »zwei, und doch nicht zwei« sind, die wiederum Teil eines größeren philosophischen Systems ist, wird durch die moderne wissenschaftliche Forschung gestützt.

Forscher im Bereich Psychologie und Physiologie haben bestätigt, dass eine Wechselbeziehung zwischen Körper und Geist besteht. Emotionaler Stress erzeugt beispielsweise physische Symptome wie Magengeschwüre oder Muskelverspannungen, während physische Faktoren wie Vitaminmangel oder Veränderung des Blutzuckerspiegels den emotionalen Zustand eines Menschen nachhaltig beeinflussen. Schon im neunzehnten Jahrhundert erklärte der österreichische Pathologe Karl Rokitansky, Bezug nehmend auf die Tatsache, dass psychischer Stress das Verdauungssystem beeinträchtigt, Magenerkrankungen wären eine unmittelbare Folge mentaler Störungen. Das rapide wachsende Wissen um die subtile Wechselwirkung von Körper und Geist hat zur Entstehung einer neuen Wissenschaft beigetragen, der »psychosomatischen Medizin«.

Die Wechselbeziehung zwischen der materiellen und der spirituellen Ebene ist außerdem ein hilfreicher Aspekt bei vielen Themen, die das menschliche Gehirn und den menschlichen Geist betreffen. Es wird beispielsweise noch heute darüber diskutiert, ob der Hirntod oder der Herzstillstand als juristisches Kriterium für den Tod eines Menschen gelten soll.

Das Gehirn wird oftmals als Sitz der spirituellen oder moralischen Natur des Menschen gesehen und ist als solches untrennbar mit dem Geist verbunden. In seinem Buch *Human Options* definierte Norman Cousins das Glaubenssystem eines Menschen nicht nur als »Geisteszustand«, sondern auch als »grundlegende physiologische Realität«. Demzufolge ist es ungeheuer wichtig, in Übereinstimmung mit unseren Anschauungen zu handeln, weil wir sonst mit unserer Wahl die physiologische Funktionsfähigkeit des Gehirns beeinträchtigen. Cousins schrieb: »Nichts verblüfft mehr an den fünfzehn Milliarden Neuronen im menschlichen Gehirn als ihre Fähigkeit, Gedanken, Hoffnungen, Ideen und Anschauungen in chemische Substanzen umzuwandeln.«[16]

Selbst eine kleine Anzahl von Neuronen im menschlichen Gehirn kann in Folge einer mentalen Veränderung nachhaltige chemische Reaktionen auslösen. Die Macht, die einer einzigen Gehirnzelle innewohnt, ist wirklich verblüffend, um mit Cousins zu sprechen.

Die Beziehung zwischen Geist und Gehirn ist auch in zwei weiteren wissenschaftlichen Disziplinen, der Psychopathologie und der Neurophysiologie, ein vorrangiges Forschungsthema. Hier wurde der Zusammenhang zwischen Veränderungen der chemischen Prozesse im Gehirn und emotionalen Zuständen wie Freude, Lust, Kummer und Schmerz untersucht. Schon in den 1940-er und 1950-er Jahren befasste sich der Psychologieprofessor Harry Harlow von der University of Wisconsin mit den Veränderungen der vom Gehirn abgesonderten Sekrete bei Menschen, die an Liebeskummer litten. Harlows Studie war nur eine von vielen, die dokumentierten, wie diese Sekrete als Reaktion auf Gedanken, Verhaltensweisen, Umwelt und andere Einflussfaktoren zunehmen oder abnehmen.

Trotz umfangreicher Analysen der Gehirnzellen lässt sich die wahre Beschaffenheit des menschlichen Geistes nicht genau erklären. Spirituelle oder geistige Aktivitäten sind ohne Hirnzellen wahrscheinlich nicht möglich. Dennoch ist das Gehirn nur der physische Ort, an dem sie stattfinden. Der kanadische Neurochirurg Wilder Penfield versuchte während der 1930-er und 1940-er Jahre in weitläufigen Experimenten herauszufinden, ob Denkprozesse tatsächlich im Gehirn stattfinden. Er entwickelte eine Operationstechnik für Patienten, die an fokaler Epilepsie litten (bei der die Erkrankung von nur einem Herd im Gehirn ausgeht), mit deren Hilfe er die Reaktion auf die elektrische Stimulation verschiedener Hirnregionen beobachten konnte. Dabei stellte er fest, dass die Patienten zu halluzinieren begannen, wenn der Hör- und Sehbereich stimuliert wurde. Wurde der motorische Bereich stimuliert, bewegten sich unwillkürlich die Gliedmaßen. Penfields Entdeckung, dass die elektrische Stimulation bestimmter Hirnregionen die entsprechenden Reaktionen auslöste, wie Sehen, Hören, Schmecken usw., trug maßgeblich zu der Erkenntnis bei, wie das Gehirn die Informationen verarbeitet, die es von den Sinnesorganen empfängt.

Interessant ist bei diesen Experimenten vor allem, wie überrascht Penfields Patienten über die Reaktion auf die Reize waren, die zwar bewusst, jedoch nicht willentlich erfolgte. Sie hatten das Gefühl, als folgten sie den Anweisungen einer fremden Macht. Penfield zog daraus die Schlussfolgerung, das menschliche Gehirn sei vielleicht eine Art Computer des Körpers und der menschliche Geist mit dem Programmierer zu vergleichen.

Außerdem gelangte er zu der Erkenntnis, dass die hochgradig entwickelten, komplizierten Funktionen des Gehirns (wie Glaube, Entscheidungsfindung und Werturteile) nicht allein durch elektrische Reize, wie die in seinen Experimenten benutzten, aktiviert werden können. Für ihn war das Gehirn das physische Vehikel der Psyche oder genauer gesagt, der physische Sitz mentaler Aktivitäten.

Penfield untersuchte auch, wie Erinnerungen im Gehirn gespeichert werden und konzentrierte sich dabei auf den Schläfenlappen, der kleiner ist als die menschliche Handfläche und sich direkt unterhalb der Region von Schläfe und Ohr befindet. Er fand heraus, dass durch die elektrische Stimulation dieses Bereiches Szenen aus der Vergangenheit des Patienten heraufbeschworen wurden, begleitet von den entsprechenden Gedanken und Gefühlen. Darüber hinaus waren ihm plötzlich wieder Dinge gegenwärtig, die aus seinem Langzeitgedächtnis getilgt zu sein schienen. Ein Mann erinnerte sich beispielsweise an Spielkameraden aus seiner Kindheit, an andere Kinder, mit denen er gerauft hatte, und an einen Einbrecher in seinem Elternhaus. Penfields Experimente legen die Schlussfolgerung nahe, dass alle Erlebnisse und Erfahrungen im Gedächtnis gespeichert werden.

Dr. Yasunori Chiba, ein japanischer Neurophysiologe, schätzt die Datenmenge – im Fachjargon der Computerexperten die Anzahl der Bits –, die der Mensch im Verlauf von siebzig Jahren sowohl bewusst als auch unbewusst an sein Gedächtnis weiterleitet, auf etwa fünfzehn Trillionen. In einem buddhistischen Sutra heißt es, dass an einem einzigen Tag 804000 Gedanken durch den Kopf eines Menschen gehen. Mit siebzig Jahren multipliziert beläuft sich die Gesamtzahl auf annähernd einundzwanzig Trillionen. Die Zahl 804000 sollte gleichwohl nicht wörtlich genommen werden – sie weist lediglich darauf hin, dass es sich um eine ungeheure Menge handelt. Dennoch deutet Chibas Berechnung an, dass die Wissenschaft eines Tages den Nachweis für die Fähigkeit jedes einzelnen Menschen erbringen könnte, auf kollektive Erinnerungen zuzugreifen, die bis zum Ursprung der menschlichen Spezies zurückreichen und darüber hinaus.

Niemand weiß genau, an welcher Stelle im Gehirn Erinnerungen gespeichert werden. Bekannt ist nur, dass sie als Reaktion auf Reize aus oder in Verbindung mit der

Außenwelt in Erscheinung treten. Neurophysiologische Studien haben gezeigt, dass der Hypothalamus und das limbische System mit grundlegenden Reaktionen wie Wut und Angst in Verbindung stehen, doch sie werden nur dann ausgelöst, wenn die entsprechenden Teile des Gehirns stimuliert wurden. Man könnte also sagen, dass solche Gefühle im menschlichen Körper latent vorhanden sind.

Wir wissen, dass die beiden Hirnhälften unterschiedliche Funktionen haben. Die linke Hirnhemisphäre wird mit Logik, Rechenoperationen und Sprache in Zusammengang gebracht, während die rechte stärker mit Einfühlungsvermögen, Intuition und Fantasie befasst ist. Eine »Brücke«, Corpus callosum genannt, die ungefähr zweihundert Millionen Nervenfasern enthält, verbindet die beiden Hirnhälften. Professor Roger Sperry, ein Psychobiologie, der 1981 den Nobelpreis für Medizin gewann, entwickelte eine Technik, mit deren Hilfe Informationen in die eine oder andere Hirnhälfte von so genannten Splitbrain-Patienten – deren Corpus callosum durchtrennt war – geleitet werden konnten, so dass die Reaktionen der beiden Hirnhälften unabhängig voneinander beobachtet werden konnten. Sperrys Arbeit zeigte, dass es in jeder Hirnhälfte ein Bewusstsein gibt.

Das buddhistische Konzept der Einheit von Körper und Geist stimmt mit den Entdeckungen der Wissenschaft überein, vor allem mit den Theorien über die tief greifende Wechselwirkung zwischen physischem Körper und der Welt der Materie einerseits und den geistigen, immateriellen Aspekten des Lebens andererseits. Im Buddhismus sind das Physische und das Geistige – Phänomene, die zwei unterschiedlichen Kategorien zugerechnet werden – untrennbar miteinander verbunden, weil sie beide Aspekte derselben letztendlichen Wirklichkeit darstellen. Wenn wir zwischen Materie und Geist unterscheiden, begeben wir uns auf die Ebene der Phänomene; wenn wir auf ihre Einheit verweisen, sprechen wir von der letztendlichen Wirklichkeit. »Die Einheit von Körper und Geist« beschreibt daher die letztendliche Wirklichkeit des Lebens.

Das Selbst und seine Umgebung

Das Konzept der Einheit vom Lebewesen und seiner Umgebung leitet sich gleichfalls aus der Welt der Zehn Faktoren und Drei Bereiche her. Wie schon an früherer Stelle erklärt, geht der Buddhismus davon aus, dass ein Lebewesen durch die zeitweilige Verbindung der fünf Komponenten entsteht. Diese Verbindung stellt ein subjektives Selbst dar, das die karmischen Folgen seines früheren Handelns erfährt. Doch es muss auch eine Sphäre geben, in der karmische Folgen zum Ausdruck kommen. Diese Sphäre ist der letzte der drei Bereiche: die Umgebung. Im Gegensatz da zu entsprechen die Fünf Komponenten und die Lebewesen – die beiden ersten Bereiche – dem Selbst.

Sowohl das Selbst als auch seine Umgebung spiegeln die manifeste Wirkung wider, die von den Faktoren innere Ursache, Beziehung und latente Wirkung erzeugt wird. Da das Selbst und die Umgebung zwei einander ergänzende Aspekte sind, machen sich die Auswirkungen des Karmas sowohl in unserem Inneren als auch in unserer Umgebung bemerkbar. Das Wort »Umgebung« bezieht sich hier nicht auf die generelle Lebenssituation, in der sich alle Menschen befinden, sondern auf die Tatsache, dass jedes Lebewesen sein eigenes, einzigartiges Umfeld hat, in dem die Wirkung des individuellen Karmas zutage tritt. In diesem Sinne entsteht die Umgebung eines Menschen zum Zeitpunkt der Geburt, mit seinem Eintritt in diese Welt. Das individuelle Lebewesen und seine Umgebung werden oft getrennt voneinander gesehen, doch auf der grundlegendsten Ebene sind sie ein und dasselbe.

Es mag viele Orte im Universum geben, die als geeignete Umgebung für Leben dienen könnten. Die Erde ist und bleibt dennoch ein gastlicher Ort, weil sie über ein außerordentlich subtiles ökologisches Gleichgewicht verfügt. Mit der ungeheuren Macht, die wir durch den technologischen Fortschritt erworben haben, können wir dieses empfindliche Gleichgewicht inzwischen nachhaltig beeinflussen. Seit sich die Wissenschaft der Ökologie mit Riesenschritten weiterentwickelt, drängen die Experten zunehmend darauf, die Menschen aktiver in das Bemühen um den Erhalt der Biosphäre einzubinden.

Vor rund zehntausend Jahren war die Sahara keine Wüste, sondern eine üppige Graslandschaft und allem Anschein nach ein kulturelles Zentrum, weil dort eine Vielzahl unterschiedlicher Artefakte gefunden wurde. Zur Zeit des Römischen Imperiums scheint die Sahara sogar als Kornkammer gedient zu haben. Es wird angenommen, dass sie sich durch klimatische Veränderungen und exzessive Viehhaltung nach und nach in eine Wüste verwandelt hat.

Heute scheinen Phänomene wie Dürre oder Überschwemmungen häufiger aufzutreten als früher. Und zu diesen Naturkatastrophen gesellen sich noch die von Menschen herbeigeführten, eine unvermeidliche Folge der Sichtweise einer modernen Zivilisation, die Mensch und Natur als zwei voneinander getrennte, grundverschiedene Wesen betrachtet.

Gegen Ende des neunzehnten Jahrhunderts wurde die Wissenschaft im Westen hauptsächlich von mechanistischen Konzepten untermauert: Das Universum wurde mit einer riesigen Uhr und die Phänomene mit einem Uhrwerk verglichen und erklärt. Seit Anfang des zwanzigsten Jahrhunderts gibt es jedoch immer mehr Versuche, die Ergebnisse verschiedener Fachdisziplinen zu integrieren und Leben in seiner Gesamtheit zu verstehen.

Leben lässt sich nur durch einen Erklärungsansatz begreifen, der alle Aktivitäten einbezieht. Der Nichiren-Buddhismus fördert diese ganzheitliche Sicht, die nicht nur das Individuum, sondern den ganzen Kosmos umfasst und unserem Zeitalter in jeder Beziehung entspricht.

Nichiren schrieb: »Die Zehn Richtungen stellen die Umgebung und die fühlenden Wesen das ›Leben‹ dar. Die Umgebung ist wie der Schatten und das Leben wie der Körper. Ohne den Körper kann es keinen Schatten geben. Gleichermaßen kann eine Umgebung nicht ohne Leben existieren, obwohl das Leben durch seine Umgebung unterstützt wird.«[17] Die Zehn Richtungen umfassen die ganze Dimension des Raumes, repräsentiert durch die acht wichtigsten Punkte des Kompasses, zuzüglich Scheitel- und Fußpunkt. Zwischen subjektivem Selbst oder Leben und objektiver Welt oder Umgebung besteht eine symbiotische Beziehung.

Die Einheit vom Selbst und seiner Umgebung bedeutet, dass der Einzelne seine Umgebung durch einen inneren Wandel oder die Verbesserung seines grundlegenden Lebenszustandes beeinflussen und reformieren oder rundum erneuern kann. Nicht nur jedes Lebewesen hat die Möglichkeit, einer der Zehn Welten anzugehören, sondern auch seine Umgebung. Der Zustand, der sich in unserem Leben offenbart, manifestiert sich auch in unserem Umfeld. Wenn wir die Grundtendenz zur Hölle besitzen, leiten wir Kummer und Verdruss aus unserer Umgebung ab; wenn wir uns dagegen grundlegend auf dem Weg des Bodhisattva oder der Buddhaschaft befinden, genießen wir den Schutz und die Unterstützung unserer Umwelt. Wenn wir also unseren inneren Grundzustand auf positive Weise verändern, können wir gleichermaßen unsere äußere Situation verändern.

Es ist eine weit verbreitete menschliche Schwäche, für Probleme gleich welcher Art äußere Ursachen verantwortlich zu machen, die sich unserem Einfluss entziehen – andere Menschen, die Umstände –, statt in uns selbst nach den Ursachen zu suchen. Wenn wir unser Leben auf das Fundament des Konzepts stellen, dass das Selbst und seine Umgebung eine Einheit sind, erkennen wir, dass die grundlegende Ursache aller Katastrophen und Kalamitäten nicht in unserer Umgebung, sondern in uns selbst wurzelt.

Nichiren schrieb: »Wenn die Herzen der Menschen unrein sind, so ist auch ihr Land unrein, sind aber ihre Herzen rein, so ist es auch ihr Land. Es gibt nicht zwei Arten Länder, reine und unreine. Der Unterschied liegt einzig im Guten und Bösen unserer Herzen.«[18] Diese Passage besagt, dass es eine praktische Methode gibt, um unsere Welt positiv zu verändern – die Selbstveränderung.

Wie Nichiren erklärte, wird das individuelle Leben durch seine Umgebung geprägt. Aspekte des weit reichenden Einflusses, den die Umwelt auf den Menschen hat, werden in wissenschaftlichen Disziplinen, wie der Bioklimatologie, Biometeorologie und der meteorologischen Medizin, erforscht. Im Volksmund heißt es, dass eine längere Schlechtwetterperiode mit wolkenverhangenem Himmel den Menschen »aufs Gemüt schlägt« oder alte Verletzungen schmerzen, wenn ein Tiefdruckgebiet naht. Solche Behauptungen scheinen auf einer handfesten physiologischen Grundlage zu beruhen. Viele Menschen sind wetterfühlig, spüren subtile Veränderungen in der Atmosphäre. Vielleicht raten Ärzte deswegen manchmal zu einer »Luftveränderung«. In die Natur »einzutauchen« bietet nicht nur eine spirituelle Kraftquelle, sondern sorgt auch für einen klaren Kopf, weil Bäume in winzigen Mengen Phytonzid abgeben, eine Substanz, die beim Einatmen das Nervensystem stärkt und den Denkprozess schärft.

Harvey Cushing, ein bekannter amerikanischer Neurochirurg, der gegen Ende des neunzehnten und Anfang des zwanzigsten Jahrhunderts lebte, sagte einmal: »Ein Arzt ist verpflichtet, mehr als ein erkranktes Organ in Betracht zu ziehen, ja sogar mehr als den ganzen Menschen – er muss den Menschen in seiner Welt sehen.«[19] Der Buddhismus geht davon aus, dass Gesundheit bis zu einem gewissen Grad davon abhängt, wie wir uns den Herausforderungen anpassen, vor die wir von unserer Umgebung gestellt werden.

Auch in unserem Körper ist die Einheit von Leben und seiner Umgebung offensichtlich. Wenn wir uns als Einzelwesen betrachten, entspricht unsere Lebenskraft in jedem beliebigen Augenblick dem »Leben« schlechthin und die Funktion der Körperzellen und Moleküle unserer »Umgebung«. Beides ist untrennbar miteinander verbunden, egal bei welcher Aktivität. Zellen und Moleküle (die Umgebung, die uns unterstützt) gehen ihren wichtigen Aufgaben nach, als Ausdruck der Dreitausend Bereiche, die in jedem Moment unseres Lebens wirksam sind.

Den Zustand des Lebendigseins selbst könnte man als fortgesetzte Beziehung zwischen der Schaffenskraft des Lebens und den verschiedenen Komponenten des Körpers verstehen. Annähernd sechzig Trillionen Zellen sind unabhängig voneinander und dennoch gemeinsam damit befasst, die Funktionen des Menschen aufrechtzuerhalten.

Doch der menschliche Körper ist weit mehr als eine Ansammlung von Zellen und Organen. Zellen, Organe und Körpersysteme halten ein schöpferisches Gleichgewicht zwischen Spezialisierung und Synthese aufrecht: sie entfalten ihre individuellen Eigenschaften, während sie gleichzeitig ihre Aktivitäten zu einem harmonischen Ganzen zusammenfügen.

Der Sozialpsychologe Kurt Lewin prägte den Begriff »Lebensraum«, eine Bezeichnung für das individuelle psychologische Feld, das der Mensch wahrnimmt. Lewins Perspektive weist einige Ähnlichkeiten mit dem Konzept der Einheit vom Selbst und seiner Umgebung auf. Er betont die Bedeutung, die der Innenwelt im Vergleich zur Außenwelt eines Lebewesens zukommt. Entsprechend sah er die Umgebung nicht nur als objektive Welt, sondern als wichtige Komponente des Daseins der Lebewesen in dieser Welt. Lewin behauptete, dass alle Lebensformen auf unserem Planeten ihre eigene Umgebung haben, was heißt, dass es genauso viele Umgebungen wie Lebewesen gibt. Selbst Hund oder Katze, die wir als Haustiere halten, besitzen nach Lewins Ansicht ihre eigene Umgebung. Während der Mensch sich seine einzigartige Umgebung schafft, ist er in ein engmaschiges Beziehungsgeflecht mit anderen Lebewesen und äußeren Phänomenen eingebunden, die sich gegenseitig beeinflussen.

Fortschritte in der medizinischen Technologie haben uns Geräte an die Hand gegeben, die in der Lage sind, beinahe jeden Aspekt der menschlichen Anatomie zu erforschen; Computertomographie und Magnetresonanz-Tomographie (MRT, auch Kernspin-Tomographie genannt) sind nur zwei Beispiele. Die Auswertung der Röntgenaufnahmen, die vor der Entwicklung der CT- und MRT-Techniken gemacht wurden, wurde oft durch die undurchsichtige Knochensubstanz erschwert. Heute lässt sich jeder Bereich des Körpers in erstaunlichen Einzelheiten erforschen. Die modernen MRT-Geräte ermöglichen Untersuchungen des Konzepts der Einheit vom Selbst und seiner Umgebung auf der atomaren Ebene: Unter den verschiedenen Bausteinen, aus denen sich der menschliche Körper zusammensetzt, werden die Drehachsen einiger Atomkerne (zum Beispiel die Wasserstoffatome) durch starke Magnetfelder ausgerichtet und bilden ein charakteristisches Energieprofil. Die daraus resultierenden Signale werden von einem Computer zu einem Bild vom Inneren des Körpers verarbeitet. Mit bloßem Auge kann man klar zwischen dem Inneren des Körpers und der Außenwelt unterscheiden, doch in der submikroskopischen Welt des Atoms gibt es keine derartige Abgrenzung, beide setzen sich aus den gleichen Elementen und Atomen zusammen.

Ein weiteres Beispiel für die Einheit vom Selbst und seiner Umgebung ist der Salzgehalt in den Körperflüssigkeiten. Die Menge lässt sich in etwa mit dem Anteil im Meerwasser vergleichen. Einige Evolutionswissenschaftler führen diesen Umstand darauf zurück, dass sich die Lebensformen, von denen wir abstammen, im Meer entwickelt haben. Gegen Ende des neunzehnten Jahrhunderts versuchte der britische Physiologe Sydney Ringer Salzlösungen im Labor zu erzeugen, in die er Gewebeproben von Tieren einlegte, in der Hoffnung, das Leben der Zellen zu verlängern. Er stellte Nährlösungen aus verschiedenen organischen Salzen her, hatte jedoch keinen Erfolg mit seinen Experimenten. Schließlich entdeckte er, dass ein Froschherz in einer seiner Lösungen weiterschlug. Wie sich herausstellte, hatte ein Assistent bei der Zubereitung der Lösung versehentlich Leitungswasser benutzt, das Kalzium und andere anorganische Substanzen enthielt. Dank dieser

Panne gelang es ihm, die richtige Zusammensetzung für seine Ringer-Lösung zu finden, die heute noch verwendet wird.

Unser Körper setzt sich aus verschiedenen Elementen zusammen, die im ganzen Universum vorhanden sind – Wasserstoff, Sauerstoff, Kohlenstoff. Ein Mensch, der 154 Pfund wiegt, bringt ungefähr 97 Pfund Sauerstoff, 29 Pfund Kohlenstoff, 14 Pfund Wasserstoff und 8 Pfund Stickstoff auf die Waage. Die anderen 6 Pfund bestehen aus Kalium, Kalzium, Schwefel und anderen Spurenelementen (einschließlich Gold, das sich auf ungefähr 0,0002 Unzen beläuft).

Nichiren schrieb: »Sämtliche Phänomene sind in unserem Leben vorhanden, bis zum letzten Staubkorn. Die neun Berge und acht Meere sind in unserem Körper enthalten …«[20] Hier waren die Berge und Meere gemeint, aus denen sich in der alten indischen Kosmologie die Welt zusammensetzt. In einer anderen Schrift heißt es: »Der Körper ahmt in allen Einzelheiten den Himmel und die Erde nach.«[21] Das heißt, dass nicht nur Körper und physische Welt grundlegend identisch, sondern auch das individuelle Leben und das kosmische Leben untrennbar sind. Das Mystische Gesetz – Nam-myoho-renge-kyo –, das die Lebenskraft »zusammenfasst«, manifestiert sich gleichzeitig in den Lebewesen und ihrer Umgebung. Die zwei sind eins, bilden eine Einheit, weil sie beide das fundamentale Gesetz des Lebens verkörpern.

»Natürliche Auslese« gilt, in vereinfachter Form, als treibende Kraft in der Evolution. Man geht davon aus, dass bestimmte Organismen durch zufällige Mutationen besser als andere an ihre Umgebung angepasst sind und damit ihre Chancen erhöhen, zu überleben und sich fortzupflanzen, wobei sie ihre verbesserten Merkmale an ihre Nachkommen vererben. Doch Wissenschaftler verschiedener Disziplinen, von der Ökologie bis hin zur Molekularbiologie, haben Ihre Zweifel hinsichtlich dieses Selektionsprozesses. Der japanische Anthropologe Kinji Imanishi, Pionier einer »neuen Evolutionstheorie«, ist der Meinung, dass die Lebewesen selbst eine dominierende Rolle in der Entwicklung ihrer Art spielen. Sie wählen nicht nur ihren Lebensraum aus, sondern passen sich auch den Veränderungen in ihrem spezifischen Milieu an. Laut dieser Theorie wäre die treibende Kraft der Evolution nicht etwa eine Kette zufälliger physischer Mutationen, sondern die Selektionsfähigkeit der Lebewesen. Sie betont außerdem die untrennbare Beziehung zwischen Evolution und Umgebung. In dieser Hinsicht kommen Imanishis Vorstellungen der buddhistischen Lebensanschauung nahe.

Wissenschaftlichen Theorien zufolge entstand die Erde vor annähernd 4,6 Milliarden Jahren. In den nachfolgenden ein oder zwei Milliarden Jahren nahm die Fähigkeit des Planeten, Leben zu unterstützen, allmählich zu, bis sich die primitivsten Lebensformen entwickelten. Wie diese Entwicklung genau vonstatten ging, ist nach wie vor ein Geheimnis, doch wahrscheinlich spielten dabei vulkanische Aktivitäten von unvorstellbaren Ausmaßen, die »organische Suppe« der Ozeane und eine Myriade chemischer Reaktionen in der Atmosphäre eine ausschlaggebende Rolle. Wenn wir Leben als essenzielle, dem Universum innewohnende Kraft betrachten, können wir annehmen, dass unser Planet von Anfang an die Grundtendenz besaß, die Entstehung von Leben zu begünstigen. Diese Tendenz machte primitive Lebensformen möglich, während sie gleichzeitig die Voraussetzungen für ihr Erscheinen schuf.

Gemäß dieser Sicht stammen alle Lebensformen, wir selbst eingeschlossen, aus einer fühllosen Welt, der Umgebung des Universums. T'ien-t'ai nannte den Ort, aus dem Leben hervorgeht, »die letztendliche Tiefe des Lebens, welche die absolute Wirklichkeit ist.«[22] Hier wird die immense Bedeutung offensichtlich, die der Einheit von Leben und seiner Umgebung zukommt. Nichiren definierte T'ien-t'ais »letztendliche Tiefe des Lebens« als grundlegendes Gesetz des Lebens und des Universums – Nam-myoho-renge-kyo –, das an sich die kosmische Lebenskraft darstellt; es ist die Buddhanatur, die allen Dingen im Universum innewohnt, gleich ob fühlend oder fühllos.

Zukunftsperspektive

Jedes einzelne Leben enthält sämtliche Gesetze des Universums und die fundamentale Kraft, die allen Phänomenen zugrunde liegt. Jeder Augenblick unseres individuellen Lebens stimmt genau mit dem kosmischen Leben überein. Oft haben wir uns in die Vorstellung verrannt, dass wir getrennte Wesen sind, und erkennen nicht, dass Leben untrennbar ist.

Nichiren verstand unter wahrer Eigenständigkeit die Erkenntnis und den Erhalt der Harmonie mit dem letztendlichen Gesetz des Lebens. Die Entwicklung dieser Eigenständigkeit ist gleichbedeutend mit der Entwicklung der Buddhanatur in unserem Leben. Sie beinhaltet die Fähigkeit, unsere jeweiligen Lebensumstände als Mittel zum Wachstum zu nutzen, statt sich durch Selbsttäuschung oder das Leiden, das Leben und Tod mit sich bringen, einengen oder beherrschen zu lassen. Im Licht des Konzepts vom gegenseitigen Besitz der Zehn Welten sollten wir den Zustand der Buddhaschaft als Fundament aller unserer Aktivitäten anstreben.

Wenn die uns innewohnende Buddhanatur in Erscheinung tritt, kommt die uns angeborene innere Kraft (einer der Zehn Faktoren) des grenzenlosen Mitgefühls und der Weisheit ins Spiel. Die Manifestation der Buddhaschaft wird durch das Gesetz von Ursache und Wirkung (ebenfalls in den Zehn Faktoren enthalten) zusätzlich gestärkt und immer mehr zum Bestandteil all unserer Erfahrungen.

Mit dem Erscheinen unserer Buddhanatur manifestieren sich auch die Vier Merkmale der Buddhaschaft, oder die Vier Tugenden: Ewigkeit, Glück, wahres Selbst und Reinheit. Die Tugend der Ewigkeit ist die grenzenlose Freiheit eines Menschen, der zur Ewigkeit des Lebens erwacht ist. Mit Glück ist die innere Freude und Erfüllung gemeint, die nicht durch äußere Einflüsse zerstört werden kann. Wahres Selbst bezieht sich auf die Entwicklung einer echten Eigenständigkeit, die absolut und unzerstörbar ist. Und Reinheit bedeutet, ein Leben, das frei ist von Selbsttäuschung und Leiden, und das sich auch dann verwirklichen lässt, wenn man in einer »unreinen« Gesellschaft lebt und arbeitet.

Wenn wir diese Merkmale besitzen, wird unser Dasein freudvoll, glücklich, rein und sicher sein, trotz der Schwierigkeiten, denen wir uns vielleicht gegenübersehen. Unsere Reise durch die stürmischen Gewässer von Leben und Tod wird Kurs auf das allerhöchste Ziel nehmen – die Enthüllung der Buddhaschaft in allen Wesen.

Wenn wir die Buddhaschaft als Grundzustand entwickelt haben, sind wir in der Lage, die anderen Neun Welten angemessen in Einklang zu bringen und dabei die Zeit, die wir in ihnen verbringen, auf positive Weise zu nutzen. Darüber hinaus können wir die fünf Komponenten mit Nachdruck ins Spiel bringen, um unsere individuellen Eigenschaften voll zu entfalten. Wir können ein dauerhaftes Glück schaffen, unverletzlich durch gleich welche Veränderungen in unserem Umfeld. Und durch unser grenzenloses Mitgefühl haben wir einen guten Einfluss auf jeden Menschen, dem wir begegnen, wodurch wir unsere Umgebung nachhaltig verändern.

Die Buddhaschaft – die grundlegende Wahrheit des Lebens – wird durch das Konzept der Neun Bewusstseinsebenen, mit denen wir uns im nächsten Kapitel befassen, noch genauer erläutert.

Die Neun Bewusstseinsebenen

Nach buddhistischer Auffassung sind verzerrte Wahrnehmungen, falsche Anschauungen oder getrübte Bewusstseinszustände die eigentliche Ursache des Leidens. Der erste Schritt auf dem Achtgliedrigen Pfad ist die rechte Ansicht oder die Fähigkeit, die Dinge so zu sehen, wie sie wirklich sind. Wahre Erleuchtung – Illusionen und Selbsttäuschung loszulassen und die Wirklichkeit so zu sehen, wie sie wirklich ist – ist folglich ein Weg, der vom Leiden befreit. Dieser Gedanke bildet das Fundament für das Konzept der Neun Bewusstseinsebenen.

Im Westen wurden viele Versuche unternommen, die verschiedenen Ebenen des menschlichen Bewusstseins zu erforschen, vor allem mit Hilfe der Psychoanalyse und Tiefenpsychologie. Auch die Neurologie und die Neurophysiologie haben sich mit wissenschaftlicher Nüchternheit und Objektivität bemüht, Funktionen wie Sinnesempfindungen, Gefühle, Intelligenz und Gedächtnis in Zusammenhang mit den Aktivitäten des Gehirns zu ergründen. Der Buddhismus befasst sich im Gegensatz dazu mehr empirisch mit den tieferen Schichten des Lebens. Das Konzept der Neun Bewusstseinsebenen bietet unmittelbare Erkenntnisse über die gleichen Bereiche der menschlichen Existenz, die auch von den Hypothesen der modernen Wissenschaft und Medizin angesprochen werden.

Im Buddhismus leitet sich »Bewusstsein« von dem Sanskrit-Begriff *vijnana* her, was »Erkenntnisfähigkeit«, »Verständnis« oder »Wahrnehmung« bedeutet. Shakyamuni bezog die *vijnana*-Funktion in die fünf Komponenten ein – Form, Wahrnehmung, Vorstellung, Wille und Bewusstsein. Bewusstsein wird oft als Denkfähigkeit oder Zustand der Wachheit verstanden. In diesem Kapitel hat das Wort Bewusstsein indes eine andere Bedeutung. Gemeint ist eine Fähigkeit oder Kraft, die immer wirksam ist, ungeachtet dessen, ob wir uns dessen »bewusst« sind oder nicht.

Bewusstsein ist auf mehreren Ebenen wirksam. Das Konzept der Neun Bewusstseinsebenen, weitgehend von T'ien-t'ai und den Flower-Garland-Schulen im sechsten Jahrhundert in China entwickelt, geht den verschiedenen Schichten des Bewusstseins auf den Grund und veranschaulicht dabei den »Operationsmodus« des Lebens. Es unterscheidet sich vom Konzept der Zehn Welten. In T'ien-t'ais Lehren überschneiden sich diese beiden buddhistischen Theorien jedoch, weil man die neunte Bewusstseinsebene als Synonym für die zehnte Welt verstehen kann – als Buddhaschaft. Nichiren ging nicht näher auf diesen Punkt ein, doch er bestätigte die Kernaussage: dass die neunte Bewusstseinsebene der Buddhaschaft gleichkommt.

Jedes Lebewesen nimmt Informationen aus seinem Umfeld auf und passt sich entsprechend an. Der Erhalt einer Art hängt von der Fähigkeit ab, die Umgebung richtig wahrzunehmen und darauf zu reagieren. Sogar Pflanzen spüren den Wechsel der Jahreszeiten und stellen sich auf die klimatischen Bedigungen im Winter und Sommer ein. Im Winter werfen Laubbäume beispielsweise ihre großen Blätter ab, um nicht zu viel Feuchtigkeit durch sie zu verlieren.

Menschen sind gleichermaßen in der Lage, auf ihre Umwelt zu reagieren. Wir können beispielsweise unterscheiden, was essbar ist und was nicht und oft schon auf den ersten Blick erkennen, ob das Obst in einer Schale künstlich oder echt ist. Wenn nicht, kommen Geruchs- und Tastsinn hinzu, und selbst wenn diese sich täuschen ließen, könnten wir ein Stück probieren, um festzustellen, ob es sich um eine Imitation handelt. Die Erkenntnis- oder Wahrnehmungsfähigkeit ist für das Überleben der Arten unverzichtbar.

Die ersten sechs Bewusstseinsebenen

Die ersten fünf Bewusstseinsebenen entsprechen dem herkömmlichen Konzept der fünf Sinne: Gesichtssinn, Gehörsinn, Geruchssinn, Geschmackssinn und Tastsinn. Sie werden durch die Wechselbeziehung zwischen den fünf Sinnesorganen – Augen, Ohren, Nase, Zunge und Haut – und der Umgebung des Menschen aktiviert. Die fünf Sinnesorgane sind wie Fenster oder Wege, die Außen- und Innenwelt miteinander verbinden und haben eine relativ passive Aufgabenstellung.

Die sechste Bewusstseinsebene setzt die Wahrnehmungen der fünf Sinne zu einem zusammenhängenden mentalen Bild zusammen und fällt auf dieser Grundlage ein Urteil über die Außenwelt. Wenn ein Sinnesorgan nicht ausreichend funktioniert, kann der menschliche Verstand in seiner Fähigkeit, die Außenwelt präzise wahrzunehmen, ebenfalls beeinträchtigt sein. Doch solange die anderen Sinne voll einsatzfähig sind, gelingt es dem Verstand auch dann, wenn ein »Fenster« verhangen sein sollte, sich ein gesundes Urteil zu bilden. Die sechste Bewusstseinsebene kann außerdem unabhängig von den fünf Sinnen aktiv werden, zum Beispiel im Traum oder wenn wir unserer Fantasie freien Lauf lassen.

Es kommt allerdings häufig vor, dass die Funktion der fünf Sinne »gestört« ist. Auf der sechsten, siebten und achten Bewusstseinsebene können negative Einflüsse entstehen, die unsere Wahrnehmung der Außenwelt verzerren. Diese Wahrnehmung wird von unserer Einstellung, den Auswirkungen unseres Karmas und den inneren Aktivitäten des Bewusstseins geprägt. Einem gesunden, vitalen Menschen mundet beispielsweise selbst die einfachste Nahrung, während jemand, der in Trauer versunken ist, nicht einmal an einem köstlichen Schlemmermahl Geschmack findet. Solche Phänomene sind rätselhaft, aber weit verbreitet.

Dazu kommt, dass jedes Sinnesorgan ein eigenes Bewusstsein besitzt. Aus physiologischer Sicht leiten die Sinnesorgane nicht alles, was sie wahrnehmen, an das Gehirn weiter. Sie treffen eine Auswahl und übermitteln nur die als »wichtig« erachteten Informationen. Das Bewusstsein der Augen bezieht sich also auf deren Erkenntnis- oder Selektionsfähigkeit. Angenommen, wir suchen verzweifelt unseren Hausschlüssel. Wie immer in solchen Situationen, befindet er sich direkt vor unserer Nase, mitten auf dem Wohnzimmertisch, doch wir sehen ihn nicht. Hektisch halten wir überall Ausschau, aber der Schlüssel scheint spurlos verschwunden zu sein, weil unsere Augen die Informationen »selektiert« haben, die an das Gehirn weitergeleitet wurden. Wir sind davon ausgegangen, dass der Schlüssel nicht im Wohnzimmer sein kann (schließlich hätten wir ihn ja sofort gesehen, wenn er dort wäre!), daher wird die Information, die unsere Augen erhalten haben – dass der Schlüssel auf dem Wohnzimmertisch liegt –, nicht an das Gehirn übermittelt.

Die buddhistische Ausübung »reinigt« die Sinne und die anderen Bewusstseinsebenen, so dass wir alle Phänomene klar und präzise wahrnehmen können. Auch hier gelten die Sinnesorgane als Schnittstelle zwischen dem kleinen Universum unseres Lebens und dem Kosmos. Um die Sinnesorgane zu reinigen, müssen wir unser Leben mit dem Universum »in Einklang bringen«, eine vollkommene Harmonie anstreben. Wer seinen Gesichtssinn gereinigt hat, wird feststellen, dass sich selbst hinter einer scheinbar öden Landschaft ein Wunder der Schöpfung verbergen kann, das vor Leben vibriert. Und wer seinen Gehörsinn gereinigt hat, kann sogar im Geschrei eines Kindes Mozarts Sphärenklänge vernehmen.

In einer Passage aus dem Lotos-Sutra heißt es: »Wenn gute Männer und Frauen dieses Lotos-Sutra annehmen und beibehalten, wenn sie es lesen, rezitieren, erklären und predigen oder abschreiben, werden solche Personen achthundert Nutzen der Augen, zwölfhundert Nutzen der Ohren, achthundert Nutzen der Nase und zwölfhundert Nutzen der Zunge, achthundert Nutzen des Körpers und zwölfhundert Nutzen des Geistes erlangen. Mit diesen Nutzen werden sie ihre sechs Sinnesorgane schmücken können und sie alle reinigen.«[1]

Dieser Abschnitt erwähnt verschiedene Praktiken, die im Buddhismus als »die Fünf Ausübungen« bezeichnet werden: Das Lotos-Sutra annehmen, es lesen, rezitieren, erläutern und abschreiben. Im Nichiren-Buddhismus schließt das Annehmen und Befolgen des Gesetzes von Nam-myoho-renge-kyo die fünf Ausübungen in ihrer Gesamtheit ein. Die ersten sechs Bewusstseinsebenen werden gereinigt, wenn wir Nam-myoho-renge-kyo verinnerlichen und uns bemühen, unsere Grenzen zu sprengen, wobei wir Leiden in Freude verwandeln.

Auch die Tauben und Blinden können ihre Sinne reinigen. Der Ausfall bestimmter Sinne schließt nicht aus, dass wir das wahre Wesen aller Dinge genauso gut wahrnehmen. Solche physischen Einschränkungen lassen sich durch die buddhistische Ausübung, bei der wir unseren »Herzenssinn« voll entwickeln, durchaus kompensieren. Die Reinigung der Sinne bezieht sich auch auf die Fähigkeit, mehr Klarheit über die wahre Beschaffenheit aller Phänomene zu gewinnen.

Infolge der wissenschaftlichen Fortschritte wurde unsere Seh- und Hörfähigkeit beträchtlich verbessert und mit Hilfe der modernen Technologie können wir heute in den Weltraum hinausblicken oder Geräusche vom Meeresboden vernehmen. Doch hat uns dieser Machtgewinn Glück gebracht? Wenn die Wissenschaft weiterhin dazu neigt, ihren Forschungsradius immer weiter in die Außenwelt auszudehnen, wird sie nur Unglück heraufbeschwören, solange es keine entsprechenden Wachstums- und Reifeprozesse in der Innenwelt des Menschen gibt.

Dazu kommt, dass die Wissenschaft erst noch ein Instrument erfinden muss, das uns Einblick in das Herz eines Menschen gewährt. Der Buddhismus befähigt uns, nicht nur unser eigenes Herz, sondern auch das anderer wahrzunehmen, um zu verstehen, was das Herz »bewegt«. Man könnte sagen, der Buddhismus ist die Wissenschaft des Geistes und die Medizin des Herzens. Die Reinigung des Herzens – unserer Wahrnehmungen und Absichten – ist die Grundlage für die Reinigung unserer Sinnesorgane und unseres Bewusstseins.

Mark Twain sagte einmal zu Helen Keller, der amerikanischen Schriftstellerin, die über ihre Blindheit und Taubstummheit triumphierte: »Helen, die Welt ist voller Augen, die nicht sehen, die leer sind, starr, seelenlos.«[2] Die beiden interessantesten Persönlichkeiten des neunzehnten Jahrhunderts waren nach seinem Dafürhalten Napoleon und Helen Keller: Die Eroberung der Welt, ein Plan, der von Napoleon mittels Gewalt umgesetzt werden sollte und scheiterte, sei Helen Keller trotz der Bürde einer dreifachen Behinderung durch ihre unerschöpfliche spirituelle Stärke gelungen.[3]

Die siebte Bewusstseinsebene: Das Ego oder kleine Selbst

Die ersten sechs Bewusstseinsebenen sind Reaktionen auf die alltägliche Außenwelt der Phänomene. Sie lassen sich leicht ausmachen, da sie an der »äußeren Oberfläche« des Verstandes stattfinden – im Bereich des Bewusstseins. Von einigen wenigen Ausnahmen abgesehen, zum Beispiel Träumen, in denen die sechste Bewusstseinsebene in eigener Regie tätig wird, reagieren die ersten sechs Bewusstseinsebenen auf die fortlaufend übermittelten Reize aus unserem Umfeld. Die Tatsache, dass die Koordination wie am Schnürchen klappt, legt die Schlussfolgerung nahe, dass es eine Art Kontroll- und Schaltzentrale gibt, die diese sechste Bewusstseinsebene überwacht und steuert, ein unveränderliches Selbst.

Die Funktion, die uns zum Glauben an die Existenz eines scheinbar permanenten Selbst verleitet, wird als siebte Bewusstseinsebene bezeichnet. Sie repräsentiert die innere spirituelle Welt und ist die Quelle des Identitätsgefühls, das im Namen der Selbsterhaltung und Selbstentfaltung wirkt. Sie entspricht in etwa dem westlichen Konzept des Ego.

In Wirklichkeit befindet sich das Selbst in stetigem Fluss, wandelt sich von einem Augenblick zum anderen, genau wie unser Körper und alle anderen Phänomene. Nur weil wir dem Selbst oder Ego rein instinktiv »verhaftet« sind, erleben wir es als Konstante. Wir erinnern uns an bestimmte Ereignisse in unserem Leben und schmücken sie mit Einzelheiten aus, die Aufschluss darüber geben sollen, wer wir sind. Ohne diese Fähigkeit wäre es schwierig, uns in der Welt zu behaupten. Die Anhaftung an dieses flüchtige Selbst wird jedoch problematisch, wenn wir es mit einem unveränderlichen Wesenskern verwechseln und folglich nicht mehr danach suchen, was wirklich unveränderlich und tief in uns verwurzelt ist.

Die Fähigkeit, sich sowohl von anderen Menschen abzugrenzen als auch Bindungen zu anderen Menschen herzustellen, ist auch für die siebte Bewusstseinsebene charakteristisch. Sie gilt als A und O des Selbsterhaltungstriebs. Auch hier fiele es uns schwer, in der realen Welt zu bestehen, wenn es uns daran mangelte.

Doch dieser Trieb oder dieses Bedürfnis schafft im Endeffekt Leid. Die siebte Bewusstseinsebene und das Selbstbild, das sie erzeugt, kann uns tief greifend beeinflussen und zu der Überzeugung veranlassen, dieses Bild sei unser wahres Ich, unser Wesenskern, was ein Trugschluss wäre. Die Anhaftung an dieses Selbst leistet Selbstüberschätzung und Selbstsucht, aber auch Selbstverachtung und mangelndem Selbstwertgefühl Vorschub. Doch wenn wir uns von diesem Selbst lösen würden, hätten wir Angst, unsere Existenz für null und nichtig zu erklären. Deshalb klammern wir uns an die Geschichten, mit denen wir unsere Persönlichkeitsstruktur füllen, und sind bestrebt, sie ständig durch Ansichten und Anschauungen, Vorlieben und Abneigungen anzureichern, als gelte es, den Kern unserer Identität zu schützen. Auf diese Weise verlieren wir unser wahres Selbst aus den Augen, das in einer tieferen Bewusstseinsebene wurzelt, sind blind für unser wahres Potenzial. Mit der Anhaftung an das Selbst der siebten Bewusstseinsebene sperren wir uns in einen winzigen Käfig innerhalb der gewaltigen Dimensionen des Lebens, so dass die uns innewohnende wahre Quelle der Menschlichkeit ungenutzt bleibt.

Auch wenn es den Anschein hat, als würde das Wort »Selbst« automatisch mit negativem, selbstsüchtigem oder eigennützigem Verhalten assoziiert, ist im Buddhismus damit keine Wertigkeit verbunden, sondern die Ebene des kleinen Selbst gemeint. Wie bereits erwähnt, gibt es auch ein großes Selbst, das wahre Selbst, das in den Tiefen des Lebens schlummert. Im Mittelpunkt der buddhistischen Philosophie steht das Bestreben, aus dem Kerker dieses kleinen Selbst auszubrechen, um das unendlich erweiterte wahre Selbst zu entfalten. Das Konzept der neun Bewusstseinsebenen wurde entwickelt, um dieses Ziel zu erreichen.

Obwohl die siebte Bewusstseinsebene zweifellos ein positives Potenzial besitzt, sollte man ihre Fähigkeit, »Käfige« für das Ego zu schaffen, nicht unterschätzen.

Die achte Bewusstseinsebene: Der karmische Speicher

Alle Erfahrungen aus unserem gegenwärtigen und aus vergangenen Leben sammeln sich auf der achten Bewusstseinsebene. Sie gilt als derjenige Bereich, der dem Zyklus von Geburt und Tod unterworfen ist. Die achte Ebene wird auch *Alaya*-Bewusstsein genannt: *alaya* stammt aus dem Sanskrit und bedeutet »Magazin« oder »Speicher«. Diese Bewusstseinsebene empfängt die Ergebnisse von Gedanken, Worten und Taten und speichert sie als karmisches Potenzial oder karmische »Saat«. Da die karmischen Saatkörner ausschließlich auf einer sehr tiefen Ebene des Lebens zu finden sind, bleiben sie von der Außenwelt unberührt. Dennoch besteht eine Wechselwirkung zwischen der Saat, die tief im *Alaya*-Bewusstsein verborgen ist, und den oberflächlichen Bewusstseinsebenen, auf denen drei Arten der Aktivität – denken, sprechen und handeln – stattfinden.

Die im *Alaya*-Bewusstsein gespeicherte Saat beeinflusst die Aktivitäten unserer ersten sieben Bewusstseinsebenen. Das Karma wirkt auf jeden Aspekt von Körper und Geist ein. Menschen reagieren unterschiedlich auf die gleichen Situationen, je nach Persönlichkeitsstruktur. Auch bestimmte physische Merkmale, beispielsweise die körperliche Verfassung, können Lebensstil, Essgewohnheiten, biologische und milieubedingte Komponenten widerspiegeln. Die geistige Verfassung spiegelt nicht nur den Lebensstil, sondern darüber hinaus auch das Reservoir der Erfahrungen und des Wissens wider. Durch die Wirkungsweise unseres Karmas haben wir physisch und mental unseren derzeitigen Lebenszustand erreicht. Ein gutes oder schlechtes Karma (Belohnung oder Vergeltung) kommt im inneren Lebenszustand zum Ausdruck. Äußerlich spiegelt sich beides in der Umgebung oder im sozialen Umfeld des Einzelnen wider.

Josei Toda erklärte: »Alle unsere Handlungen aus früheren Existenzen sind in ihrer Gesamtheit in unserem Leben enthalten… Obwohl wir gerne sagen möchten: Was ich früher getan habe, ist belanglos, ich wurde als unbeschriebenes Blatt geboren, können wir der Vergangenheit nicht so leicht entfliehen. Warum bin ich arm geboren? Warum bin ich unwissend geboren? Warum habe ich beruflich keinen Erfolg, obwohl ich mir die größte Mühe gebe? Die Antwort auf alle diese Fragen ist in unseren vergangenen Leben zu finden.«[4]

Laut medizinischer Wissenschaft wird jede Zelle unseres Körpers, von der Mitte der Augäpfel bis zum Knochenmark, im Lauf der Jahre mehrmals ersetzt, fuhr Toda fort. Auf dieser Grundlage könnte man anführen, dass man nicht für Schulden, die man vor fünf Jahren gemacht hat, haftbar ist – rein physisch wäre das ein »anderes Ich« gewesen. Doch dieses Argument wird den Gerichtsvollzieher nicht davon abhalten, die Schulden einzutreiben. Gleichermaßen bleibt uns keine andere Wahl, als die Verantwortung für unsere früheren Handlungen und das Karma zu übernehmen, das wir geschaffen haben.

Ungeachtet der gegenwärtigen Lebensumstände steht es uns allerdings frei, unsere Situation durch den Kurs, den wir jetzt einschlagen, zu verbessern. Gleich ob wir oberflächlich mit uns zufrieden sind (und alles beim Alten belassen) oder uns an den Pranger stellen, damit schaffen wir letztendlich keinen neuen Wert. Der Buddhismus lehrt uns, danach zu streben, Werte zu schaffen, Weisheit und Mitgefühl zu vertiefen. Ungeachtet der Fehler, die wir im Verlauf unserer Leben begehen, können wir über frühere Anschauungen und Verhaltensweisen nachsinnen und unsere Kümmernisse und Misshelligkeiten als Sprungbrett für Wachstum und Entwicklung benutzen.

Das *Alaya*-Bewusstsein

Zum Zeitpunkt des Todes geht unser Leben in einen latenten Zustand über – wir werden vom fühlenden zum fühllosen Wesen. Dieser Prozess vollzieht sich in drei verschiedenen Phasen: In der ersten Phase werden die Aktivitäten der ersten fünf Bewusstseinsebenen eingestellt, während die sechste Bewusstseinsebene auch weiterhin funktioniert. In der zweiten Phase zieht sich die sechste Bewusstseinsebene in den »Schlummerzustand« zurück und verfällt auf der achten Ebene, im *Alaya*-Bewusstsein, in einen latenten Zustand während die siebte Ebene als leidenschaftliche Anhaftung an die gegenwärtige Existenz aktiv bleibt. In der dritten Phase stellt auch die siebte Bewusstseinsebene ihre Funktion ein und geht als Latenzzustand in das *Alaya*-Bewusstsein über. Demzufolge dienen uns nur die achte und neunte Bewusstseinsebene als »Gefäß« oder Fahrzeug für das ewige Leben – wenn wir unseren Weg durch den endlosen Kreislauf von Leben und Tod fortsetzen.

Während des Übergangs vom fühlenden zum fühllosen Wesen wird unsere Fähigkeit, auf äußere Reize zu reagieren, latent und unser Leben in dem Zustand fixiert, den wir uns entsprechend unserer Grundtendenz geschaffen haben. Wenn der Tod naht, können weltliche Mittel immer weniger ausrichten, um diese grundlegenden Lebensumstände zu ändern. Wohlstand, Macht, gesellschaftliches Ansehen, die Liebe anderer Menschen – nichts von alldem kann uns helfen und selbst die besten Gedanken und Philosophien erweisen sich im Angesicht des Todes als nutzlos, wenn wir sie nicht praktisch umgesetzt und zum festen Bestandteil unseres Lebens gemacht haben. Wenn das Leben in den Latenzzustand eintritt, verlieren wir die Fähigkeit, unsere Umgebung zu beeinflussen und von ihr beeinflusst zu werden.

Das *Alaya*-Bewusstsein wird auch als »unauslöschlich« bezeichnet, weil die darin gespeicherte karmische Saat nicht mit dem Tod verschwindet. Unser individuelles Leben wird von allen prägenden Merkmalen unseres Karmas in den Latenzzustand begleitet. Obwohl Gewohnheiten, Talente, Fähigkeiten, äußere Merkmale usw. nicht mitgenommen werden, bleiben die Elemente, die unseren Lebensumständen auch nach dem Tod ihren Stempel aufdrücken werden, im *Alaya*-Bewusstsein erhalten. Beispielsweise wird das *Alaya*-Bewusstsein eines Menschen, dessen Grundtendenz die Hölle war, im Tod Höllenqualen leiden, als Folge der Ursachen, die er zu Lebzeiten geschaffen hat. Ein Mensch, der zeitlebens von seinen Begierden beherrscht wurde, wird nach dem Tod umso heftiger von Frustrationen geplagt.

Unsere karmische Energie wirkt sich auch auf Menschen aus, die uns nahe stehen (Lebende und Verstorbene), sogar auf die ganze Menschheit. Sie beeinflusst Tiere und Pflanzen. Eine tief greifende positive Veränderung der karmischen Energie kann den Anstoß zu Veränderungen im Leben anderer geben; durch diese innere Erneuerung oder Reformation – »menschliche Revolution« genannt – können wir letztlich das Schicksal unserer Angehörigen und der Gesellschaft schlechthin auf positive Weise verändern.

Wichtig ist, sich vor Augen zu halten, dass sich das Selbst zeitlebens von einem Augenblick zum anderen ändert. Durch unsere physischen und mentalen Aktivitäten schaffen wir fortwährend neue Ursachen. Die Wirkung vergangener Ursachen wird in diesem Prozess sichtbar, was wiederum Veränderungen auslöst und uns veranlasst, neue karmische Ursachen zu schaffen. Obwohl wir eine neue karmische »Saat« ausbringen können, wird das *Alaya*-Bewusstsein niemals ganz frei von Selbsttäuschungen sein. Vollkommene Reinheit (der Gedanken, Worte und Taten) findet sich nur auf der neunten Bewusstseinsebene.

Die neunte Bewusstseinsebene: Reinheit, Höheres Selbst, Buddhanatur

Nicht nur unsere Gedanken, sondern auch unsere Worte und Taten werden auf einer tiefen Ebene unseres Lebens registriert. Unser Karma umfasst gute und böse Aspekte oder Erleuchtung und Selbsttäuschung – einander entgegengesetzte Kräfte, die einen endlosen Kampf austragen. Auf der Grundlage des Mitgefühls können wir indes die Entschlossenheit aufbringen, Ursachen zu setzen, die durch Selbsttäuschung entstandene und im *Alaya*-Bewusstsein gespeicherte karmische Auswirkungen kompensieren. Wir können auf das Ziel einer Selbsterneuerung hinarbeiten, indem wir die Mauern unserer Selbstsucht durchbrechen und unser Leben dem Wohl anderer widmen. Auf diese Weise lässt sich das *Alaya*-Bewusstsein nachhaltig beeinflussen.

Um die negativen Einflüsse früherer Taten zu überwinden, müssten wir theoretisch genauso viel Zeit darauf verwenden, gute Ursachen zu setzen, wie wir mit dem Ansammeln schlechter Ursachen in unserer endlosen Vergangenheit verbracht haben. Und wir müssten um jeden Preis vermeiden, neue schlechte Ursachen hinzuzufügen! Unter solchen Umständen wäre es beinahe unmöglich, am Rad des Schicksals zu drehen, weil wir in einem »schändlichen Zeitalter« leben, wie es in einigen buddhistischen Schriften heißt, so dass wir nicht umhin können, neue Ursachen für ein schlechtes Karma zu schaffen. Doch eine derart düstere Zukunftsperspektive leitet sich aus einer Ursache-Wirkung-Theorie ab, die ausschließlich in den ersten acht Bewusstseinsebenen wurzelt.

Das Konzept der neunten Bewusstseinsebene zeigt, dass wir die Mauern unseres angesammelten schlechten Karmas durchbrechen können. Nichiren lehrt, dass sogar

Menschen, die sich schwerer Vergehen schuldig gemacht haben, durch ihren Zugang zu den tieferen Lebensströmen die gleichen Wirkungen erzielen können, als hätten sie in der Vergangenheit gute Ursachen geschaffen.

Die neunte Bewusstseinsebene, *Amala*-Bewusstsein genannt, ist der Schlüssel für den Wandel des *Alaya*-Bewusstseins. Das Sankrit-Wort *amala* bedeutet »rein«, »geläutert« oder »unbefleckt«. Wie der Name besagt, bleibt das *Amala*-Bewusstsein unberührt von dem karmischen Ballast, den wir mit uns herumschleppen. Der karmische Speicher mit seiner Ansammlung schlechter Saatkörner ist durch die drei Gifte verunreinigt, die ähnlich wie Gase, die aus einer Müllhalde aufsteigen, wirken. Doch aus der Tiefe unseres Lebens sprudelt eine reine klare Quelle hervor, sobald die neunte Bewusstseinsebene geöffnet ist. Sie schwemmt alle Verunreinigungen gleichzeitig und unverzüglich hinweg, wie ein Frühlingsregen die Abfallreste auf der Straße.

Die neunte Bewusstseinsebene ist die letztendliche Wirklichkeit aller Dinge und gleichbedeutend mit der universalen Buddhanatur. Der Buddhismus lehrt, dass wir selbst auf der tiefsten Ebene unser Karma verändern können, wenn wir diese uns innewohnende Fähigkeit in unserem Leben aktivieren, statt uns auf das Eingreifen einer äußeren göttlichen Instanz zu verlassen.

Das *Amala*-Bewusstsein ist die reine Lebenskraft, eine Energie, die als Triebfeder für die Verbesserung des Lebens dient. Es repräsentiert das große Selbst, das nach dem Glück aller strebt. Die Kraft, Menschen den Weg zum vollkommenen Glück zu weisen, ist die Aufgabe des Buddha. Deshalb wird die neunte Bewusstseinsebene auch Buddha-Bewusstsein oder Dharma-Natur genannt, was auf das Erleuchtungspotenzial in jedem Menschen hinweist.

Das reine *Amala*-Bewusstsein ermöglicht uns, das ganze miteinander verwobene Netz der latenten Ursachen und Wirkungen, die das *Alaya*-Bewusstsein prägen, nachhaltig zu verwandeln, so dass es auf Buddha-Weisheit statt Selbsttäuschung beruht.

Der Zugang zum *Amala*-Bewusstsein wirkt sich auf alle anderen Bewusstseinsebenen aus, veranlasst sie, die immense Kraft und unendliche Weisheit der Buddhanatur zum Ausdruck zu bringen. Aus der Warte des *Amala*-Bewusstseins können wir erkennen, dass die karmischen Ansammlungen im Wesentlichen Chancen sind, unsere Buddhaschaft zu manifestieren. Die siebte Bewusstseinsebene – auf der wir das Selbst von anderen abgrenzen – wird zum »Hort der Wahrnehmung«, der uns befähigt, alles als gleichermaßen kostbar und achtenswert zu sehen. Mit anderen Worten: Wir können über unser kleines Ego hinauswachsen und die Gleichrangigkeit all dessen erkennen, was ist. Die sechste Bewusstseinsebene wird ihre falsche Wahrnehmung überwinden und sehen, dass alle Dinge ihren individuellen Wert besitzen. Die fünf Sinne oder Bewusstseinsebenen werden ihren Teil dazu beitragen, das Werk des Buddha zu vollenden.

Das Konzept der Neun Bewusstseinsebenen, das die verschiedenen Schichten des individuellen Lebens analysiert und gleichzeitig Licht auf das Leben in seinem Gesamtzusammenhang wirft, bietet Erkenntnisse, die vor allem für Bereiche wie Medizin und Psychiatrie relevant sind. In den letzten Jahrzehnten wurden Elemente, die dem Buddhismus verwandt sind, in psychosomatische Therapien einbezogen. Im Zuge der Aggressionsbekämpfung arbeiten die Patienten beispielsweise mit mentalen Vorstellungsbildern: Sie sollen sich ausmalen, wie der Zielscheibe ihres Grolls etwas Gutes widerfährt, zum Beispiel Liebe,

Aufmerksamkeit, Geld oder irgendetwas, worüber sich die verhasste Person nach Ansicht des Patienten freuen würde.

Ähnlich lehrte Shakyamuni eine Form der Meditation, bei der man zunächst mitfühlende Gedanken für die Angehörigen einer unliebsamen Person erzeugt und diese dann allmählich auf das eigentliche Objekt der Antipathie ausweitet. Auf diese Weise lernt man, die eigene Wut zu meistern, eine der Hauptquellen für Selbsttäuschung und selbstzerstörerischen Bedürfnisse.

Beim Zugriff auf unsere innere Weisheit sind Mitgefühl und Lebenskraft unabdingbar. Der volle Nutzen des Konzepts von den Neun Bewusstseinsebenen offenbart sich erst dann, wenn sich die neunte Bewusstseinsebene manifestiert, die Buddhaschaft.

Nichiren verlieh dem *Amala*-Bewusstsein – der grundlegenden Wirklichkeit des Lebens – in Nam-myoho-renge-kyo Ausdruck. Damit öffnete er einen Weg, der allen Menschen ermöglicht, ihre Buddhaschaft zu entfalten und ihr latentes großes Selbst zum Vorschein zu bringen. »Der Körper ist der Palast des neunten Bewussteins, der unabänderlichen Wahrheit, die alle Lebensfunktionen regiert.«,[5] schrieb er. Die Rezitation von Nam-myoho-renge-kyo ist also der Weg, um die Buddhaschaft, die dem Leben jedes Menschen innewohnt, zu »öffnen«, damit sie wie ein Quell hervorsprudeln und unser Leben von innen nach außen reinigen kann.

Nichiren schrieb auch: »Gründe dein Herz auf das neunte Bewusstsein und deine Ausübung auf die sechs Arten des Bewusstseins.«[6] Wenn wir den Glauben an die letztendliche Wirklichkeit fest in uns verankern und die buddhistische Praxis in unseren Alltag einbinden, können wir Zugang zu einer unerschöpflichen Quelle von Weisheit, Kraft und Mitgefühl finden. Wir können eine grundlegende Selbsterneuerung erreichen, die von innen heraus erfolgt, und ein unerschütterliches Fundament für das wahre Glück errichten. Treibholz, das im Fluss schwimmt, ist ein Spielball der Strömungen, doch selbst der stärksten Strömung würde es nicht gelingen, einen Felsen in der Brandung zu bewegen.

Josei Toda pflegte zu betonen, dass der Lebenszustand der Buddhaschaft oder das wahre Glück die Fähigkeit beinhaltet, Freude ungeachtet der jeweiligen Umstände zu empfinden. Er sagte: »Wenn wir den Zustand des vollkommenen Glücks erreichen, haben wir keine Geldsorgen und erfreuen uns einer guten Gesundheit. Im häuslichen Bereich herrscht Harmonie, beruflich verläuft alles zu unserer Zufriedenheit, das Herz ist von einem Gefühl des Überflusses erfüllt und alles, was wir sehen oder hören, weckt den Gedanken: ›Wie herrlich!‹ Wenn uns die Welt in diesem Licht erscheint, dann wird diese Welt… ein Buddha-Land. Das bedeutet die Buddhaschaft erlangen.«[7] Er erklärte, dass in diesem Zustand sogar ein Streitgespräch mit dem Partner oder der Partnerin eine Freude sein kann. Und dass man Gefühle so annimmt, wie sie sind, auch die Wut.

Glück hängt nicht allein von unserer sichtbaren Umgebung, sprich den Umständen ab: Es gibt Menschen, die in Saus und Braus leben, aber vom Unglück gezeichnet sind. Doch ganz unabhängig von äußeren Einflüssen ist unser Glück nicht. Wer könnte beispielsweise aufrichtig behaupten, glücklich zu sein, wenn die eigenen Kinder hungern müssen? Ein Mensch, der sich in einer aussichtslosen Lage zu befinden meint, leidet, während ein anderer, der eine schwierige Situation in den Griff bekommen und zu beeinflussen vermag, glücklich ist. Glück hängt also von einer starken (inneren) Lebenskraft ab, die uns befähigt, die (äußeren) Lebensumstände zu meistern.

Zukunftsperspektive

Die Philosophie der Neun Bewusstseinsebenen verdeutlicht den Unterschied zwischen Weisheit und Selbsttäuschung, die beide Funktionen des Lebens sind. Die ersten acht Bewusstseinsebenen werden als Selbsttäuschung betrachtet, während die neunte Bewusstseinsebene als Hort der Weisheit gilt. Dieses Konzept zeigt einen Weg auf, um Selbsttäuschung (Bewusstsein) in Weisheit zu verwandeln (das neunte Bewusstsein).

Das Konzept der Neun Bewusstseinsebenen veranschaulicht die Komplexität des menschlichen Bewusstseins und die Notwendigkeit, das neunte Bewusstsein, das Buddha-Bewusstsein zu öffnen – die reine Lebenskraft, die sämtliche Bewusstseinsebenen von Trugbildern befreit und uns zu vollkommenem Glück befähigt.

Ist unsere Lebenskraft schwach und zerbrechlich, können uns sogar geringfügige Probleme aus der Bahn werfen und unglücklich machen. Wenn wir unsere Lebenskraft hingegen stärken, verleiht sie uns die Energie und den Elan, Probleme zu lösen, beispielsweise im häuslichen Bereich. Trotzdem kann es vorkommen, dass wir uns ohnmächtig fühlen, wenn wir uns Schwierigkeiten in einem weitläufigeren Kreis gegenübersehen, beispielsweise in unserer Gemeinde. Und selbst wenn unsere Lebenskraft ausreichen würde, um Themen wie Frieden und Wohlstand einer ganzen Nation in Angriff zu nehmen, wären wir mit dem Wirrwarr und Leid von Geburt, Altern, Krankheit und Tod konfrontiert.

Das Lotos-Sutra, dessen Essenz in den Silben Nam-myoho-renge-kyo verdichtet ist, ermöglicht uns den Zugriff auf die Lebenskraft des gesamten Universums, so dass uns angesichts der Krisen und Katastrophen des Lebens niemals die Hände gebunden sind.

Die Stärkung dieser Lebenskraft und die Enthüllung unserer Buddhanatur sind eine natürliche, unabdingbare Folge unseres Bemühens, die Lehren des Nichiren-Buddhismus zu verinnerlichen. Das nächste und letzte Kapitel befasst sich mit dem Mystischen Gesetz – Nam-myoho-renge-kyo – und dem Gohonzon, dem von Nichiren geschaffenen Mittel, das den Menschen befähigt, sich mit dem universalen Potenzial zur Erleuchtung zu verbinden.

Die Essenz aller Lehren

Nichiren führte einen ebenso einfachen wie nachhaltigen Weg der buddhistischen Ausübung ein, der allen Menschen die Möglichkeit bietet, die letztendliche Wahrheit des eigenen Lebens zu entdecken. Wenn wir unsere Buddhaschaft manifestieren wollen, lehrte Nichiren, sollte unsere wichtigste Übung die Rezitation oder das Chanten von Nam-myoho-renge-kyo sein.

Nichiren schrieb: »Nur die sieben Silben von Nam-Myoho-Renge-Kyo zu praktizieren, mag begrenzt erscheinen. Da aber dieses Gesetz der Meister aller Buddhas der Vergangenheit, Gegenwart und Zukunft, Lehrer aller Bodhisattvas im Universum und die Leitlinie ist, die es allen Menschen ermöglicht, die Buddhaschaft zu erlangen, ist seine Praxis unvergleichlich tiefgründig.«[1]

Die Essenz des Sutras ist in seinem Titel zu finden

Nam-myoho-renge-kyo wird bisweilen als *daimoku* (Titel) des Lotos-Sutras bezeichnet. Auf Sanskrit lautet der Titel *Saddharma-pundarika-sutra,* was wörtlich bedeutet: »Das Sutra der Lotosblüte des Wundervollen Gesetzes.«

Es heißt, dass es insgesamt sechs Übersetzungen des Lotos-Sutras gab. Im Jahre 406 erstellte der große Gelehrte Kumarajiva aus Kucha in Kleinasien die am besten bekannte und beliebteste Version. Sie galt als die endgültige Fassung und trug dem Lotos-Sutra weitläufige Aufmerksamkeit und Anerkennung ein. Der chinesische Titel, *Miao-faa-lien-hua-ching,* heißt auf Japanisch Myoho-renge-kyo.

Kumarajiva hatte die Lehren und die Philosophie des Mahayana-Buddhismus hinlänglich studiert, die von Nagarjuna und anderen namhaften indischen Gelehrten in ein System gebracht wurden. Auf diese Lehren gestützt, erkannte er durch Kontemplation die Bedeutung der »Lotosblüte des Wundervollen Gesetzes«. Im Verlauf seiner langen spirituellen Odyssee erlangte Kumarajiva die Fähigkeit, die im Lotos-Sutra enthaltene letztendliche Wirklichkeit zu begreifen, und diese Erkenntnisse in seiner brillanten Übersetzung zum Ausdruck zu bringen. Sie diente als Fundament für viele nachfolgende Lotos-Sutra-Studien.

Die Bedeutung der »Lotosblüte des Wundervollen Gesetzes« lässt sich nur teilweise durch Lesen des Textes erahnen. Doch in diesem Sutra findet sich nirgendwo eine endgültige Erklärung des Gesetzes, auf das sich der Titel bezieht. Und hier liegt Nichirens Verdienst: Er verlieh dem Gesetz einen konkreten Ausdruck in Form von Nam-myoho-renge-kyo.

Nichiren sah in allen achtundzwanzig Kapiteln des Lotos-Sutras eine Erläuterung sowohl des Mystischen Gesetzes, das in Nam-myoho-renge-kyo zum Ausdruck kommt, als auch der Erleuchtung Shakyamunis, der zum Mystischen Gesetz erwacht war. In seinen Schriften setzte er Myoho-renge-kyo mit der letztendlichen Wirklichkeit – der absoluten Wahrheit – aller Phänomene und der Buddhanatur gleich, die allen Wesen innewohnt.

Nichirens Standpunkt, die Essenz des Sutras sei in verdichteter Form bereits in seinem Titel vorhanden, hat eine lange und beeindruckende Geschichte. Der erste, noch vorhandene chinesische Kommentar zum Sutra, verfasst von einem Schüler Kumarajivas, widmete der Erklärung des Titels einen ganzen Abschnitt. Mehr als hundert Jahre später brachte der Große Lehrer T'ien-t'ai alle vorhandenen chinesischen buddhistischen Schriften in ein System und entwickelte eine vollständige Sammlung buddhistischer Lehren auf der Grundlage des Lotos-Sutras, das aus seiner Sicht alle anderen buddhistischen Lehren einschloss. Sein zehnbändiges Werk *Profound Meaning of the Lotos Sutra* ist weitgehend der Erklärung des Titels gewidmet und gelangt zu der Schlussfolgerung, dass die Essenz des gesamten Sutras in diesem »Kürzel« zu finden sei.

Nichiren unterstrich die allumfassende Beschaffenheit des Sutra-Titels, als er schrieb: »Ebenso enthält auch der Titel Nam-Myoho-Renge-Kyo das gesamte Sutra, welches aus allen acht Bänden, achtundzwanzig Kapiteln und 69.384 Schriftzeichen besteht... Das zweimalige Chanten des Daimoku entspricht dem zweimaligen Lesen des gesamten Lotos-Sutras, hundert Daimoku entsprechen hundertmaligem Lesen des Sutras, und tausend Daimoku entsprechen tausendmaligem Lesen des Sutras.«[2]

Und: »Diejenigen, die Nam-Myoho-Renge-Kyo, den Titel des Lotos-Sutras, rezitieren, erkennen – selbst ohne seine Bedeutung zu verstehen – nicht nur das Herz des Lotos-Sutras, sondern auch die Essenz aller Lehren des Buddhas.«[3]

Und: »Unsere Zeitgenossen halten die fünf Zeichen von Myoho-Renge-Kyo nur für einen Namen, aber das ist nicht korrekt. Sie sind die Wesenheit, das heißt, das Herz des Lotos-Sutras.«[4]

Wie können wir also die Wahrheit von Myoho-renge-kyo für uns selbst erkennen? Auch hier wieder ein Nichiren-Zitat: »Wenn Sie sich von den Leiden aus Geburt und Tod befreien wollen, die Sie seit aller Ewigkeit erduldet haben, und die höchste Erleuchtung in diesem Leben erlangen wollen, müssen Sie zu der mystischen Weisheit erwachen, die immer schon in Ihrem Leben vorhanden war. Diese Wahrheit ist Nam-Myoho-Renge-Kyo. Das Chanten von Myoho-Renge-Kyo ermöglicht es Ihnen deshalb, die mystische Wahrheit in sich selbst zu erfassen.«[5]

Nichiren stellt den fünf Schriftzeichen von Myoho-renge-kyo das Wort *namu* voraus, das sich von dem Sanskrit-Begriff *namas* herleitet und »Widmung« bedeutet. (Wenn es vor einem Wort steht, das mit m beginnt, wie *myoho*, ist das u in *namu* meistens stumm).

Wenn wir Nam-myoho-renge-kyo chanten, widmen wir uns der Aufgabe, unser Leben mit dem grundlegenden Prinzip von Myoho-renge-kyo in Einklang zu bringen. Dabei manifestieren wir unverzüglich die uns innewohnende Buddhanatur. Man könnte auch sagen, dass wir durch diese Rezitation Zugriff auf unser neuntes Bewusstsein erhalten und unbegrenzte Lebenskraft mobilisieren.

Unser Leben widmen

Nichiren schrieb über die Bedeutung von *nam:* »Dieses Wort... bedeutet, sein Leben zu widmen. Letztendlich bedeutet es, unser Leben dem Buddha anzubieten.«[6] Er erklärte, unter *nam* sei die uneingeschränkte Hingabe auf der körperlichen und geistigen Ebene zu verstehen, in den physischen und spirituellen Aspekten des Lebens. Was die Frage nach sich zieht: Hingabe an was?

Im Nichiren-Buddhismus gibt es zwei Möglichkeiten, diese Hingabe an das Objekt der Verehrung zu beschreiben: das Gesetz (die letztendliche Wahrheit von Myoho-renge-kyo) und die Person (der Buddha, der die Wahrheit mit seinem Leben verkörpert). Nichiren fertigte eine Inschrift, den Gohonzon, um diese beiden Aspekte einzuschließen und in Sinnbildern darzustellen. Damit hinterließ er der Nachwelt das Wissen um die geniale Schöpferkraft, die er selbst verkörperte – das heißt, Person und Gesetz sind grundlegend eins. In der Mitte des Gohonzon befinden sich von oben nach unten die Schriftzeichen »Nam-myoho-renge-kyo (das Gesetz) – Nichiren (die Person)«; sie symbolisieren auf ebenso einfache wie eindrucksvolle Weise dieses Konzept der Einheit. An späterer Stelle werden wir noch genauer auf den Gohonzon und seine bemerkenswerte Entstehung eingehen.

In Nichirens Lehren bedeutet *nam* Hingabe an den Gohonzon auf zweifache Weise. Wir widmen uns dem Bestreben, unser Leben mit der letztendlichen, unveränderlichen Wirklichkeit in Einklang zu bringen. Durch diese Verschmelzung erlangen wir gleichzeitig eine unendliche Weisheit, die uns befähigt, auch aus den Unsicherheiten des täglichen Lebens grenzenlose Freude und Freiheit zu schöpfen. Wir handeln nach außen, doch die Kraft dafür bauen wir uns selbst von innen her auf.

Nam stammt aus dem Sanskrit und *Myoho-renge-kyo* aus dem Chinesischen. Die Verbindung von Ost und West, die in Nam-myoho-renge-kyo verbal zum Ausdruck kommt, offenbart die weltweite Anziehungskraft, die Nichirens Lehren besitzen: Sie sind nicht Bestandteil einer einzelnen Kultur, sondern universal und der ganzen Menschheit zugänglich.

Das Mystische Gesetz

Das Wort *myoho* bedeutet »Mystisches Gesetz«. Das Gesetz (*ho*) oder die letztendliche Wirklichkeit wird als mystisch (*myo*) beschrieben, weil sie sich dem Begriffsvermögen und den Formulierungsmöglichkeiten des menschlichen Verstandes entzieht; sie ist unendlich tiefgründig und facettenreich.

Nichiren erklärte:

> »Was hat dann *Myo* zu bedeuten? Es ist einfach das geheimnisvolle Wesen unseres Lebens, das in jedem Augenblick existiert und das der Geist nicht begreifen und Worte nicht ausdrücken können. Wenn Sie in jedem beliebigen Moment Ihren eigenen inneren Zustand betrachten, dann nehmen Sie weder Farbe noch Form wahr, die bestätigen können, dass es ihn gibt. Und doch können Sie nicht sagen, er existiere nicht, da Ihnen andauernd verschiedene Einfälle kommen. Von Ihrem Geist kann man weder sagen, dass er existiert, noch, dass er nicht existiert. Leben ist in der Tat die kaum fassbare Wirklichkeit, die sowohl über die Worte als auch über die Konzepte von Existenz und Nichtexistenz hinausreicht. Es ist weder Existenz noch Nichtexistenz, doch es entfaltet die Qualitäten von beidem. Es ist das mystische Wesen des Mittleren Weges, die Wirklichkeit aller Dinge. »Myo« ist der Name für das mystische Wesen des Lebens, und »Ho« für seine Manifestationen.«[7]

Hier erklärt Nichiren *myo* als die letztendliche Wirklichkeit, die sich unserem Wahrnehmungsvermögen entzieht, und das Wort *ho* als Welt der Phänomene in ihren sich fortwährend wandelnden Formen. Die Verschmelzung dieser beiden Konzepte, in dem einen Wort *myoho* repräsentiert, spiegelt die grundlegende Einheit der letztendlichen Wirklichkeit und der Welt wider, wie sie jeweils erscheint. Im Buddhismus gibt es keinen grundlegenden Unterschied zwischen der letztendlichen und der alltäglichen Wirklichkeit. Wenn wir dies erkennen, sind wir zur Wahrheit erwacht; andernfalls hängen wir immer noch einer Selbsttäuschung an.

Nichiren sagt: »Solange jemand in Illusionen lebt, nennt man ihn einen gewöhnlichen Sterblichen, doch erst erleuchtet, nennt man ihn einen Buddha.«[8] In diesem Zusammenhang bedeutet »Illusion« oder Selbsttäuschung die ersten neun der Zehn Welten, von der Hölle bis zum Bodhisattva, während »Erleuchtung« die Welt der Buddhaschaft verkörpert. Die neun Welten und die Buddhaschaft sind jedoch gemeinsam als Potenzial in jedem Augenblick des Lebens vorhanden.

Nichiren erklärte: »*Myo* deutet auf die Beschaffenheit der Erleuchtung hin [Buddhaschaft], während *ho* die Dunkelheit oder Selbsttäuschung versinnbildlicht [die ersten neun der Zehn Welten]. Die Einheit von Illusion und Erleuchtung wird *myoho* oder das Mystische Gesetz genannt.«[9]

Diese Einheit von Selbsttäuschung und Erleuchtung lässt sich folgendermaßen veranschaulichen: Normale weiße Blutkörperchen, die Krankheitserreger zerstören und eine wichtige Rolle bei der Wundheilung spielen, sind für das Überleben des Einzelnen von entscheidender Bedeutung. Ein anormales Zellwachstum kann dagegen tödliche Krankheiten verursachen, zum Beispiel Leukämie. Die weißen Blutkörperchen haben also einen positiven Aspekt (Erleuchtung) und einen negativen Aspekt (Selbsttäuschung) – zwei Potenziale, die in ein und derselben Zelle existieren. Alle Phänomene weisen positive und negative Aspekte auf.

Selbsttäuschung (die neun Welten) und Erleuchtung (Buddhaschaft) führen jedoch nicht nur im Leben des einzelnen Menschen eine Koexistenz, sondern im gesamten Universum. Als manifeste Wirklichkeit wird jedoch nur eine von beiden in unserem Leben offensichtlich, je nachdem, ob wir zur letztendlichen Wirklichkeit erwacht sind oder nicht.

Nichiren erklärte, dass das Schriftzeichen *myo* drei unterschiedliche Bedeutungen hat: öffnen, ausgestattet und vollkommen sein und wiederbeleben.

»Öffnen« heißt, offen sein, um die Dunkelheit der Selbsttäuschung zu durchbrechen und die eigene Buddhanatur zum Vorschein zu bringen. Das Leben der Menschen, die zu ihrer eigenen Buddhanatur erwachen, »öffnet« sich, um sich mit dem Universum zu vernetzen.

»Ausgestattet und vollkommen sein« bezieht sich auf *myoho*, das Mystische Gesetz, das alle Phänomene umfasst und allen Dingen innewohnt. Das Mystische Gesetz schließt alle Zehn Welten und alle Dreitausend Bereiche ein, es durchdringt und integriert die ganze Wirklichkeit der Phänomene. »Ausgestattet und vollkommen sein« kann auch dahingehend interpretiert werden, dass das Mystische Gesetz alle Wahrheiten und Wohltaten in sich birgt.

»Wiederbeleben« heißt, alle Menschen zur Erkenntnis ihrer Buddhaschaft befähigen. Durch das Mystische Gesetz kann jeder – selbst der größte Missetäter – die höchste Erleuchtung erreichen, die ihm innewohnende Buddhaschaft. »Wiederbeleben« beinhaltet im weitesten Sinne auch, etwas zu erschaffen, was von Wert ist. Wenn fühllose Materie, wie Holz und Stein, durch menschliche Anstrengung in ein Bauwerk verwandelt werden, ist dies eine Form des Erweckens. Ein weiteres Beispiel wäre die grundlegende Selbsterneuerung, die uns ermöglicht, die Buddhaschaft in uns zu entwickeln und zum Glück anderer Menschen beizutragen.

»Wiederbeleben« beinhaltet auch, dass alle anderen Gesetze und Lehren in die richtige Perspektive gerückt und wichtige Aspekte der letztendlichen Wahrheit enthüllt werden, wenn man sich auf das Mystische Gesetz stützt. Und wenn wir unseren Glauben im Mystischen Gesetz verankern, werden alle unsere Fähigkeiten, Charaktereigenschaften und Persönlichkeitsmerkmale gleichermaßen zum Leben erweckt und auf eine Weise zum Ausdruck gebracht, die unser eigenes Wachstum fördert und dem Nutzen anderer dient.

Nichiren erklärte außerdem, *myo* stehe für den Tod und *ho* für das Leben.[10] Es ist schwierig, sich unser Leben im Zustand des Todes vorzustellen, noch schwerer lässt sich allerdings die Frage beantworten, wie und wo das Leben nach dem Tod weiterexistiert. Selbst wenn wir glauben, dass unser Leben im Universum latent wird, ist dieses Konzept schwer verständlich. Der Tod entspricht also dem *myo,* ist »mystisch«, »rätselhaft« oder »unvorstellbar«.

Das Leben findet hingegen in verschiedenen sichtbaren Formen Ausdruck, entsprechend genau umrissenen Mustern, und manifestiert sich in der einen oder anderen der Zehn Welten durch die Aktivitäten der Zehn Faktoren. Das Leben entspricht *ho,* dem Gesetz. Leben und Tod sind die beiden entgegengesetzten Manifestationen der letztendlichen Wirklichkeit, des Mystischen Gesetzes. Umgekehrt zeigt sich die letztendliche Wirklichkeit *nur* in der alltäglichen Wirklichkeit von Leben und Tod.

Die Lotosblüte

Das Wort *renge* bedeutet Lotosblüte. Lotos ist eine Pflanze mit einer bemerkenswerten Geschichte, die in vielen Kulturen und Traditionen bewundert wird. Die ältesten Lotos-Fossilien gehen auf die Kreidezeit zurück, die vor etwa 144 Millionen Jahren begann und vor ungefähr 65 Millionen Jahren endete. Eine versteinerte Lotospflanze, 1933 in der Umgebung der japanischen Stadt Kyoto ausgegraben, ist schätzungsweise zehn- bis zwanzigtausend Jahre alt und allem Anschein nach mit der Lotospflanze identisch, wie wir sie heute noch kennen.

Als ich 1985 Dr. Karan Singh kennen lernte, einen bekannten indischen Gelehrten, kamen wir auch auf die Lotosblume zu sprechen. Da der Buddhismus im alten Indien weit verbreitet war, hatte ich angenommen, dass sie im ganzen Land allgegenwärtig sei. Zu meinem Erstaunen erklärte Dr. Singh, dass Lotos nur in der Himalaya-Region Indiens wächst, die häufig von Shakyamuni besucht wurde, als er seine Lehren vortrug.

Dr. Singh beschrieb mir die verschiedenen symbolischen Bedeutungen der Lotosblume, die sie im Verlauf der langen Geschichte Indiens besaß: Erstens ist sie ein Sinnbild für Fruchtbarkeit, Wohlstand und langes Leben. Zweitens soll Brahma – die Verkörperung des grundlegenden universalen Prinzips (und ursprünglich höchster Schöpfergott) in der indischen Mythologie – einer Lotosblume entwachsen sein. Drittens wächst die Lotosblume im Schlamm, was zeigt, dass Schönheit selbst aus unschönen Dingen erstehen kann. Viertens bleibt die Lotosblume trocken, während sie auf der Wasseroberfläche dahintreibt. Dies symbolisiert, dass sie von den Widrigkeiten des Lebens unberührt bleibt. Fünftens pries man in Sanskrit-Schriften die Schönheit der

Augen einer Frau, indem man sie mit einer Lotosblume verglich. Und sechstens schließt sich die Lotosblume bei Nacht und öffnet sich bei Tagesanbruch, eine anschauliche Metapher für den Gedanken, dass sich unser Geist für eine göttliche und erhabene Philosophie öffnen kann.

Dr. Singhs Deutungen wurzeln in der traditionellen indischen Einstellung zu dieser Pflanze. Die Lotosblume wird im *Rigveda* erwähnt, der ältesten indischen Schrift. Damals erfreute sich die Lotosblume großer Wertschätzung als Schönheitsideal und als Heilpflanze. Die Wurzelstöcke wurden als Nahrungs- und Kraftquelle gesehen und zur Herstellung verschiedener Arzneien verwendet. Shariputra, einer der bedeutendsten Schüler Shakyamunis, soll dank der Lotoswurzeln von einer chronischen Krankheit geheilt worden sein. Die Blüte wurde als pflanzliche Arznei bei Nieren- und Magenproblemen eingesetzt, die Blätter leisteten beim Stillen von Blutungen gute Dienste.

Auch in China gedieh die Lotosblume seit alters her entlang des Gelben Flusses und in anderen Regionen. Lobgesänge auf die Lotosblume sind im *Shi ching* (Buch der Lieder) verzeichnet, einer Sammlung von Versen, die überwiegend aus der frühen Chou-Dynastie stammen und rund dreitausend Jahre alt sind. Wegen ihrer edlen Erscheinung gilt die Lotosblume in China als Hinweis auf die Tugendhaftigkeit eines Menschen, wie aus der Abhandlung *Über die Liebe zur Lotosblume* hervorgeht, die Chou Tun-i im elften Jahrhundert während der Sung-Dynastie verfasste. Die Darstellung eines Menschen mit Lotossamen sollte die Botschaft vermitteln, dass man seine Tugendhaftigkeit kannte und seine Gesellschaft suchte. Außerdem wurde die Lotosblume schon seit langem als glückverheißendes Symbol verwendet: Beispielsweise schmückte man damit Gerätschaften, die bei Hochzeitszeremonien verwendet wurden. Die Lotosblume ist darüber hinaus auch ein Sinnbild für die Schönheit einer Frau.

In Ägypten tauchen Hieroglyphen, die den Lotos repräsentieren, in Wandmalereien und Papyri auf, die in den Pyramiden entdeckt wurden. In Texten wird die Lotosblume als Sinnbild einer Gottheit verwendet, die den Segen der Unsterblichkeit erteilt. Lotosblumen waren auch in die Kapitelle von Steinsäulen eingemeißelt, die in den Ruinen altägyptischer Tempel ausgegraben wurden, und sie schmückten viele altägyptische Kunstwerke und Bauten. Die Lotosblume, die in Hülle und Fülle an den Ufern des Nils wächst und ihre Blüten in der Abenddämmerung öffnet, galt bei den alten Ägyptern als Wahrzeichen für die Erneuerung des Lebens.

Im antiken Griechenland schmückte das Lotossymbol das Allerheiligste der Tempel. Bei den Ausgrabungen alter Tempelanlagen auf dem Olymp im Nordosten Griechenlands wurden architektonische Ornamente zutage gefördert, zu denen auch mit Lotosdarstellungen verwobene, arabeske Muster gehörten.

Der Indienfeldzug von Alexander dem Großen um 326 v. Chr. war ein Impuls für die Verquickung der buddhistischen Kultur mit der hellenistischen Zivilisation, die am Ende den künstlerischen Reichtum der Gandhara-Region hervorbrachte (heute Nordpakistan und Ost-Afghanistan). Der Einfluss der Gandhara-Kunst verbreitete sich nach Osten entlang der Seidenstraße und gelangte schließlich über China und die koreanische Halbinsel nach Japan, wo sie während des sechsten Jahrhunderts einen nachhaltigen Beitrag zur Entwicklung der japanischen Kunst leistete. In diversen Kunstwerken aus dem alten Gandhara, China und Japan tauchen immer wieder Lotosblatt-Muster auf.

In dem buddhistischen Text *Questions of King Milinda*, einem Dialog zwischen dem indo-griechischen König Menander und dem buddhistischen Mönch Nagasena, der mutmaßlich geraume Zeit nach Alexanders Indienfeldzug stattfand, taucht die Lotosblume als Metapher für die Erhabenheit der buddhistischen Lehre auf. In *Treatise on Great Perfection of Wisdom*, einer umfassenden Mahayana-Abhandlung, die Nagarjuna zugeschrieben wird, heißt es, man habe Buddha Shakyamuni oft auf Lotosblüten sitzend dargestellt, weil die Lotospflanze ein würdevoller Hort des Mystischen Gesetzes sei.

Die Lotosblume hat auch in der japanischen Literatur ihren festen Platz, zum Beispiel in Werken wie *Record of Ancient Matters* aus dem achten Jahrhundert und der Gedichtsammlung *Collection of Ten Thousand Leaves*. Im *Kopfkissenbuch der Dame Sei Shonagon* aus dem 11. Jh. heißt es, die Lotosblüte sei allen anderen Blumen überlegen. In der Edo-Periode (1600-1867) erfreuten sich Haiku-Verse großer Beliebtheit, von denen viele die herrlichen Blüten und großen runden Blätter der Lotospflanze priesen. Für die Japaner hat die Lotosblume eine einzigartige Bedeutung. Sie repräsentiert die Reinheit und das universale Prinzip, das allem zugrunde liegt, was ist. Der Berg Fuji wird oft mit der achtblättrigen Lotosblüte verglichen, aufgrund der Ähnlichkeit, die der weite Krater aus der Luft betrachtet aufweist.

Lotossamen sind bekanntermaßen ungemein langlebig. Einige zweitausend Jahre alte Samenkörner, die man in einer Torflagerstätte in Japan entdeckte, wurden erfolgreich zum Keimen gebracht. Ihre Sämlinge werden heute in vielen Teilen des Landes für Züchtungen verwendet. Es ist, als legten Lotossamen Zeugnis von der Ewigkeit des Lebens ab.

Menschen haben also seit uralter Zeit Eigenschaften wie Reinheit und Ewigkeit in den Darstellungen der Lotosblüte erkannt, was vermutlich dazu führte, dass sie als Symbol für das Gesetz und die Lehren Shakyamunis Verwendung fanden.

Die Gleichzeitigkeit von Ursache und Wirkung

T'ien-t'ai erklärte, das Wort »Lotos« im Titel des Lotos-Sutras sei nicht nur eine Metapher für das Mystische Gesetz, sondern das Gesetz selbst:

»Der Name *renge* ist kein Sinnbild. Er ist die Lehre, die im Lotos-Sutra erläutert wird. Die im Lotos-Sutra erläuterte Lehre ist rein und unverdorben und erklärt die unterschwelligen Einzelheiten von Ursache und Wirkung. Deshalb wird sie *renge* oder Lotos genannt. Dieser Name weist auf das wahre Wesen hin, das sich in einer Meditation auf der Grundlage des Lotos-Sutras offenbart, und ist kein Gleichnis oder bildhafter Ausdruck... Da aber der innerste Kern des Lotos-Sutras schwer zu verstehen ist, wird das Gleichnis von der Lotospflanze eingeführt... So wird das leicht verständliche Gleichnis von der echten Lotospflanze benutzt, um den schwer zu verstehenden Lotos zu erklären, der den innersten Kern des Lotos-Sutras darstellt.«[11]

Nichiren erklärte dieses Prinzip genauer:

»Myoho-Renge-Kyo wird mit dem Lotos verglichen. Von allen Blumen wählte er die Lotos-Blüte aus, um das Lotos-Sutra zu symbolisieren. Dafür gibt es einen Grund. Einige Pflanzen blühen zunächst, um dann Früchte zu tragen, während bei anderen zuerst die Früchte und anschließend die Blüten erscheinen. Einige tragen nur eine Blüte, jedoch viele Früchte, während andere viele Blüten, aber nur eine Frucht hervorbringen, und wieder andere tragen Früchte, ohne zu blühen. So gibt es alle möglichen Pflanzensorten, doch der Lotos ist die einzige, die Blüte und Frucht gleichzeitig hervorbringt. Die Wohltaten aller anderen Sutras sind ungewiss, weil diese lehren, dass man zunächst gute Ursachen setzen muss und erst dann, zu einem späteren Zeitpunkt, Buddha werden kann. Das Lotos-Sutra ist da ganz anders. Eine Hand, die es aufnimmt, erlangt sofort die Erleuchtung, und ein Mund, der es rezitiert, tritt augenblicklich in die Buddhaschaft ein, genau wie der Mond in dem Augenblick vom Wasser reflektiert wird, indem er hinter den östlichen Bergen zum Vorschein kommt, oder wie ein Laut und sein Echo gleichzeitig entstehen.«[12]

Und weiter heißt es:

»Dieser Abschnitt in den Erläuterungen bedeutet, dass das höchste Prinzip [das Mystische Gesetz] ursprünglich ohne Namen war. Als der Weise dieses Prinzip betrachtete und allen Dingen einen Namen verlieh, erkannte er, dass es dieses wundervolle eine Gesetz gab [*myoho*], dem gleichzeitig Ursache und Wirkung zu Eigen sind [*renge*], und er nannte es Myoho-renge. Dieses eine Gesetz, das Myoho-renge ist, beinhaltet alle Phänomene, aus denen die Zehn Welten und Dreitausend Bereiche bestehen, und nichts fehlt. Jedem, der dieses Gesetz praktiziert, wird gleichzeitig die Ursache und die Wirkung der Buddhaschaft zuteil.«[13]

Auch die Lotospflanze bringt ihre Blüten und Samenkapseln zur gleichen Zeit hervor und versinnbildlicht dadurch das »wundervolle einzige Gesetz, dem gleichzeitig Ursache und Wirkung zu Eigen sind.« Dieses Konzept – die Gleichzeitigkeit von Ursache und Wirkung – bedeutet, dass die Neun Welten (Ursache) und die Welt der Buddhaschaft (Wirkung) gleichzeitig in jedem Augenblick des Lebens existieren. Daher besteht kein wesentlicher Unterschied zwischen einem Buddha und einem gewöhnlichen Sterblichen.

Allen Wesen, gleich ob fühlend oder fühllos, wohnt das Gesetz inne, das gleichzeitig Ursache und Wirkung verkörpert. Dieses zentrale Thema im Buddhismus hat Parallelen in verschiedenen modernen wissenschaftlichen Theorien, zum Beispiel der vom Urknall – der unvorstellbaren Explosion vor rund zwanzig Milliarden Jahren, aus der unser physisches Universum mit seinen Hunderten von Milliarden Galaxien, von denen jede einige zehn oder hundert Milliarden Sterne und Planeten besitzt, nach gängiger Auffassung hervorging. Das Universum begann im gleichen Augenblick zu expandieren, als es entstand, was zeigt, dass auch hier Ursache und Wirkung simultan erfolgten.

Ein weiteres Wunder ist die befruchtete menschliche Eizelle. Unter ihrer kaum mehr als ein Zehntel Millimeter dünnen Außenhaut verbergen sich alle genetischen Informationen, die erforderlich sind, um sich zu einem ausgereiften menschlichen Lebewesen zu entwickeln. Auch die Eizelle verkörpert im Augenblick der Empfängnis Wirkung und zugleich Ursache eines neuen menschlichen Wesens.

Das Saatkorn einer Pflanze veranschaulicht gleichermaßen die Einheit von Ursache und Wirkung. Saatkörner werden normalerweise im Frühjahr eingesetzt und tragen im Herbst Früchte. Aus einer anderen Perspektive als der rein zeitlichen können wir sagen, dass jedes Saatkorn Ursache und Wirkung in sich birgt. Wenn man über das Kausalgesetz und seine sichtbaren Manifestationen im Leben nachsinnt, gelangt man unweigerlich zu der Erkenntnis, dass Ursache und Wirkung eine Einheit sind.

Bei den oben genannten Beispielen handelt es sich um Kausalbeziehungen in der Welt der Phänomene, in einem Bereich also, der wissenschaftlicher Forschung und Bestätigung zugänglich ist. Das buddhistische Konzept der Kausalität reicht indes tiefer, durchdringt das Leben bis in die innersten Winkel und Sphären. Es richtet sein Augenmerk auf einen Bereich, der über Raum und Zeit hinausgeht. Aus dieser Perspektive ist es also bedeutungslos, davon zu reden, dass die Ursache der Wirkung vorausgeht: beide existieren gleichzeitig.

Die Kausalität – das wissenschaftliche oder das karmische Konzept – wird bisweilen mit einer deterministischen Sicht gleichgesetzt, dem Glauben, dass alles vorherbestimmt ist und es keine Willensfreiheit gibt. Das leuchtet ein, wenn man überzeugt ist, dass jede Ursache unabwendbar eine bestimmte Wirkung nach sich zieht, gegen die der Mensch wenig auszurichten vermag. Diese Sichtweise berücksichtigt indes nicht die Möglichkeit, dass wir die Folgen früherer Handlungen durch die Taten oder Ursachen verändern können, die wir von jetzt an schaffen.

Der Buddhismus lehrt, dass ein Element unerlässlich ist, wenn wir die Kausalität, die in den Tiefen unseres Daseins schlummert, an die Oberfläche bringen wollen. Dieses Element ist eine äußere Ursache oder ein »Impuls«, der eine manifeste Wirkung hervorruft, wenn er sich mit einer latenten Ursache verbindet. Ohne den entsprechenden äußeren Impuls können die latente Ursache und die latente Wirkung, die gleichzeitig bestehen, nicht in Erscheinung treten.

Dazu kommt zum Beispiel, dass latente Wirkungen, abhängig von der Beschaffenheit der äußeren Ursache – zum

Beispiel die Wechselbeziehungen mit unserer Umgebung – in unterschiedlicher Form zum Vorschein kommen. Wenn wir die höchste Ebene der Buddhaschaft, die jedem Menschen zu Eigen ist, von innen heraus manifestieren, wird das gesamte Netzwerk der Ursachen und Wirkungen auf nachhaltige Weise verändert: Es stützt sich dann auf die Buddhaschaft statt auf Selbsttäuschung und bringt unsere Entwicklung als menschliche Wesen voran.

Die irdischen Begierden und die Reinheit des Lotos

Eine weitere Eigenschaft der Lotospflanze, die sie für buddhistische Sinnbilder geradezu prädestiniert, ist die Tatsache, dass sie in schlammigem, trübem Wasser wächst, ihre Blüten jedoch rein und schön sind. Ähnlich tritt die jedem innewohnende Buddhaschaft im Leben ganz gewöhnlicher Menschen in Erscheinung, trotz aller Selbsttäuschungen und Begierden. »Aus der Erde auftauchen«, das fünfzehnte Kapitel des Lotos-Sutras, beschreibt Menschen, die sich dem Mystischen Gesetz verschreiben, »unbefleckt von irdischen Belangen, wie die Lotosblume im Wasser.«[14] Dieses Konzept beinhaltet eines der wichtigsten Themen im Buddhismus.

Die menschliche Existenz wird oft als Hexenkessel der Begierden, Triebe und Impulse gesehen, die Laster und Leiden hervorrufen. Diejenigen, die einzig von ihren Begierden und Impulsen beherrscht werden, können weder wahre Selbstidentität noch Freiheit genießen. Sie sind auf Gedeih und Verderb den wechselnden Umständen ausgesetzt. Deshalb sehen einige religiöse Lehren den einzigen Weg zum Heil im Auslöschen solcher irdischen Begierden.

Begierden sind gleichwohl eine Funktion, die unabdingbar zum Leben gehört. Schlussendlich können wir sie nicht auslöschen, ohne das Leben selbst auszulöschen. Die Funktion der Begierden im Leben des Einzelnen ist neutral, weil sie das Potenzial besitzen, der menschlichen Existenz zu schaden oder ihr zu nutzen. Statt unsere Bedürfnisse zu unterdrücken, sollte die Frage also lauten, wie wir sie kontrollieren und in Bahnen lenken, die menschliche Tugenden fördern.

Hier kommt der Buddhismus ins Spiel. In Übereinstimmung mit der buddhistischen Lehre werden unsere Wünsche und Begierden auf den Weg des individuellen Wachstums und der Erleuchtung umgeleitet, sobald wir den Zustand der Buddhaschaft aktiviert haben. Wenn wir ihnen hingegen freien Lauf lassen, ohne sie auf einen höheren Lebenszustand auszurichten, entfalten sie ihr zerstörerisches Potenzial, tragen uns Kummer und sogar Probleme ein, die unsere Existenz bedrohen.

Die Bedeutung des Buddhismus liegt sowohl in der Entdeckung der Buddhanatur in allen Lebewesen als auch in der Einführung einer praktischen Methode, sie hervorzubringen, so dass jeder Einzelne den höchstmöglichen Sinn in seinem Leben finden kann. Diese beiden Merkmale sind für die moderne Zivilisationsgesellschaft besonders wichtig, die seit langem in einer Art spirituellem Treibsand steckt. Wir können dieser Falle entkommen, wenn wir das höchste menschliche Potenzial aktivieren, das allen zugänglich ist. Begierden, in die richtigen Bahnen geleitet, sind im Stande, unsere spirituelle Entwicklung voranzutreiben. Zielen sie in die falsche Richtung, sind sie nur eine Belastung.

Das Wort *kyo* ist die japanische Übersetzung von »Sutra«, eine Lehre des Buddha Shakyamuni. Da der Buddha durch Predigen lehrte – das heißt, er benutzte seine eigene Stimme –, wurde *kyo* mitunter als »Klang« gedeutet. T'ien-t'ai schrieb: »Die Stimme verrichtet die Arbeit des Buddha und wird deshalb *kyo* genannt.«[15] Nichiren erklärte: »*Kyo* bedeutet Worte und Rede, Klang und Stimme aller Lebewesen.«[16]

Das chinesische Schriftzeichen für *kyo* bezeichnete ursprünglich die Kett- und Längsfäden eines Gewebes. Weil damit automatisch ein Bild der Kontinuität verbunden ist, wurde *kyo* vermutlich irgendwann auch im übertragenen Sinne auf Lehren bezogen, die bewahrt und der Nachwelt erhalten bleiben sollten. Das Schriftzeichen wurde in China für »Bücher« oder »klassische Werke« verwendet, beispielsweise aus dem Konfuzianismus oder Taoismus. Als die buddhistischen Schriften aus Indien eingeführt wurden, erhielt das Schriftzeichen die Bedeutung »Sutra«. In diesem Sinne interpretiert Nichiren das Wort, wenn er sagt, das alles, was ewig währt [und Vergangenheit, Gegenwart und Zukunft umspannt], *kyo* genannt wird.

Mit seiner Stimme inspirierte Shakyamuni die Menschen und machte ihnen Mut. Er war eine Stimme der Wahrheit, die das Gesetz zum Ausdruck brachte, zu dem er in den Tiefen seines Daseins erwacht war. Die Stimme ist Ausdruck der Schwingung eines Lebewesens und sagt einiges über das Wesen und den Charakter der Person aus. Nam-myoho-renge-kyo ist der grundlegende Rhythmus des Universums, die erhabenste Stimme von allen. Nichiren sagte: »Sobald wir Myoho-renge-kyo chanten, wecken und manifestieren wir mit diesem einen Klang die Buddhanatur aller Buddhas… und aller anderen Lebewesen. Dieser Segen ist unermesslich und grenzenlos.«[17]

An anderer Stelle schrieb er: »Nur ich, Nichiren, chante nun ohne meine Stimme zu schonen Nam-Myoho-Renge-Kyo.«[18] Der Begriff »schonen« bezieht sich nicht auf die Lautstärke, sondern vielmehr auf die Stimme des unendlichen Mitgefühls, die sich voll der Aufgabe widmet, alle Lebewesen auf den Weg der Erleuchtung zu führen.

Die Erleuchtung eines Buddhas, ausgedrückt durch die Stimme, ist *kyo*, und die Wahrheit, zu der ein Buddha erwacht ist, währt ewig, umspannt Vergangenheit, Gegenwart und Zukunft. Wenn auch wir zu dieser Wahrheit erwachen, erkennen wir den Ewigkeitsaspekt unseres individuellen Lebens, ein Aspekt, der über die Veränderungen der physischen Welt und den Kreislauf von Geburt und Tod hinausgeht.

Der Gohonzon

Das Gesetz von Nam-myoho-renge-kyo, das alle Phänomen im Universum umfasst und ihre unwandelbare Wirklichkeit vollkommen zum Ausdruck bringt, ist im Gohonzon verkörpert. Die chinesischen Schriftzeichen, die in der Mitte von oben nach unten verlaufen, lauten »Nam-myoho-renge-kyo – Nichiren.« Zu beiden Seiten dieser zentralen Inschrift befinden sich in Chinesisch und mittelalterlichem Sanskrit die Schriftzeichen für die Namen von Wesen, die die Zehn Welten repräsentieren. Alle diese Namen sind Ausdruck des Konzepts, dass die Zehn Welten im ewigen Leben eines Buddhas existieren und dass Lebewesen der Zehn Welten die Buddhaschaft erlangen können.

Das Objekt der Verehrung besteht nicht zuletzt deshalb aus Schriftzeichen, weil es unmöglich wäre, den gegenseitigen Besitz der Zehn Welten in Bildern zu veranschaulichen, selbst wenn jede Welt einzeln dargestellt werden könnte.

Das Universum schließt die Mächte des Guten und des Bösen ein. Im Gohonzon sind alle Zehn Welten vorhanden, von der Buddhaschaft bis zum Zustand der Hölle. Das Licht von Nam-myoho-renge-kyo fällt gleichermaßen auf die Mächte und Möglichkeiten des Guten und des Bösen. Gut und Böse offenbaren die dafür »klar umrissene Form, die ihnen innewohnt«, ein anderer Ausdruck, der besagt, dass es alle nur erdenklichen Lebenszustände gibt, die so sind, wie sie sind.

Die klar umrissene Form dieser grundlegenden Lebenszustände tritt in unserer Welt als Gohonzon in Erscheinung. Wenn wir vor dem Gohonzon chanten, kristallisieren sich die guten und schlechten (oder auf Selbsttäuschung beruhenden) Potenziale in unserem Leben deutlicher heraus. Auch wenn unser Leben von Höllenqualen erfüllt oder vom Zustand des Ärgers verzerrt ist, wecken wir damit das Bestreben, persönliches Glück und die damit verbundenen Werte zu schaffen. Und wenn wir in den eingefahrenen Gleisen von Katastrophen und Kummer stecken, schwenken wir auf einen positiven Kurs um, sobald das Mystische Gesetz zum Fundament unseres Lebens wird. Es ist, als würde das Leiden zum Brennstoff, der ein Feuer aus Freude, Weisheit und Mitgefühl entfacht. Das Mystische Gesetz und der Glaube lassen die Flamme auflodern.

Es versteht sich von selbst, dass die Welten des Guten – Lebenszustände wie Buddhaschaft, Bodhisattva und Himmel – ihren Glanz und ihre Wirkung durch die Macht der Rezitation von Nam-myoho-renge-kyo noch verstärken.

Gut und Böse, alle dreitausend Bereiche und Faktoren der Existenz verschmelzen miteinander und führen uns auf den Weg des Glücks, zu einem Leben der Ewigkeit, der Freude, des wahren Selbst und der Reinheit.

Durch den Glauben an den Gohonzon und das Chanten von Nam-myoho-renge-kyo können wir die Buddhaschaft entfalten, die letztendliche Wirklichkeit in jedem unserer Leben. Deshalb ist das Mystische Gesetz sowohl das Objekt der Verehrung als auch die Wahrheit, die jedem Menschen innewohnt. Nichiren erklärte dies in einem Brief an einen Anhänger namens Abutsu-bo:

> »Nun setzt sich der gesamte Körper von Abutsu Shonin aus den fünf Elementen Erde, Feuer, Wasser, Wind und Ku zusammen. Diese fünf Elemente sind auch die fünf Silben des Daimoku. Deshalb ist Abutsu-bo der Schatzturm selbst und der Schatzturm ist Abutsu-bo. Es gibt keine höhere Erkenntnis. Es ist der Schatzturm, der mit den sieben Arten von Edelsteinen geschmückt ist – die Wahre Lehre zu hören, sie zu glauben, das Gebot zu achten, innere Stabilität zu erlangen, konsequent zu praktizieren, durch Widmung seinen Egoismus abzulegen und immer die Selbsterkenntnis zu suchen.«[19]

Wie im ersten Kapitel erklärt, ist der Schatzturm eine Metapher für das Lotos-Sutra, Sinnbild des unendlichen Glückspotenzials im Leben jedes Menschen, das gleichzeitig mit dem unendlichen Kosmos existiert. Der Schatzturm ist ein Synonym für das Mystische Gesetz oder den Gohonzon oder die Buddhanatur, die jedem von uns zu Eigen ist.

In diesem Abschnitt stellte Nichiren die Verbindung zwischen dem Körper des Abutsu-bo und Myoho-renge-kyo her, dem Mystischen Gesetz. Das Mystische Gesetz existiert nicht außerhalb der Welt der Phänomene, der Welt der fünf universalen Elemente; das Mystische Gesetz lässt sich nicht von unserem Körper trennen. Unser Körper ist – als Manifestation unseres Lebens – ebenfalls Teil des Mystischen Gesetzes. Körper und Geist sind untrennbar miteinander verbunden, sie bilden eine Einheit. Wenn der Buddhismus den menschlichen Körper erwähnt, unterscheidet er nicht zwischen physischem Körper und Geist, sondern bezieht sich auf das ganze Lebewesen, das beides verkörpert.

Es ist schwer vorstellbar, dass unser Körper selbst das Mystische Gesetz ist, und oft verschwenden wir unsere Kraft, wenn wir es anderswo suchen. Doch wenn wir uns der buddhistischen Ausübung widmen, können wir die gleiche Bewusstseinsebene wie Nichiren erreichen, der erklärte, der Schatzturm sei ein Sinnbild sowohl für den Gohonzon als auch für das Leben derer, die ihn annehmen und daran arbeiten, die ihnen innewohnende Buddhanatur zu entfalten.

Der Gohonzon verkörpert eine Wahrheit, nämlich die unveränderliche Wirklichkeit der sich stetig wandelnden Phänomene und den tiefgründigsten Lebenszustand, der in jedem Menschen latent vorhanden ist. Aus diesem Grund schrieb Nichiren: »Wir sollten diesen Gohonzon niemals außerhalb unseres Selbst suchen. Der Gohonzon existiert nur im sterblichen Fleisch von uns gewöhnlichen Menschen, die das Lotos-Sutra annehmen und Nam-myohorenge-kyo chanten.«[20]

Zukunftsperspektive

Der Buddhismus zielt darauf ab, uns vom Leiden der Geburt und des Todes zu befreien, indem er uns die Mittel an die Hand gibt, um eine unveränderliche Wahrheit zu erkennen – die Buddhanatur, die jedem Menschen innewohnt. Frühere buddhistische Systeme erklärten, dass die Menschen nur zur Buddhaschaft gelangen könnten, wenn sie ihr Leben dem Studium der Lehren und meditativen Disziplinen weihten, was den Zustand der Erleuchtung auf die klösterliche Elite beschränkte. Im Gegensatz dazu zeigen die Lehren des Nichiren, dass wir alle, ungeachtet unserer Fähigkeiten oder Lebensumstände, Zugang zu dieser letztendlichen Wahrheit haben. Durch die buddhistische Ausübung, die im Rezitieren von Nam-myoho-renge-kyo eine konkrete Form annimmt, unterziehen wir uns dem Prozess der menschlichen Revolution (der tief greifenden Auseinandersetzung mit dem eigenen Leben), wodurch wir Kontrolle über unser Schicksal zurückgewinnen, in das wir uns früher vielleicht wohl oder übel gefügt haben.

Wie wir gesehen haben, können wir durch Akzeptanz der Realitäten des täglichen Lebens, gestützt auf die Lehren des Nichiren-Buddhismus, einen Zustand des vollkommenen, unzerstörbaren Glücks erlangen, unabhängig von unseren gegenwärtigen Umständen. Erfüllt von Vitalität und Selbstvertrauen sind wir in der Lage, alle künftigen Herausforderungen zu meistern – vor allem das Leid, das mit Krankheit, Altern und Tod verbunden ist. Wir können erwachen, können unser grenzenloses Potenzial erkennen und unsere Träume verwirklichen.

Die buddhistische Ausübung ist nicht nur untrennbar mit dem persönlichen Erwachen, sondern auch mit dem Bestreben verbunden, an der Entwicklung einer friedliebenden Gesellschaft mitzuwirken, die auf dem Fundament der Menschenrechte, Gleichheit und Gerechtigkeit ruht und in der Achtung vor der Buddhanatur wurzelt, die jedem innewohnt.

Anmerkungen

Vorwort

[1] *Die Gosho Nichiren Daishonins.* Mörfelden-Walldorf 1994, Bd. 1, S. 217
[2] Ebenda, Bd. 1, S. 218
[3] Nichiko Hori (Hrsg.), *Nichiren Daishonin Gosho Zenshu.* Soka Gakkai, Tokio 1952, S. 740

Erstes Kapitel: *Geburt*

[1] J. W. Goethe, *Faust*, Leipzig 2000, Bd. 1, S. 15
[2] J. Takakusu (Hrsg.), *Nanden Daizokyo*, Tokio 1935, Bd. 13, S. 1 ff
[3] Ebenda, Bd. 23, S. 42
[4] J. Takakusu (Hrsg.), *Taisho Issaikyo*, Tokio 1925, Bd. 1, 654c, S. 15b
[5] Nichiko Hori (Hrsg.), *Nichiren Daishonin Gosho Zenshu*, Tokio 1952, S. 1404
[6] Ebenda, S. 740
[7] Ebenda, S. 797
[8] Ebenda, S. 797
[9] *Contemplation on the Mind-Ground Sutra* (Jpn., Shinjikan-gyo)
Übersetzt aus dem Japanischen: Aus Goethes Tagebuch (1812), Ludwig von Bertalanffy: *Seimei* (Leben), Tokio 1974, S. 59
Guy Murchie, *The Seven Mysteries of Life*, Boston 1978, S. 53

Zweites Kapitel: *Altern*

[1] Das Zitat lautet: »Leben ist der kostbarste aller Schätze. Sogar ein einziger zusätzlicher Tag im Leben ist mehr wert als zehn Millionen ryo Gold«, Gosho Translation Committee, (Hrsg.), *The Writings of Nichiren Daishonin*, Tokio 1999, S. 955
[2] *Die Gosho Nichiren Daishonins*, Mörfelden-Walldorf 1991, Bd. 2, S. 256/57
[3] *The New York Times*, 21. Februar 1984
[4] Ebenda
[5] Ebenda
[6] Ebenda
[7] Morton Puner, *To the Good Long Life: What We Know About Growing Old*, New York 1975
[8] *Die Gosho Nichiren Daishonins*, Mörfelden-Walldorf 1994, Bd. 1, S. 73
[9] Nichiko Hori (Hrsg.), *Nichiren Daishonin Gosho Zenshu*, Tokio 1952, S. 790
[10] Burton Watson (Übers.), *The Lotus Sutra*, New York 1993, S. 228
[11] *Gosho Zenshu*, S. 1458

Drittes Kapitel: *Krankheit*

[1] *Die Gosho Nichiren Daishonins*, Mörfelden-Walldorf 1991, Bd. 2, S. 257
[2] Zweiter Präsident der Soka Gakkai, siehe Einführung
[3] *Die Gosho Nichiren Daishonins*, Mörfelden-Walldorf 1991, Bd. 2, S. 952
[4] Gosho Translation Committee (Hrsg.), *The Writings of Nichiren Daishonin*, Tokio 1999, S. 447
[5] Ebenda, S. 937
[6] *Die Gosho Nichiren Daishonins*, Mörfelden-Walldorf 1994, Bd. 1, S. 138
[7] Ebenda 1993, Bd. 3, S. 27
[8] Ebenda 1993, Bd. 3, S. 19
[9] Ebenda 1993, Bd. 3, S. 16

Viertes Kapitel: *Tod*

[1] Nichiko Hori (Hrsg.), *Nichiren Daishonin Gosho Zenshu*, Tokio 1952, S. 1404
[2] Burton Watson (Übers.), *The Lotos Sutra*, New York 1993, S. 230
[3] *Gosho Zenshu*, S. 788
[4] *Toda Josei Zenshu* (Gesammelte Werke von Josei Zenshu), Tokio 1983, S. 5–12
[5] Ebenda
[6] Raymond A. Moody Jr.: *Life After Life*, Atlanta 1975, S. 29–30
[7] *Gosho Zenshu*, S. 569–70
[8] Gosho Translation Committee (Hrsg.), *The Writings of Nichiren Daishonin*, Tokio 1952, S. 218
[9] *Gosho Zenshu*, S. 984
[10] Ebenda, S. 1508–09
[11] *Die Gosho Nichiren Daishonins*, Mörfelden-Walldorf 1994, Bd. 1, S. 136
[12] Ebenda, Bd. 1, S. 147–148
[13] Ebenda, Bd. 3, S. 216/217
[14] *Gosho Zenshu*, S. 574
[15] *The Lotos Sutra*, S. 226
[16] *Taisho Shinshu Daizokyo*, Tokio 1935, Bd. 12, S. 497
[17] *The Lotos Sutra*, S. 226
[18] *Gosho Zenshu*, S. 754
[19] J.P. Eckermann, *Gespräche mit Goethe*, Frankfurt a. M. 1999

Fünftes Kapitel: *Das grenzenlose Potenzial des Lebens*

[1] Daisaku Ikeda: *Dialoge über das Lotos-Sutra*, Mörfelden-Walldorf 2002, Bd. 4, S. 26
[2] Ebenda, Bd. 4, S. 189
[3] Gosho Translation Committee (Hrsg.), *The Writings of Nichiren Daishonin*, Tokio 1952, S. 358
[4] Shinyu Iwano (Hrsg.), *Koyuyaku Issaikyo Indo Senutsubu Ronshubu*, Tokio 1977, Bd. 1, S. 114
[5] Fjodor Dostojewski, *Die Brüder Karamasow*, München 2004

[6] Nichiko Hori (Hrsg.), *Nichiren Daishonin Gosho Zenshu*, Tokio 1952, S. 761
[7] *Die Gosho Nichiren Daishonins*, Mörfelden-Walldorf 1994, Bd. 1, S. 218.
[8] Ebenda, Bd. 2, S. 75
[9] Ebenda, Bd. 1, S. 218
[10] Ebenda, S. 486.
[11] *Die Gosho Nichiren Daishonins*, Mörfelden-Walldorf 1994, Bd. 1, S. 23
[12] Daisaku Ikeda, *Dialoge über das Lotos-Sutra*, Mörfelden-Walldorf 2002, Bd. 1, S. 142
[13] *Die Gosho Nichiren Daishonins*, Mörfelden-Walldorf 1994, Bd. 1, S. 211
[14] Ebenda, Bd. 3, S. 39
[15] Ebenda, Bd. 1, S. 214
[16] Norman Cousins, *Human Options*, New York 1981
[17] *Die Gosho Nichiren Daishonins*, Mörfelden-Walldorf 1991, Bd. 4, S. 140
[18] Ebenda, Bd. 1, S. 144
[19] René Dubos, *Man Adapting*, New Haven 1969, S. 342
[20] *The Writings of Nichiren Daishonin*, S. 629
[21] *Gosho Zenshu*, S. 567
[22] T'ien-t'ai, *Words and Phrases of the Lotos Sutra*

Sechstes Kapitel: *Die Neun Bewusstseinsebenen*

[1] Daisaku Ikeda, *Dialoge über das Lotos-Sutra*, Mörfelden-Walldorf 2002, Bd. 5, S. 46
[2] Helen Keller, *Midstream: My Later Life*, New York 1929, S. 49
[3] Helen Keller, *The Story of My Life*, New York 1954, S. 254
[4] *Toda Josei Zenshu* (The Collected Works of Josei Toda), Tokio 1985, Bd. 5, S. 412
[5] *Die Gosho Nichiren Daishonins*, Mörfelden-Walldorf 1994, Bd. 1, S. 122
[6] Ebenda, Bd. 2, S. 226
[7] *Toda Josei Zenshu* (The Collected Works of Josei Toda), Tokio 1985, Bd. 4, S. 259

Siebtes Kapitel: *Die Essenz aller Lehren Buddhas erkennen*

[1] *Die Gosho Nichiren Daishonins*, Mörfelden-Walldorf 1991, Bd. 2, S. 212
[2] Ebenda, Bd. 1, S. 115-16
[3] Ebenda, Bd. 3, S. 246
[4] Ebenda, Bd. 3, S. 248
[5] Ebenda, Bd. 1, S. 43
[6] Ebenda, Bd. 1, S. 64
[7] Ebenda, Bd. 1, S. 44
[8] Ebenda, Bd. 1, S. 44
[9] Nichiko Hori (Hrsg.), *Nichiren Daishonin Gosho Zenshu*, Tokio 1952, S. 708
[10] *The Writings of Nichiren Daishonin*, S. 216
[11] Ebenda, S. 421
[12] *Die Gosho Nichiren Daishonins,* Mörfelden-Walldorf 1991, Bd. 4, S. 1099
[13] *The Writings of Nichiren Daishonin,* S. 421
[14] Burton Watson (Übers.), *The Lotos Sutra*, New York 1993, S. 222
[15] T'ien-t'ai, *Profound Meaning of the Lotos Sutra*
[16] *Gosho Zenshu,* S. 708
[17] *The Writings of Nichiren Daishonin,* S. 887
[18] *Die Gosho Nichiren Daishonins,* Mörfelden-Walldorf 1991, Bd. 4, S. 263
[19] Die Gosho Nichiren Daishonins, Bd. 1, S. 61–62
[20] Die Gosho Nichiren Daishonins, Bd. 1, S. 122

Glossar

Abhängige Entstehung (Sanskrit: *pratiya-samutpada*; Pali: *paticcha-samuppada;* Japanisch: *engi* oder *innen*): Auch Kausalprinzip oder bedingtes Entstehen genannt. Eine buddhistische Doktrin, in der die wechselseitige Abhängigkeit aller Dinge zum Ausdruck kommt. Sie besagt, dass kein Lebewesen und kein Phänomen ein isoliertes Dasein führt, sondern nur in Zusammenhang mit anderen Wesen oder Phänomenen auftaucht oder existiert. Alles, was in der Welt existiert, ist eine Folge bestimmter Ursachen und Umstände. Mit anderen Worten, nichts kann völlig unabhängig von anderen Dingen bestehen oder entstehen.

Begierden, irdische (Sanskrit: *klesha;* Pali: *kilesa;* Japanisch: *bonno*): Auch Selbsttäuschung, Untugenden, Unreinheiten, irdische Leidenschaften oder Bedürfnisse genannt. Ein generischer Begriff für alle Aktivitäten des Lebens, einschließlich der Begehrlichkeiten und Selbsttäuschungen allgemeiner Art, die psychisches oder physisches Leiden hervorrufen und das Streben nach Erleuchtung behindern.

Bewusstseinsebenen, Neun (Sanskrit: *vijnana*): Wahrnehmung, auch Bewusstsein. Die Neun Bewusstseinsebenen sind: (1)Gesichts-Bewusstsein; (2)Gehör-Bewusstsein; (3)Geruchs-Bewusstsein; (4)Geschmacks-Bewusstsein; (5)Tast-Bewusstsein; (6)Geist-Bewusstsein; (7)*Mano*-Bewusstsein; (8)*Alaya*-Bewusstsein und (9) *Amala*-Bewusstsein. Die ersten fünf entsprechen den fünf Sinnen: Gesichtssinn, Gehörsinn, Geruchssinn, Geschmackssinn und Tastsinn. Die sechste Bewusstseinsebene setzt die Wahrnehmungen der fünf Sinne zu einem zusammenhängenden Bild zusammen und fällt Urteile. Die siebte Bewusstseinsebene entspricht der inneren, spirituellen Welt. Die achte Bewusstseinsebene existiert im Unbewussten, wie die moderne Psychologie es nennen würde, wo alle Erfahrungen aus dem gegenwärtigen und aus früheren Leben – kollektiv als Karma bezeichnet – gespeichert sind. Die neunte Bewusstseinsebene ist das Fundament aller spirituellen Funktionen und wird mit der wahren Beschaffenheit des Lebens gleichgesetzt.

Bodhisattva (Sanskrit; Japanisch: *bosatsu):* Jemand, der nach Erleuchtung oder Buddhaschaft strebt. *Bodhi* bedeutet Erleuchtung, *sattva* Lebewesen. Ein Mensch, der Erleuchtung sucht und sich im Zuge seiner buddhistischen Praxis in den Dienst anderer stellt. Das vorherrschende Merkmal eines Bodhisattva ist das tiefe Mitgefühl. Bodhisattvas legen vier universale Gelöbnisse ab: (1)unzählige Lebewesen zu retten; (2)zahllose irdische Begierden auszulöschen; (3) die unermesslichen buddhistischen Lehren zu beherrschen; (4)die höchste Erleuchtung zu erlangen.

Buddhaschaft (Japanisch: *bukkai*): Der Zustand, den ein Buddha erreicht hat. Das ultimative Ziel der buddhistischen Ausübung und die höchste der Zehn Welten. Das Wort »Erleuchtung« wird oft als Synonym für Buddhaschaft verwendet. Unter Buddhaschaft versteht man den Zustand der vollkommenen Freiheit, in der man zur ewigen und letztendlichen Wahrheit erwacht ist, eine Wirklichkeit, die allen Dingen zugrunde liegt. Dieser Lebenszustand auf der höchsten Ebene ist durch grenzenlose Weisheit und unendliches Mitgefühl geprägt. Buddhaschaft ist ein Potenzial, das allen Lebewesen innewohnt, wie das Lotos-Sutra zeigt.

Buddha Viele Schätze: Auch Tahobuddha genannt. Ein Buddha, der im Schatzturm sitzend bei der Zeremonie erscheint, um die Wahrheit der Lehren Shakyamunis im Lotos-Sutra zu bezeugen.

Daimoku (Japanisch): (1) Der Titel eines Sutras, insbesondere der Titel des Lotos-Sutras vom Wundervollen Gesetz *(Chin Miao-fa-lien-hua-ching*; Japanisch: *Myoho-renge-kyo);* Der Titel eines Sutras enthält die Kernaussage in verdichteter Form. (2) Die Anrufung von Nam-myoho-renge-kyo in Nichirens Lehren; eines seiner Drei Großen Geheimen Gesetze.

Dharma (Sanskrit; Pali: *dhamma;* Japanisch: *ho*): Ein grundlegender Begriff im Buddhismus, abgeleitet von der Wurzel des Wortes *dhri* für »bewahren«, »erhalten«. *Dharma* kann viele Bedeutungen haben, zum Beispiel Gesetz, Wahrheit, Doktrin, die Lehre Buddhas, Verordnung, Beobachtung, Verhalten, Pflicht, Tugend, Moralität, Religion, Gerechtigkeit, Beschaffenheit, Eigenschaft, Charakter, charakteristisch, Essenz, Elemente der Existenz und Phänomene. Gebräuchlich sind vor allem: (1) Das Gesetz oder die letztendliche Wahrheit; Beispielsweise übersetzte Kumarajiva *saddharma,* das Sanskrit-Wort, das wörtlich »Richtiges Gesetz« bedeutet, als »Wundervolles« oder »Mystisches Gesetz«, was auf die unermessliche Wahrheit oder die Gesetzmäßigkeiten hinweist, denen alle Phänomene unterworfen sind; (2) Die Lehren des Buddha, die das Gesetz offenbaren; Das *Dharma des abhidharma* bedeutet die buddhistische Lehre oder die Sutras; (3) Manifestationen des Gesetzes (oft im Plural), zum Beispiel Phänomene, Dinge, Tatsachen oder Existenzen; Das Wort »Phänomen« in »der wahre Aspekt aller Phänomene« ist die Übersetzung des Wortes *Dharma;* (4) Die Elemente der Existenz, die nach Auffassung der Hinayana-Schulen des Buddhismus die grundlegenden Aspekte des Menschen und seiner Wirklichkeit darstellen; (5) Verhaltensnormen, die zur Ansammlung eines guten Karmas führen.

Drei Bereiche der Existenz: Der Bereich der Fünf Komponenten, der Bereich der Lebewesen und der Bereich der Umgebung. Das Konzept der Drei Bereiche der Existenz analysiert Leben aus unterschiedlichen Blickwinkeln und erklärt das Vorhandensein des individuellen Lebens in der realen Welt. Die Bereiche selbst lassen sich nicht voneinander trennen, sondern sind Aspekte eines miteinander verwobenen Ganzen, das sich gleichzeitig in den Zehn Welten manifestiert.

Dreitausend Bereiche, Ein einziger Lebensmoment besitzt (*ichinen sanzen*): Das Konzept, dass ein einziger Augenblick des Lebens dreitausend Bereiche umfasst. »Ein einziger Lebensmoment« wird auch als ein einziger Geist, ein einziger Gedanke oder ein einziger »Gedanken-Moment« übersetzt. Ein von T'ien-t'ai (538–579) geschaffenes philosophisches System, in seinem Werk *Great Concentration and Insight* beschrieben; basiert auf der Formulierung »der wahre Aspekt aller Phänomene« aus dem Kapitel »Hilfsmittel« des Lotos-Sutras. Die Zahl dreitausend errechnet sich wie folgt: 10 (Zehn Welten) x 10 (Zehn Welten) x 10 (Zehn Faktoren) x 3 (Drei Bereiche der Existenz). Das Leben manifestiert in jedem Augenblick eine der Zehn Welten. Jeder dieser Welten ist das Potenzial aller zehn Welten zu Eigen; dieser gegenseitige Besitz ergibt also hundert mögliche Welten. Jede dieser hundert Welten verfügt über die Zehn Faktoren, was miteinander multipliziert tausend Faktoren oder Potenziale ergibt, und diese sind in jedem der Drei Bereiche der Existenz wirksam, so dass sich die Gesamtzahl auf dreitausend Bereiche beläuft.

Einheit von Selbst und Umgebung: Die Vorstellung, das unser Selbst und seine Umgebung zwei miteinander verwobene Phasen ein und desselben Wesens sind.

Einheit von Körper und Geist (Japanisch: *shikishin-funi*): Auch Nicht-Dualität von Körper und Geist. Die Vorstellung, dass die beiden scheinbar getrennten Phänomene – der Körper oder physische Aspekt des Lebens und der Geist oder sein spiritueller Aspekt – sich nicht wesentlich unterscheiden, sondern zwei miteinander verwobene Phasen ein und desselben Wesens sind.

Faktoren, Zehn: Sie beschreiben Aspekte, die jeder Lebensform in den Zehn Welten zugrunde liegen. Die Zehn Faktoren sind: (1) Erscheinung: diejenigen Merkmale der Dinge, die äußerlich sichtbar sind; (2) Natur: die angeborene Disposition oder Eigenschaften von Dingen oder Menschen, die von außen nicht wahrnehmbar sind; (3) Wesen: die Essenz des Lebens, die Erscheinung und Natur durchdringt und integriert; (4) Kraft: das Energiepotenzial des Lebens; (5) Einfluss: die hervorgerufene Reaktion oder Bewegung, wenn die Kraft aktiviert wird, die dem Leben innewohnt; (6) Innere Ursache: die im Leben latent vorhandene Ursache, die eine Wirkung von der gleichen Art erzeugt – eine gute, schlechte oder neutrale; (7) Beziehung: Die Beziehung zwischen indirekten Ursachen (manchmal auch äußere oder zusätzliche Ursachen genannt) und innerer Ursache; (8) Latente Wirkung: Die Wirkung im Leben, die entsteht, wenn eine innere

Ursache im Zusammenhang mit bestimmten Umständen aktiviert wird; (9) Manifeste Wirkung: Das konkrete, sichtbare Ergebnis, das binnen einer gewissen Zeitspanne als Ausdruck einer latenten Wirkung und somit einer inneren Ursache erscheint, auch hier wieder im Zusammenhang mit bestimmten Umständen aktiviert; (10) Übereinstimmung von Anfang bis Ende: Dieser integrierende Faktor sorgt dafür, dass alle anderen neun Faktoren fortwährend und harmonisch miteinander verknüpft sind; Die neun Faktoren drücken somit den gleichen Lebenszustand in jedem beliebigen Augenblick aus.

Gegenseitiger Besitz der Zehn Welten: Das Konzept, dass jede der Zehn Welten alle anderen neun als Potenzial in sich birgt. Das heißt, dass der Lebenszustand jedes Menschen verändert werden kann und alle Lebewesen in den Neun Welten (oder Lebenszuständen) das Potenzial der Buddhaschaft in sich tragen. *Siehe auch* Zehn Welten.

Gohonzon (Japanisch): Das Objekt der Verehrung. In Nichirens Lehren hat das Objekt der Verehrung zwei Aspekte: Das Objekt der Verehrung im Hinblick auf das Gesetz und im Hinblick auf die Person. Der Gohonzon nimmt die Form eines Mandalas an, auf Papier oder Holz mit Schriftzeichen geschrieben, die das Mystische Gesetz und die Zehn Welten versinnbildlichen. Der Nichiren-Buddhismus geht davon aus, dass sich alle Menschen im Besitz der Buddhanatur befinden und die Buddhaschaft durch den Glauben an den Gohonzon erlangen können.

Hilfsmittel (Sanskrit: *upaya*; Japanisch: *hoben):* Die Methoden, die gewählt werden, um Menschen die Lehren zu vermitteln und zur Erleuchtung zu führen. Das Konzept der Hilfsmittel hat im Mahayana-Buddhismus einen hohen Stellenwert, vor allem im Lotos-Sutra, wie aus dem zweiten Kapitel »Hilfsmittel« hervorgeht. Der Grund ist, dass die meisterhafte Anwendung dieser Hilfsmittel durch Buddhas und Bodhisattvas die Menschen der Erlösung näher bringt.

Karma: Energiepotenziale im inneren Bereich des Lebens, die sich als künftige Ergebnisse manifestieren. Im Buddhismus umfasst der Begriff Karma die mentalen, verbalen und physischen Aktivitäten eines Menschen, das heißt, seine Gedanken, Worte und Taten.

Kumarajiva (344-413): Er übersetzte das Lotos-Sutra ins Chinesische.

Leid, Vier Arten (Japanisch: *shi-ku*): Die Vier universalen Arten des Leids oder Leidens: Geburt, Altern, Krankheit und Tod. Verschiedene Sutren erklären, Shakyamunis Suche nach Erleuchtung sei von dem Wunsch motiviert gewesen, eine Möglichkeit zur Beseitigung dieser vier Arten des Leidens zu finden.

Lotos-Sutra: Die höchste Lehre des Buddha Shakyamuni, die zeigt, dass alle Menschen Erleuchtung erlangen können, und erklärt, dass seine früheren Lehren als Wegbereiter betrachtet werden sollten.

Miao-lo: Der sechste Patriarch der T'ien-t'ai-Schule in China, vom Großen Lehrer T'ien-t'ai an gerechnet. Miao-lo bestätigte die Vorrangstellung des Lotos-Sutras und verfasste Kommentare zu den drei großen Werken des T'ien-t'ai, womit er das Interesse am T'ien-t'ai-Buddhismus wieder erweckte. Er wird als Reformator dieser buddhistischen Schule verehrt.

Mystisches Gesetz: Das letztendliche Gesetz des Lebens und des Universums. Das Gesetz von Nam-myoho-renge-kyo. *Siehe auch* Nam-myoho-renge-kyo.

Nam-myoho-renge-kyo: Das letztendliche Gesetz vom wahren Aspekt oder der Essenz des Lebens, die alle Phänomene im Universum durchdringt. Diese Anrufung war das Ergebnis der Studien, das von Nichiren am 28. April 1253 verkündet wurde. Er gelangte zu der Überzeugung, das Lotos-Sutra beinhalte alle Gesetze und Lehren und das Chanten von Nam-myoho-renge-kyo schließe die Vorzüge aller buddhistischen Ausübungen ein. *Nam* bedeutet »Widmung« und *myoho* »Mystisches Gesetz«; *renge* bezieht sich auf die Lotosblume, die gleichzeitig Blüten und Samen hervorbringt, ein Symbol für die Gleichzeitigkeit von Ursache und Wirkung; und *kyo* heißt Sutra, die Lehre eines Buddha.

Nichiren: Japanischer buddhistischer Lehrer und Reformer aus dem 13. Jh., der erklärte, dass jeder Mensch den Zustand der Erleuchtung erlangen kann. Er definierte das universale Gesetz als Nam-myoho-renge-kyo und schuf den Gohonzon, eine Schriftrolle, als Objekt der Verehrung für alle Menschen, die nach Buddhaschaft streben.

Nirwana: Erleuchtung, das ultimative Ziel der buddhistischen Praxis.

Nicht-Stofflichkeit: Ein buddhistisches Grundkonzept, auch als Leere, Vakuum, Latenz, Relativität etc. übersetzt. Die Vorstellung, dass Wesen keine starr festgelegte oder unabhängige Beschaffenheit oder Identität haben.

Revolution, die menschliche: Ein Konzept, das von Josei Toda, dem zweiten Präsidenten der Soka Gakkai entwickelt wurde; es bezieht sich auf die Selbsterneuerung des Menschen – die Stärkung seiner Lebenskraft und das Streben nach Buddhaschaft –, dem Ziel der buddhistischen Ausübung.

Schatzturm: Turm oder Stupa, mit Schätzen oder Juwelen geschmückt. Verschiedene in buddhistischen Schriften dargestellte Stupas, die mit einer Krone (Juwel) abschließen. Nichiren sah im Schatzturm eine Gleichnis für das menschliche Leben im Zustand der Erleuchtung, der durch die Rezitation (oder das Chanten) von Nam-myoho-renge-kyo erlangt wird. Er bezeichnet auch den Gohonzon, das Objekt der Verehrung in seinen Lehren, als »Schatzturm«.

Shakyamuni: Auch Siddharta Gautama. Vor ungefähr dreitausend Jahren in Indien geboren (im heutigen Süden Nepals), ist er der erste Buddha der Geschichte und Gründer des Buddhismus. Fünfzig Jahre lang verbreitete er verschiedene Sutren (Lehren) und gelangte durch seine Studien zu Erkenntnissen, die im Lotos-Sutra gipfelten.

Soka Gakkai International: Eine weltweite buddhistische Vereinigung mit mehr als zwölf Millionen Mitgliedern in 194 Ländern, die sich dem Ziel verschrieben hat, Frieden und individuelles Glück auf der Grundlage der Lehren des Nichiren-Buddhismus zu fördern. Die Zentrale befindet sich in Tokio, Japan.

Ursache und Wirkung: (1) Im Buddhismus das Kausalgesetz, das im Leben wirkt und über vergangene, gegenwärtige und künftige Leben entscheidet; Diese Kausalität liegt der Lehre vom Karma zugrunde; Aus dieser Warte manifestieren sich Ursachen, die in der Vergangenheit geschaffen wurden, als Wirkungen in der Gegenwart, und Ursachen, die in der Gegenwart begründet wurden, manifestieren sich als Wirkungen in der Zukunft; (2) Aus der Sicht des Buddhismus steht die Ursache für die Bodhisattva-Praxis (das Streben nach Buddhaschaft) und die Wirkung für den Zustand der Buddhaschaft; (3) Vom Standpunkt ausgehend, dass die Ursache neun der Zehn Welten und die Wirkung die zehnte Welt – die Buddhaschaft – repräsentiert, spricht Nichiren von zwei Arten der Lehre: Lehren, die Dinge aus der Warte »von der Ursache zur Wirkung« sehen, und solche, die sie aus der Warte »von der Wirkung zur Ursache« angehen; Zur ersten Kategorie gehören Shakyamunis Lehren, in Folge derer gewöhnliche Sterbliche durch die buddhistische Ausübung (Ursache) das Ziel der Buddhaschaft anstreben (Wirkung); In die zweite Kategorie fallen Nichirens Lehren, in Folge derer gewöhnliche Sterbliche die ihnen angeborene Buddhaschaft (Wirkung) durch Glauben und Ausübung manifestieren, um sich dann auf der Grundlage dieses erleuchteten Zustands unter die Menschen der Neun Welten zu begeben (Ursache) und auch sie zur Buddhaschaft zu führen.

Wahrheiten, Die Vier Edlen: Eine grundlegende Doktrin im Buddhismus, die Aufschluss über die Ursache des Leidens und den Weg zur Befreiung vom Leid gibt. Die Vier Edlen Wahrheiten sind die Wahrheit des Leidens, die Wahrheit vom Ursprung des Leidens, die Wahrheit vom Ende des Leidens und die Wahrheit vom Weg zur Beendigung des Leidens.

Welten, Zehn: Zehn grundlegende Lebenszustände, die jedes einzelne Wesen manifestiert. Ursprünglich wurden die Zehn Welten als voneinander getrennte physikalische Orte interpretiert, mit Bewohnern, die über die entsprechenden Merkmale verfügten. Aus der Sicht des Lotos-Sutra gelten sie als potenzielle Lebenszustände, die jedem Menschen innewohnen. Die Zehn Welten sind: (1) Hölle; (2) Hunger; (3) Animalität; (4) Ärger; (5) Menschlichkeit; (6) Himmel; (7) Lernen; (8) Erkenntnis; (9) Bodhisattva; (10) Buddhaschaft.

Register